The Key to
Family Education

家庭教育金钥匙

——开启孩子成才之门

杨皓然　编著

中国海洋大学出版社

·青岛·

图书在版编目(CIP)数据

家庭教育金钥匙/杨皓然编著. —青岛:中国海洋大学
出版社,2007.9(2016.11重印)

ISBN 978-7-81125-041-1

Ⅰ.家… Ⅱ.杨… Ⅲ.家庭教育 Ⅳ.G78

中国版本图书馆 CIP 数据核字(2007)第 114312 号

出版发行	中国海洋大学出版社			
社　　址	青岛市香港东路 23 号	**邮政编码**	266071	
网　　址	http://www2.ouc.edu.cn/cbs			
电子信箱	whs0532@126.com			
订购电话	0532—82032573(传真)			
责任编辑	施薇	**电　　话**	0532—85901040	
印　　制	日照昆城印业有限公司			
版　　次	2007 年 9 月第 1 版			
印　　次	2016 年 11 月第 3 次印刷			
成品尺寸	170 mm×230 mm　1/16			
印　　张	22.5			
字　　数	352 千字			
定　　价	29.80 元			

◎ 2007年2月，作者与"中国冬暖式蔬菜大棚之父"王乐义研究家庭教育问题（右为作者，背景为2005年4月国家主席胡锦涛接见王乐义时的照片）

◎ 2006年5月，作者给干部培训班学员授课

◎ 作者在解放军总参谋部服役期间的留影

◎　1985年5月，作者带领学生参加体育比赛获奖（中排右四为作者）

◎　2004年10月，作者与雅典奥运会女子一万米冠军邢慧娜合影
（右四为邢慧娜，右二为作者）

种子·苗子·孩子

（代序）

每一粒庄稼种子都能生根发芽，每一棵果树苗子都能开花结果，每一个孩子都能长大成才。

种子发芽需要充足的氧气、适量的水分和适宜的温度，苗子结果需要充足的水分、无机盐和有机物，孩子成才需要生命的阳光雨露和科学的家庭教育。

过度浸泡，种子就会腐烂；拔苗助长，苗子就会枯萎；过分溺爱，孩子就会脆弱；忽视教育，孩子的潜能就会被浪费。

种子腐烂，苗子枯萎，化作养料，滋润大地；孩子变坏，不但害己，害家庭，而且害社会。

种子没有播种，苗子没有结果，还有第二个春天；孩子的潜能没有开发，却永远迎不来第二个春天。

让麦种发豆芽，是傻子；逼桃树结苹果，是疯子；稻秧生不成玉米，梨树收获不了香蕉；撒什么种子开什么花，栽什么树苗结什么果。

是骏马，就让它在原野上奔驰；

是百灵鸟，就让它在森林里歌唱；

是鲸鱼，就让它在海洋里遨游；

是雄鹰，就让它在天空中飞翔。

每一个农民都懂得，只有春播夏管才能有秋收，无数父母却只

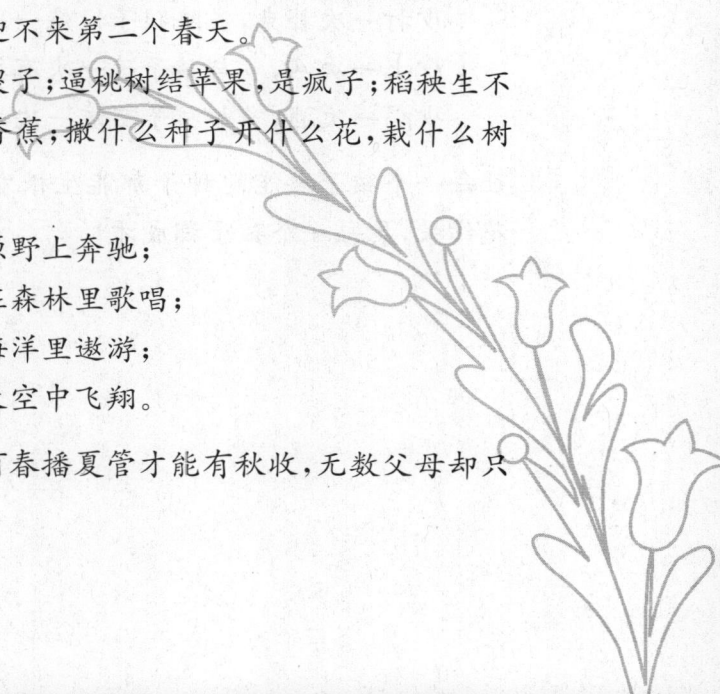

管收获而不问耕耘。没有劳作，哪有果实？一个个蕴藏着巨大潜能本应成为天才的孩子，却成了那些不善于教育的父母和教师眼中的"笨蛋"与"差生"。

种子不发芽，苗子不结果，责任在农民；孩子不成才，责任在父母。

种禾栽树，农民须懂得学习农业知识；教育孩子，比种禾栽树复杂得多，大半的父母却疏于学习。

一位美国教育家认为："中国的父母是天底下最爱孩子的，但却是最不懂得如何爱孩子的。"

苏联作家高尔基说得好，爱孩子，这是连母鸡都会的事。可是善于教育孩子，需要有才能和渊博的生活知识。

为了孩子，为了自己，为了家庭，为了社会，为了民族，为了人类，请每一位父母、父母的父母和未来的父母：

少关注一点所谓的歌星影星，多关心一点自己的孩子；

少传播一点小道消息，多学一点家庭教育知识；

少抽一盒烟，多买一本家庭教育书；

少打一次扑克，多陪孩子锻炼一次身体；

少上一次网，多与孩子玩一次有益的游戏；

少喝一次酒，多与孩子交流一次思想。

让每一个孩子潜能的种子都能生根发芽、智慧的苗子都能开花结果，愿每一个孩子都成才！

Contents 目次

1 家庭教育的基本问题

2 长亲的角色

目次　Contents

Contents 目次

目次　Contents

Contents 目次

目次　Contents

Contents 目次

11

名人家庭教育撷英

目次　Contents

家庭教育的
基本问题

1

科学的家庭教育是一切事业发展的基石，它孕育一个人的成功，孕育一个民族的兴旺，孕育整个人类的未来。优秀的民族无不重视家庭教育，杰出的人才无不受到良好的家庭教育。

几乎每个人在品行和智力方面的缺陷都能追溯到家庭教育的缺失。当前，家庭教育存在着重说教轻培育、重生理需求轻心理发展等误区。

家庭教育不仅仅是开发孩子的智力，更重要的是培养孩子的身心健康和生活能力，培养孩子的高尚品德和完美人格。

家庭教育应遵循一致性原则和全面发展原则，做到再穷也不能穷家庭教育，再富也不能富孩子；要以正面教育为主，以赏识教育为主，以细节教育为主；尊重孩子的身心发展规律，尊重孩子的权利，尊重家庭成员的意见，尊重家庭教育的特点。

教育学、心理学、生理学和社会学的大量研究表明,童年时期,特别是从母亲怀孕至儿童 6 岁这一阶段,是一个人的智力、体力、心理发育的关键期。这个时期的教育,决定着儿童潜能发挥的程度、智力发展的水平和心理发育的状况,影响着儿童道德素质、体育素质、美育素质、心理素质和性格的形成。新生儿所具有的潜能是巨大的,远远超过成人的想象。但是人的这种潜能呈现递减规律,即儿童的天赋随着年龄增大而递减,教育得越晚,儿童与生俱来的潜能就发挥得越少。因此,对儿童的教育越早越好。很显然,对胎儿、婴儿、幼儿的教育,学校、单位、社会都很难做到,只有家庭能够承担这项重任。在孩子生命最初的几年里,生命中最本质、最重要的东西都是父母亲给予的。家庭教育不仅影响着孩子本身,而且这种影响通过孩子、孩子的孩子一代代传下去。罗斯福是美国历史上杰出的总统,也是唯一连任四届的美国总统。他在接受记者采访时说:"我从父母那里获得了非常重要的教育。"罗斯福又把这种教育用于教育自己的孩子,使四个儿子在第二次世界大战中都立了战功。可以说,没有哪一种教育比家庭教育的影响更为深远和长久。这就从客观上决定了家庭教育的极端重要性。

家庭教育的极端重要性

儿童是世界上最有价值的资源,科学的家庭教育是人类最重要、最伟大的事业,是一切事业发展的基石,它孕育一个人的成功,孕育一个民族的兴旺,孕育整个人类的未来。法国伟大的哲学家、家庭教育专家卢梭说过:和家庭教育相比,"那些让许多人呕心沥血、辛苦经营的职业如同稚嫩的游戏一样"。

经济发展,社会进步,关键在于人,离开了人,一切将无从谈起。而人的素质的高低取决于教育,尤其是家庭教育。家庭教育、学校教育和社会教育是教育的三大支柱,共同组成教育体系。在这个教育体系中,家庭教育是一切教育的起点,"是对一个孩子的全部教育中最为核心的组成部分"(铃木镇一语),它在很大程度上决定着学校教育和社会教育的成效。"伟大始于家庭"(斯特娜语)。如果教育体系是一棵树,那么,

家庭教育是树根,学校教育是树干,社会教育是枝叶。树干也好,枝叶也好,都依赖于树根,只有根深,才能叶茂。

古今中外的大量事实证明,无数杰出人物和优秀人才的成功都与其接受的良好的家庭教育有着直接的关系。我国古代的孟子、祖冲之、司马迁,近现代的林则徐、胡适、冰心、王选、宋庆龄,国外的马克思、列宁、诺贝尔、牛顿、爱迪生、爱因斯坦、达·芬奇、比尔·盖茨、撒切尔夫人、艾森豪威尔、泰戈尔、刘易斯等众多政治家、思想家、军事家、科学家、教育家、文学家、艺术家、体育家的成功,都接受过良好的家庭教育,其中的一些人如著名科学家爱迪生、爱因斯坦,绘画艺术大师毕加索,加拿大前总理克雷蒂安等,曾被老师和周围的人认为是傻瓜、低能儿、痴呆,如果没有父母的良好教育,他们将是比普通人还普通的人,不可能成为为人类作出巨大贡献的杰出人物。可以说,他们是在良好的家庭教育中一步步走向成功的。

纵观人类社会历史,横察世界各国现状,可以发现,物质文明和社会文明的程度与家庭教育的状况成正比。

例如,犹太民族是一个伟大的民族,在经济、科学、艺术等领域为世界贡献了一大批杰出的天才,像马克思、达尔文、弗洛伊德、爱因斯坦等。据统计,从 1901~2001 年的 100 年间,世界上获得诺贝尔奖的共有 680 人,其中犹太人和具有犹太血统的就有 138 人,占其总人数的 20% 还多。而以色列国家只有 617 万人口,加上生活在其他国家的犹太人,总人数也只有 1000 多万,他们的人数占世界人口的 0.2%,这与 20% 形成了鲜明的对照。在这些数字的背后蕴藏着的是犹太人对家庭教育的极端重视,可以说,犹太人的家庭教育是世界上最成功的。

日本的经济和社会发展创造了一个奇迹,这些奇迹是在良好的家庭教育的沃土中生根发芽的。在全世界十大著名的家庭教育专家中,就有三位是日本人:铃木镇一、井深大和多湖辉。特别是井深大,他作为日本赫赫有名的 SONY 公司的创始人,深刻认识到家庭教育的极端重要性。他认为,未来世界竞争的主战场已经转移到婴儿的头脑里,家庭教育事业是保持日本竞争力的根本。他创办了"幼儿教育研究会",对日本母亲进行教育;成立了"索尼教育振兴基金",发动日本财界支持早期教育;他还倡导在小学设立科学教育课程,由此为日本经济奇迹的创造输送了大量一流的人才。

从另一方面看,当前一些社会问题较为严重。例如,一些人缺乏理想和最起码的道德,世界观、人生观、价值观和幸福观发生严重扭曲,公平、正义和诚信受到严峻挑战,信仰出现危机,极端个人主义、享乐主义和官僚主义蔓延;一些腐朽没落的思想和生活方式被一部分人所推崇,奢侈之风盛行,淫秽行为、赌博和吸毒贩毒就像恶性肿瘤严重侵害着社会健康的机体;有的领域腐败现象相当严重,黑社会性质的犯罪、职务犯罪和青少年犯罪十分突出;人类生存的精神环境受到严重污染,"问题"孩子越来越多,心理疾病呈流行态势,等等。虽然造成这些问题的原因是多方面的,但根本的原因有两条,一是制度不完善、机制不健全,二是家庭教育缺失。可以说,几乎每个人在品行和智力方面的缺陷都能追溯到家庭教育的源头。

当前,家庭教育存在着严重误区,主要是:重说教,轻培养;重智育,轻德育、体育、美育和劳育;重知识积累,轻潜能开发和创造力开发;重生理需求,轻心理发育;在生理上溺爱,在心理上虐待;重结果,轻过程;重行为矫正,轻积极预防;溺爱放任多,科学管教少;逼子成龙多,因材施教少;批评责罚多,沟通赏识少;操之过急多,循循善诱少;父母分歧多,一致要求少;包办代替多,劳动锻炼少。由此,导致许多"问题"孩子的出现,不但贻误了孩子,贻误了家庭,也贻误了社会,贻误了国家。列宁早就告诫我们:"为了将来不要悲伤,我们不能忽视对孩子任何一件细小行为的教育。"因此,大力发展家庭教育事业是解决当前诸多社会问题的根本途径和长久之计。

早在我国古代,先人们就十分重视家庭教育,提出了"修身、齐家、治国、平天下"之说,将"齐家"视为走向平治天下的基础。《大学》说:"其家不可教,而能教人者,无之。"由此可见,家庭教育有着治理国家的重要政治意义。我们要实现民族复兴,建设社会主义和谐社会,就必须有强大的精神动力和智力支持,而没有良好的家庭教育,是不可能做到这一点的。

还有,父母实施家庭教育的过程,也是自身再学习的过程。常言说得好,教育者要先受教育。善于教育的父母能够把"教子"与"自教"结合起来,在对孩子实施教育的同时,努力重塑自己的心灵、自己的形象和自己的人生。家庭教育对于提高成人的综合素质有着间接的积极作用。

总之，大量的理论研究成果和正反两方面的事实充分说明，家庭教育意义重大。"国民的命运，与其说是操在掌权者手中，不如说是握在母亲的手上。"（德国教育家福禄倍尔语）家庭的素质对一个国家的整体水平起着十分巨大的作用。（英国教育家梅森的观点）"推动世界的手，是摇摇篮的手。"（家庭教育专家王东华语）家庭教育不仅决定着孩子的命运，影响着家庭的幸福，而且关系到经济发展、社会文明、民族兴旺、世界和平与人类进步。

家庭教育的任务

家庭教育是指在家庭生活中发生的，以亲子关系为中心的，以培养社会需要的人为目标的，由以父母为主体的长亲对未成年人进行的教育。家庭教育与学校教育和社会教育相比，具有基础性、关键性、全面性、长期性和灵活性的特点，它是非义务教育、非学历教育、非专业教育、非系统文化知识传授的教育，其主要任务是通过父母、祖父母、外祖父母等长亲的言传身教，把孩子培养成身心健康、品德高尚、智力良好、潜能得到充分发挥、素质得以全面发展、具有较强生活能力和一定审美情趣的幸福之人。

家庭教育的目标是培养良好而自然的生命状态，生命和谐最直观的体现便是孩子快乐成长。

培养孩子身心健康，是家庭教育的首要任务。一提起家庭教育，许多父母就想到学习，而且只想到学习，认为家庭教育就是开发智力。其实，家庭教育的内容很多，智力开发只占很小比例。身体是智力的载体，只有身体好、心理素质好，才能学习好。因此，应当把孩子的身心健康放在家庭教育的第一位。

培养高尚品德和完美人格，是家庭教育的主要任务。德为才之帅。只有品德高尚的人，才能懂得学习的真正目的，才能正确处理各种社会关系，其聪明才智才会有益于社会。一个人，只有树立了正确的人生观，才能获得幸福。否则，知识再多，财富再多，也很有可能体会不到生活的幸福。人格是个体人具有一定倾向性的心理特征的总和，包括气质、性格、兴趣等，它在很大程度上影响着孩子的成长。只有具备高尚品德和完美人格的人，才能被称为真正优秀的人。

开发智力，是家庭教育的重要任务。智力水平的高低，直接影响到一个人的生活和工作，因此，要将其作为家庭教育的重要任务。这一点，已被社会普遍认可。

培养生活能力，是家庭教育的基本任务。这是一项容易被忽视的任务。其实，一个人只有具备了必要的生活能力，才能生存下去，才能工作和学习，这是很浅显的道理。1972年，国际教育发展委员会发表了《学会生存——教育世界的今天和明天》的报告，提出了"学会生存"的口号，指出："生命存在着是美丽的，世界将因生命的存在而生机勃勃，风采无限。青少年是世界的未来，学会生存尤为重要。"因此，培养孩子的生活能力，是对家庭教育的最基本的要求，而且，这项能力的培养，始于日常的生活技能，主要是通过家庭教育来进行，其他教育很少涉及这方面的内容。

学会生存，包括以下三层含义：

第一，学会自我保护，以保持正常的生存状态。这是最起码、最基本的要求，核心是安全问题。

第二，学会劳动，学会竞争，学会应变，以增强生存的能力。劳动是每个人的生存资格，自然界中充满了竞争和变化。

第三，学会审美，以提高生存质量。培养审美情趣，是家庭教育的高层次任务。一个人的生活质量如何，主要不取决于物质享受，而取决于精神生活。审美情趣体现了一个人的素质，标志着一个人的生活水准，是更高层次上的生活内容。

总之，家庭教育就是让孩子学会生活，学会做人，学会学习，学会工作，学会创造。

家庭教育的基本原则

在家庭教育中，有些东西贯穿于整个教育过程，指导整个教育实践，适用于全部教育内容。把握住这些基本的东西，就能够把握准教育

孩子的正确方向,这些东西就是用以观察和处理家庭教育问题的基本原则。为了便于记忆,笔者将这些基本原则进行了概括,归纳为"一二三四五原则"。

一、一致性原则

一致性原则,又叫统一性原则,协调性原则,是指对孩子进行教育时,家庭、学校、社会三者之间,家庭成员之间要协调一致,密切配合,前后连贯,决不能各行其是,唱对台戏,或者前后矛盾,出尔反尔。否则,就无教育效果可言,甚至出现负效应。

首先,家庭成员之间在教育孩子的态度和神情上要相互一致,配合默契。如有时妈妈说:"今天你们父子玩得真高兴!"有时爸爸提醒孩子:"注意点,妈妈生气了!"父母、祖父母、外祖父母,都是儿童最亲近、最信服的人,如果他们对孩子的要求互相协调、互相支持,儿童就会感到成人意见是坚决有力的,必须服从。相反,如果成人之间的意见相互矛盾,就会使教育力量互相抵消,正确的要求不能落实,成人的威信难以树立。如果成人的要求混乱或前后矛盾,儿童就会感到无所适从,或见风使舵,从中取巧,欺骗成人。这样,孩子很难形成正确的是非标准。正如苏联著名教育家苏霍姆林斯基所说:"父母两人对孩子提出的要求要一致,对待同一件事情绝不提两种对立的要求。夫妻间的任何分歧和冲突都会让孩子产生心灵上的困惑和矛盾。"

那么,当家庭成员之间意见不一致时,应该怎样做呢?如果一方偶然提出了不恰当的意见,另一方不宜当场指责,互相争吵,削弱对方的威信,而应事后研究,由提出意见的一方自己去弥补、更正不恰当的意见;或者当场用协商的口气,明进暗退,给对方一个台阶下。如父亲不让孩子玩游戏,母亲则认为"少玩点没什么"。这时,母亲切不可在孩子面前说"少玩点没什么",而要看上去是帮助父亲,与父亲观点一致,实际上又让孩子玩了游戏,体现了自己"少玩点没什么"的主张。这时,母亲应说:"孩子,你爸爸不让你玩游戏是为了保护你的眼睛,你要听爸爸的话,再玩半个小时就不要玩了。"孩子肯定照办。这样,既满足了孩子玩游戏的需要,又维护了父亲的权威,限制了孩子无度的玩耍,还防止了夫妻之间不必要的战争。

其次,家庭与学校要密切合作。苏霍姆林斯基多次指出:"教育的效果取决于学校和家庭的教育影响的一致性。""学校教育的成果建立在良好的家庭教育的基础之上。"德国很重视家庭、学校、社会三者的合作。每个班级、学校、城市都有家长会，教师和家长一起研究孩子的成长计划，包括孩子的爱好、潜质、适合上什么样的学校和将来从事什么样的工作等。在法国，家庭与幼儿园密切合作，父母主动参与并大力支持幼儿园的各项活动。

家庭和学校的态度，对学生的影响很大。作为父母，应多向孩子讲述自己小时候在学校的趣事，向孩子多传达一些自己对学校美好的向往和美好的记忆的信息，努力培养孩子对学校的感情。如果教师出现了不当行为，父母尽量不要当着孩子的面指责教师。否则，教师和父母相互指责，使孩子心目中双方的权威发生激烈冲突，不知道听谁的好，从而陷入两难境地，长期下去容易造成孩子人格障碍，即在父母面前一个样，在教师面前一个样，形成双重人格。所以，为了孩子健康成长，父母与教师都要主动与对方沟通合作。

家庭与学校的一致性还表现在要实现互补上。比如，由于许多因素的影响，当前学校应试教育的负面影响是客观存在的，家庭就应该采取一些补助措施。学校偏重智育，家庭就强化德育、体育、美育、劳育；学校偏重名次，家庭就强调"没有常胜将军"，要全面辩证地看待每一次考试；学校没有性教育，家庭就主动进行；学校的观念与家庭观念有冲突，就让孩子学会"既有主见，又与外界保持协调，适应客观环境"。

二、"两不"原则

"两不"原则是指再穷也不能穷教育，再富也不能富孩子。

当前，我国的经济还不十分发达，还有相当数量的家庭比较贫困，有的家庭无力支付孩子的学习费用。面对这样的现实，我们应该从孩子的幸福、家庭的希望和祖国的未来出发去考虑问题，想方设法保证孩子受教育的权利，千方百计发展教育事业，不能让教育受穷，不能鼠目寸光，只顾一时一事。

根据世界家庭峰会的统计，目前，中国家庭总数已达到 3.74 亿个。与这个数字极不相称的是，我们在家庭教育方面的投资实在是太少太少，许许多多的父母舍得花成百上千元吃顿饭或者买件名牌衣服，舍得花几万、几十万元购买豪华家具、豪华汽车，也不肯掏出几十元买一本

家庭教育的书、听一次家庭教育的报告会。难怪一位美国教育家感叹道:"中国的父母是天底下最爱孩子的,但却是最不懂得如何爱孩子的。"而国外的情形又怎样呢? 德国人对家庭教育的投资占整个对孩子投资的50%,以色列全国约有1/5的人办有图书证,有读书学习的素养。这与我们的现状形成强烈的对比。所以,我们一定要切实改变思想观念,决不能让家庭教育永远穷下去。

与贫困相反,随着经济的发展,现在,有相当多的家庭生活富裕,随之而来的是"富裕病"的出现。

"富裕病"一词最早出现在美国,是指富人的后代精神空虚,心理恐惧,生活上花天酒地、放荡堕落,最终被社会所抛弃。"富裕病"已经使许多富人子弟走向毁灭,太多的钱已经把许多人"烧死",正如日本教育家井深大所言:"最吃苦头的自然是在娇生惯养中成长起来的孩子本人。"所以,对于"富裕病",美国人在思考,日本人在思考,澳大利亚人在思考,中国人也开始思考。澳大利亚人实践着"再富也要穷孩子"的信条。日本人则将吃苦课列为中小学生的必修课,自孩子两岁开始就进行意志锻炼,即使在大雪纷飞的冬天,父母也要带着孩子迎着刺骨的寒风长跑。

被誉为"股神"的美国著名投资家沃伦·巴菲特的资产超过300亿美元,但是他对自己的子女明确表示:"如果能从我的遗产中得到一个美分,就算你们走运。"他在遗嘱中宣布,将自己财产的99%捐给慈善事业,用于为贫困学生提供奖学金以及为计划生育方面的医学研究提供资金。

比尔·盖茨的财产有400多亿美元,他已经捐出了250多亿美元,并且他表示,将财产的98%用于自己创办的以他和妻子名字命名的"比尔和梅林达基金会"。

在美国,像巴菲特和比尔·盖茨这样的人还有很多。布什就任美国总统后,美国政府计划在2010年前逐步取消遗产税。这对拥有美国大部分财富的最富阶层来说无疑是个好消息。但有趣的是,竟有120名富翁联名上书,反对政府取消遗产税。比尔·盖茨的父亲威廉·盖茨在请愿书中写道,取消遗产税将使美国百万富翁、亿万富翁的孩子不劳而获,使富人永远富有,穷人永远贫穷,这将伤害穷人家庭。巴菲特也表示:"取消遗产税是个大错误,是极其愚蠢的。取消遗产税会造就一个贵族阶级。"

上述美国富翁的做法,对我们绝大多数人来讲是不可思议的,但他们是正确的。他们的做法,督促我们进行深刻反思。

少年吃苦,是人生的一笔财富。吃过苦的人懂得珍惜,懂得尊重,懂得宽容,懂得感恩,还懂得好好学习;吃过苦的孩子,心理更健康。所以,为了孩子,再富也不能富孩子。

再穷也不能穷教育,再富也不能富孩子,这二者并不矛盾,必须把握好。

三、"三为主"原则

"三为主"原则是指家庭教育要以正面教育为主,以赏识教育为主,以细节教育为主。

(一)以正面教育为主

这是从教育内容的角度讲的。我们生活的社会是复杂的,既有阳光,也有风雨;既有鲜花,又有荆棘。孩子的心是一块奇特而纯洁的土地,撒什么种子开什么花;同时,孩子的心又是很脆弱的,需要温暖的阳光。如果我们过早地把腐败、仇杀等反面的黑暗的东西灌输给孩子,孩子就会恐惧焦虑,对生活失去兴趣和信心,就容易出现心理障碍。所以,父母应尽量把生活中美好的东西展现给孩子,让他们在良好的精神营养中健康成长,给孩子一个快乐的童年。

日本著名教育家、索尼电器公司创始人井深大认为:人在0~3岁时,接受外界信息的方式属于"模式时期",婴儿不像成人那样先分析理解之后再接受,而是一股脑儿全盘记住。因此,要为婴儿选择最好的信息刺激大脑的发育,尽量避免那些不良信息印入婴儿的大脑网络。井深大还认为,人的大部分能力、素质和性格,绝不是由遗传和偶然的因素在不知不觉中决定的,而是由包括怀孕期在内的环境所决定的。"大概小孩都没有善恶之分,从小学到了什么,长大便会成为什么样的人。最先进入孩子心中的东西一旦定性,以后无论遇到好事还是坏事都很难动摇孩子的意志。因此我们应该让孩子从小接近好人,给孩子指引一条好的道路。"德国教育家卡尔·威特认为,天下没有什么比在孩子的心灵中产生仇恨更加可怕的事情。仇恨能让一个人虐待他的父母,

蔑视周围所有的人,同时自己更加陷入孤立无助的境地。因此,父母要多鼓励孩子,给他正面的积极的教育。

所以,在家庭教育中,切忌给孩子头脑中灌输恐怖、迷信之类的东西,因为这些如同病菌一样,会在孩子心中恶劣地蔓延,导致孩子精神异常。要让孩子远离残忍环境。如果孩子经常看到屠杀动物的场面,他就会慢慢变得麻木甚至去模仿。要让孩子远离失去道德廉耻的环境。

现在有些父母以锻炼孩子成熟为名,过早地诱导孩子走后门、作弊、说谎、自私等,使孩子生活的天空阴云密布,将孩子那段本应快乐天真的时光剥夺了,这样的父母既是严重不负责任的,也是很残酷的。

(二)以赏识教育为主

这是从教育方法的角度讲的。我们的许多教师和父母,在孩子面前总是板着脸,动不动就训斥甚至打骂,有那么多的责难、那么多的苛刻、那么多的消极情绪,孩子的自然、自信、自尊被一点点消磨掉了。请大家思考一下,如果我们的领导经常批评甚至打骂我们,我们还会有工作激情吗?如果我们能够及时得到领导的鼓励和表扬,情形又怎样呢?我们会以更高的热情去更加努力地工作。家庭教育也是这样。在教育孩子方面笔者付出了很多心血,有时也觉得不如人家过得潇洒,但每当看到孩子取得的成功,特别是听到孩子发自内心的感激的时候,我的激情又被充分调动起来。儿子上初中以后,经常讲:"我学习好,多亏有个好爸爸。"有时还说:"我们班有个学生学习不好,还偷着抽烟。要是有你这样的爸爸,他就学好了。"听到这话,我好像受到了最高奖赏,积极性更大了。大人都如此,孩子不更是这样吗?

心理学家威廉·詹姆斯说过,人性最深切的渴望就是获得他人的赞赏,这是人类有别于其他动物的地方。管理学理论中有一条"二八定律",它包含的意思是促使一个人进步,应该给他20%的压力和80%的动力。20%的压力来自批评和惩罚,80%的动力来自赞扬和赏识。

赏识教育被世界上众多教育家所推崇,是被实践证明了行之有效的教育方法,它能够激发孩子的内在动力,增强他们成功的信心,提高他们行为的正确率,让他们体会到自身的潜力和价值,大胆探索周围的事物。

日本的江本胜博士对"水结晶"这个课题进行了 10 年研究,终于得出了一个震惊世界的结论:水能"听",水能"看",水"知道生命"的答案。在最初的实验观察中,江本胜和他的研究员发现被漂白的自来水几乎无法形成结晶,而只要是天然水,无论出自何处,它们所展现的结晶都异常美丽。当研究员异想天开地在实验水的两边放上音箱,让水"听"音乐后,一个奇妙的现象产生了:"听"了贝多芬《田园交响曲》的水结晶美丽工整,"听"了莫扎特《第 40 号交响曲》的水结晶展现出一种华丽的美。水因为人的注视而随时变化它的"情绪"。

水是生命之源。孩子的生命是由水构成的。孩子刚生下来时,他的心灵是天然而不含杂质的,生命就像水一样随环境的不同发生变化。在赏识环境中成长的孩子,生命之花会越开越鲜艳;在抱怨环境中成长的孩子,生命之花会渐渐枯萎。

美国通用电器公司董事长杰克·韦尔奇刚学会开口说话时有点口吃,他的母亲鼓励道:"孩子,慢一点来,你的口吃,正说明了你爱动脑筋,思考的速度比说话的速度更快。"在母亲的鼓励下,韦尔奇没有因为这一缺陷而自卑,后来说话流利了许多,而且养成了爱思考的好习惯。

著名画家本杰明·威斯特成名后常常骄傲地对人说:"是母亲的亲吻让我成了画家。"威斯特童年的一天,母亲让他照顾正在睡觉的妹妹。母亲走后,威斯特好奇地用彩色墨水在地板上画妹妹的肖像,弄得家里到处是墨水。母亲回家后,看到乱七八糟的墨迹,不但没有训斥,而是说道:"啊,那是莎莉。"说完,弯下腰亲吻了威斯特。

铃木镇一的小提琴班上有个名叫庆子的小女孩,刚开始学琴,水平较差,有时发出非常刺耳的声音。有一次,铃木镇一毫不掩饰地批评庆子:"怎么搞的? 难道刚才没听课吗?"庆子眼里含满了泪水,再上课时,神色不安,不敢拉琴,与同学的距离越拉越大。铃木意识到自己的批评伤害了庆子,就采取弥补措施,鼓励庆子:"这一次很有进步嘛!""庆子,继续,真不错!""你又有进步了!"听了老师的鼓励,庆子开始大胆练琴,半个月后,演奏水平有了很大提高。

台湾作家林清玄去一家羊肉馆用餐,老板问他:"你还记得我吗?"林清玄说:"记不起来了。"老板拿来一张 20 年前的旧报纸,上面有林清玄的一篇文章。当时,林清玄在一家报社当记者。文章记叙了一个小偷手法高超,作案上千次,次次得手,最后栽在一个反扒高手的手上。

文章感叹道:"像心思如此细密,手法如此灵巧,风格如此独特的小偷,做任何事情都会有成就的吧!"老板说:"我就是那个小偷,是你的这段话引导我走上了正路。"如今,昔日的小偷已开了好几家羊肉馆,成了颇有名气的大老板。连小偷都能在欣赏的引导下走上正路,还有什么人不能被欣赏、不能被引导呢?

赏识教育是教育孩子的一种很有利的手段,对孩子的奖励是孩子成长过程中不可缺少的一种教育方法。赏识教育的本质是善待生命,尊重生命。赏识教育的本源是爱。赏识教育要求每一名教育者尽量不用批评的方法教育孩子,更不能用打骂的方式管教孩子,而要善于发现孩子的优点,及时给予肯定、表扬和鼓励,多说"你能行""你一定做得很好",少说"你真笨",使孩子形成良性循环:做好事—受表扬—更愿意做好事—再受表扬;鼓励—成功—再鼓励—更大成功。这就像电子学中的正反馈。

赏识教育专家周弘说:"赏识教育的目标是让孩子将来与幸福有约,与幸福有约的人必定与成功有缘。"赏识教育,就是要解放孩子的心灵,放飞孩子的心灵,让孩子在快乐中学,在快乐中成长,成为一个自己快乐并给别人带来快乐的人。

采用赏识教育,方法并不复杂,如给孩子一个温暖的拥抱,摸摸孩子的头,亲亲孩子的脸,或者用言语鼓励孩子,这些都会收到意想不到的效果。要不断关注孩子的每一点进步,不失时机地加以鼓励。

当然,赏识孩子并不是容忍孩子的每一个一错再错的缺点,也不是盲目溺爱孩子,而是即使孩子某些方面的能力低下,也不要放弃他们,要善于发现、挖掘他们的长处,使他们的潜能充分发挥出来,引领他们走向成功。

10岁的多洛在母亲的陪同下,正在草地上用弹弓打立在地上的塑料瓶。多洛打出去的弹丸忽高忽低,忽左忽右,有时竟偏离1米多。母亲微笑着说:"多洛,你真棒,差一点就击中目标了。"母亲不断地把石子递给多洛。多洛不停地瞄准,射击,但总是打不中。一个过路的年轻人走过来说:"让我教他怎样打,好吗?"母亲笑了笑说:"谢谢! 不用了,他看不见。"年轻人怔住了:"可是他……怎么能打中呢?"母亲平静地说:"我告诉他,总会打中的。关键是他做了没有。"说话间,多洛打中了,他兴奋地喊:"我成功了!"

哪怕天下所有的人都不看好孩子的未来,做父母的也要眼含热泪地耐心鼓励他、欣赏他和赞美他。世界上没有种不好的庄稼,只有种不好庄稼的人。同样,世界上没有教不好的孩子,只有不懂教育的长亲和教师。

与赏识教育相适应,在家庭教育中,应忌用以下语言:

一是嘲笑语言,如:你能考上大学,太阳从西边出来;别癞蛤蟆想吃天鹅肉;你可真替爸妈争光啊,居然考了40分。

二是羞辱语言,如:就你这猴样,打扫厕所都没有人要;你简直是个废物。

三是绝情语言,如:你给我滚出去,永远别进这个门;我只当没你这个儿子。

四是抱怨语言,如:我说不行,你就是不听;没那能耐,就别逞能;你竟然做出这等事,太让我伤心了。

五是威胁恐吓语言,如:你敢再和他往来,我砸断你的腿;再不听话,就把你送学校去。

六是压制语言,如:我是你爸爸,这事由我说了算。

七是敷衍欺骗性语言,如:你去接电话,说爸爸不在家。

八是缺乏原则性语言,如:现在的人,有几个好的?

九是娇惯纵容性语言,如:他(指父母)再打你,我(指祖父母)就打他。

十是哀求语言,如:我的小少爷,求求你不要这么做,好吗?

十一是贿赂语言,如:你要是考第一名,暑假带你去旅游。

十二是下流语言,如:×你妈的;好你个狗东西。

当然,以赏识教育为主,并不排斥必要的批评和惩罚,没有惩罚的教育是一种不完整的教育。在教育孩子的过程中,要恩威并施,爱抚加惩罚。在孩子出现过失时,孩子明白的道理可能是刻骨铭心的。此时,正是对孩子进行教育的好机会。合理的、适度的惩罚,有助于孩子形成坚强的性格,培养他们的责任感,锻炼他们的意志和人格,增强他们抵抗并战胜诱惑和挫折的能力。要注意,不能为惩罚而惩罚,惩罚的目的是让孩子不再犯同样的错误。因此,惩罚孩子要把握好以下几点:

◆对孩子所犯错误要根据情况处罚。

◆在对孩子惩罚以前,先对孩子进行警告,如果孩子不改错,再惩

罚,这样可以给孩子一个自我纠正错误的机会。

◆惩罚的开始和结束时间要明确,惩罚完之后就不要再追究了,不要让家中整天充满紧张气氛。

◆孩子犯了错之后要立即惩罚,不要秋后算账,如:看我回家怎么收拾你!

◆在对孩子惩罚以前,先向孩子解释惩罚的原因。

◆说到做到。如果已经警告过孩子,当他犯了错误的时候会受到什么样的惩罚,那么在孩子犯错误以后,一定要履行所说的诺言,不能心软,不能妥协,一定要坚持原则,决不能"刀子嘴,豆腐心"。

◆惩罚孩子不能伤害孩子的自尊心,要让孩子感到大人惩罚他是为了他好,大人是爱他的。这样,孩子情感的闸门才能打开。

◆尽量避免体罚孩子。惩罚不等于体罚,更不是伤害,不是心理虐待和歧视。

◆惩罚孩子时要一分为二,肯定优点,批评缺点,不能把孩子说得一无是处。

◆不要"翻箱倒柜"。当孩子犯错误时,不要把孩子过去做错的事都搬出来数落一番,否则容易使孩子弄不明白哪一个错误是需要惩罚的。

◆惩罚要适度。惩罚的度要根据孩子的性格和错误的程度来定。

◆对事不对人。要让孩子明白,惩罚的是孩子的错误行为,长亲仍然喜欢孩子。

(三)细节教育为主

这是从时间上讲的。细节教育,有的称为时机教育,也有的称为机遇教育。笔者认为称作细节教育更为恰当,这样不仅能反映出抓住机遇进行教育的特点,而且体现了家庭教育要耐心细致、以情动人。

细节教育是指对孩子进行教育,不能像大人一样,制定一个详细的教育计划,如每个星期五都学习理论,而是要在孩子成长过程中,特别是在学习和游戏过程中,善于捕捉具有教育意义的细节,及时对孩子进行生动形象具有启发性、说理性的教育,让孩子在玩和学习中就自然而然地接受了教育,快快乐乐地收获了知识。这样的教育,孩子容易接受,效果好。如果星期五定期给孩子上思想课,大人一脸严肃地训话,孩子正襟危坐,那么,时间久了,孩子就会排斥这种教育,甚至会产生星期五综合征。所以,细节教育是一种艺术。

当然,以正面教育为主、以赏识教育为主和以细节教育为主,并不是说不要反面教育、不要批评、不要有计划的教育,相反,适量的恰当的反面教育、计划教育和批评教育,对孩子的成长是必要的。

四、"四尊重"原则

"四尊重"原则是指在家庭教育中,要尊重孩子的身心发展规律,尊重孩子的权利,尊重家庭成员的意见,尊重家庭教育的特点。

(一)尊重孩子的身心发展规律

规律必须遵循,违背客观规律就会受到惩罚。一个人,从卵子与精子结合时起,到心脏停止跳动,有生理发展规律和心理发展规律。比如说,孩子越小,睡眠时间越长;0～6个月,大脑的代谢率逐渐增高,脑神经元增殖最快;2～3岁,儿童出现第一个反抗期;12岁以后,出现第二个反抗期;7岁左右由具体形象思维为主向初步抽象思维过渡,12岁左右由经验性的逻辑思维向形式逻辑思维过渡,15岁左右向辩证逻辑思维过渡;等等。一位著名的心理学家十分形象地说过:人的个性正如树的年轮,是一圈又一圈地扩展的。婴儿的一圈代表爱与享受,儿童的一圈代表创作和幻想,少年的一圈代表玩耍和游戏,青年的一圈代表情爱和探索,成年人的一圈代表现实和责任。如果其中的任何一圈不完善,这个人的个性就发展不健全。这位心理学家对各个阶段的界定虽然不是很准确,但他用形象生动的语言说明了一个人在成长过程中呈现出的规律。所以,我们只有了解孩子身心发展的规律,把握这些规律,遵循这些规律,按照这些规律实施家庭教育,才能取得最佳效果。否则,不顾这些规律的存在,违背这些规律错误地进行教育,就会受到规律的惩罚,得不到良好的教育效果,甚至适得其反。

(二)尊重孩子的权利

现在的时代是一个民主、自由和富有创造力的时代,与之相适应,要培养孩子的独立判断能力和自理能力,要从尊重孩子的权利入手,让他们逐渐形成自我教育、自理和富有责任心的美德。在家庭教育中,更

要体现"以人为本"的思想，要把孩子当成人，一个有血有肉有思想有人格的人，不能把孩子当成父母的私有财产。要与孩子平等交流，用平等的眼光看孩子。要尊重孩子的人格，尊重孩子的自尊。要尊重孩子玩的权利，让儿童在玩中学习知识、锻炼能力。要给孩子尝试的机会和失败的权利，实践证明"可以失败"的态度比"不准失败"的态度更能减少孩子的失误。要尊重孩子说话的权利，耐心听孩子讲述或辩解，对孩子的解释，不能用"闭上你的臭嘴""不要辩解了，这没用"等话。如果大人确实有急事，要对孩子说："我现在有急事，一会儿再听你解释，好吗?"不能以成人的逻辑去抹杀孩子的道理，否则，就会毁掉孩子的思考能力，使孩子无法成长。要尊重孩子的选择权，在升学、就业、爱好等方面，要充分考虑孩子的特点与需要，不能包办。要尊重孩子的参与权，对家庭中的重大事情、社会上的有关事情，让孩子参与讨论，从小锻炼他们的责任心和处理问题的能力，不能把他们当成局外人。

卢梭强调："大自然希望儿童在成人以前就要像儿童的样子。"剥夺儿童应有的权利，结果只会扰乱自然的次序，破坏自然的法则，从根本上毁坏儿童。梅森认为，婴儿天生好动，对什么事情都感到新鲜，都想动手，所以，说某个孩子从小就懒这是不符合实际的。孩子的懒，多半是长亲持续"教育"的结果。长亲从孩子婴儿时期就一而再、再而三地剥夺了他们自理自立的权利，反而都一再抱怨孩子懒、自理能力差，这对孩子来说是极不公平的。儿童不是可以任意塑造和填充的容器，而是有其固定法则的"自然的存在"。

斯特娜告诉为人父母者，要尊重孩子的天性，让孩子在愉悦中成长。家庭教育的本质是自然教育，它的基本特征在于尊重婴幼儿的天性，让他们自然、自主、自由地发展。如果我们剥夺了孩子出于天真之心享受单纯生活的权利，就会在他们的个性发展上造成难以弥补的裂痕。她说："很多父母都知道要为孩子的未来着想，但往往着眼于孩子当前的具体成绩，却忘了最重要的一面，这就是孩子的终生幸福。一个完全失去了童趣的人，是一个寂寞、抑郁的人。无论他在事业上的成就如何，都难以得到真正的快乐。"

要相信自己的孩子是独一无二的，有自己的小天地。要让孩子情感独立，不要剥夺他们独立的机会，要把行动的权利还给他们。

(三)尊重家庭成员的意见

温馨和睦的家庭有利于孩子的健康成长。苏联教育家苏霍姆林斯基说过："你想教育好孩子，首先要真心喜爱自己的妻子。"我们在家庭生活中，妻子一定要用赏识的心态和温柔的情怀善待自己的丈夫，丈夫要用微笑的面容和赞美的语言善待自己的妻子，夫妻要用细致关怀和充分理解善待老人，用宽容的心善待家庭其他成员，努力营造一个良好的家庭环境。在教育孩子方面，要尊重每一位家庭成员的意见，形成教育孩子的合力，在一些重要问题上要事先达成一致，避免在孩子面前大吵大嚷、争执不休。

(四)尊重家庭教育的特点

家庭教育具有地位上的基础性、作用上的关键性、内容上的全面性、时间上的长期性和方法上的灵活性这五个特点，有早期介入、单独教练和重点培养的优越性，有独特的内容和方法。要取得家庭教育的成功，就必须了解和掌握家庭教育的特点，采取适合家庭教育的方式方法进行有针对性的教育，切不能盲目照搬学校教育和社会教育的模式。

五、全面发展原则

全面发展原则是指培养孩子在德育、智育、体育、美育和劳动技能教育这五个方面全面发展，不可偏废。

在家庭教育实践中，父母往往只重视孩子的智力发展，而忽略了其他四个方面的发展，或者认为家庭教育就是教孩子知识，让孩子学习，这种认识是很片面的和错误的。其实，智力开发固然重要，但不是家庭教育的主要内容，更不是唯一内容。如果把家庭教育比作一个人，那么智育是脊梁，德育是大脑，美育是臂膀，体育和劳育是双腿，缺一不可。片面发展的孩子不能得到充分发展，生活质量低下。我们只要稍微反思一下周围发生的有关事情，就不难理解全面发展的重要性。有的孩子道德败坏，走上违法犯罪的道路；有的孩子高分低能，生活能力和自理能力极差，不能适应成人生活，甚至由于对父母的依赖性太强而无法独立生活，有的上了大学也不得不退学回家；有的孩子身体素质差，弱不禁风，承受不了繁重的学习和工作；有的孩子存在严重心理障碍，表

现出极端行为……所有这些，主要是家庭教育的片面发展造成的。

人的个性全面和谐发展，一直是古今中外仁人志士所憧憬的社会理想。亚里士多德认为，教育的基本目的是自我完善。文艺复兴时期的理想是造就"全能的人"。卢梭等思想家把全面发展的人视作崇高的目标。在古希腊的教育中，就提出了"和谐教育"的理念，要求把教育过程中的各种因素优化组合获得整体效应，通过德、智、体、美诸育使受教育者成为"身心既善且美"的人。英国著名教育家梅森指出："竞争的原理正如呼吸的原理一样是自然的、必要的。但是作为教育家，我们要认识到孩子生下来不是只有一根弦的竖琴，在他的青少年时期始终拨弄那一根弦是件坏事，这并不是因为竞争是一种邪恶的原则，而是因为不断地刺激这个欲望而牺牲其他欲望会破坏性格的平衡。"日本教育家井深大强调："关于教育，以前大家全力以赴追求的是能用肉眼看见和确认的'物'，而不是如何使人和社会幸福起来。可以说，以前的教育缺少精神和人性的东西。""单纯培养智力，人是不会幸福的。智力就是智力，它只能是人的一部分。人要幸福就不能只发展人的一部分，而应该发展包括智力在内的整个人。""知识性的问题可以通过以后的努力去弥补，但是心灵的问题却不能弥补，它会因为时机的错失而永远错失。"

美国教育心理学家霍华德·加德纳于1983年提出了多元智力理论，指出人类的智力是多元化的，总共有八种智力：语言—语言智力、数理—逻辑智力、身体—运动智力、视觉—空间智力、音乐—节奏智力、交流—交往智力、自知—内省知力、自然观察智力。他强调，每个人的智力都是以上八种智力中不同的智力的特殊组合，所有的孩子都隐藏着优势智力，都具有成才的潜能。

因此，我们应该让孩子在发挥自己优势智力的基础上，使其他几种智力全面发展；在发展智育的同时，积极发展体育、德育、美育和劳育，使孩子成为真正幸福的人。

（一）德育

在儿童个性全面和谐发展教育中，德育应居首位。

道德教育应及早开始，从儿童有意识的生活刚刚开始就进行。

道德教育应培养儿童良好的道德习惯，如同情心、乐于助人、尊重他人、热爱劳动、维护公共秩序和讲究礼仪等。道德习惯的形成要经历三个阶段,即正面教育阶段、自我道德评价阶段和道德成熟阶段。

道德教育应培养儿童高尚的道德情感。情感是道德信念、原则性和精神力量的核心与血肉,没有情感,道德就会变成枯燥无味的空话,只能培养伪君子。要培养儿童对美好的、惹人喜爱的、令人神往的东西的敏感性,也要培养对丑恶、不能允许的、不可容忍的东西的敏感性。

道德教育应以帮助儿童确立道德信念为目标。道德信念的形成应从培养行为习惯入手,还应注意在孩子的关键期就对其进行礼仪教育和优良民族传统教育。

道德教育涉及的内容很多,请参阅第三章"孩子成长的心理要素"。

(二)体育

苏霍姆林斯基指出:"良好健康的身体和充沛旺盛的精力,这是朝气蓬勃感知世界、焕发乐观精神和产生战胜一切艰难险阻的意志的一个极重要的源泉。""有规律的经常锻炼,不仅可以使身体变得健美、运作协调,而且可以培养性格、锻炼意志。"因此,我们必须十分重视体育。

对体育项目,要根据孩子的具体情况来选择,不可千篇一律。从面上讲,乒乓球、游泳是很好的运动项目,篮球、羽毛球、跳绳次之。女孩子可以学舞蹈,男孩子可以学武术。

(三)美育

美育是教会孩子从周围世界(大自然、艺术、人际关系)的美中看到精神的高尚、善良、真挚,并以此为基础确立自身的美。

美育的第一步是培养孩子感知和领会美的能力。一是通过浏览和亲身体验去观察大自然的美;二是阅读文艺作品,领略其中的韵味和含意;三是欣赏绘画作品和音乐,通过视觉和听觉来增强审美感知能力。

在感知美的基础上,要培养孩子创造美的能力,主要是让孩子练习写作、绘画等。

在日常生活中,要为孩子创造一个美好的家庭环境,做到干净、卫生、整洁、明亮;要常带孩子到大自然中,感受世间万物的美;要从高处着眼,从小事做起,使孩子逐步做到心灵美、语言美、行为美和仪表美。

(四)劳育

劳动教育通常指劳动、生产、技术和劳动素养方面的教育,主要任务是培养儿童正确的劳动观点和态度,良好的劳动习惯,艰苦奋斗的作风,使儿童获得工农业生产基本知识和技能。

瑞士教育家裴斯泰洛齐认为,劳动是教育和发展的最重要条件,合理组织儿童从事体力劳动,能够促进其智慧和道德发展。著名未来学家托夫勒曾说,在第一次浪潮即农业革命时代,农民们一家一户在田地里耕作,孩子们目睹父母的劳动,也参与一些辅助劳动,那时的孩子懂事、勤劳。在第二次浪潮即工业革命时代,工人们都被圈进了工厂劳作,把孩子留在家里或送到托幼机构去,孩子完全见不着父母的辛劳,只知享受玩乐,这一代孩子不懂事。

劳动对促进人的全面发展具有重要作用。劳动不仅创造了世界,也创造了人类本身。劳动能够增强体质,预防疾病;劳动需要手,手上大量的神经束通向大脑,从而促进脑神经的发育和完善;劳动伴随着思维和想象,必然会促进智力发展;劳动过程中,运用知识指导实践,能够激发儿童的求知欲和热情。劳动对于培养发明创造品质至关重要,自然科学的发现和发明,几乎都是在动手的实践活动中迸发火花、出现灵感的,几乎每一个大发现者、发明家都是从小就爱劳动。达尔文小时候最爱捉昆虫;爱迪生幼年喜欢化学实验;爱因斯坦小时候就不声不响地把指南针拆了;牛顿小时候爱做机械玩具;米丘林3岁就在果园里拔草、浇水、捉虫,8岁学会果树的嫁接,他一生为人类创造了300多个果树的新品种。

劳动还能够培养孩子良好的性格品质和心理素质,培养正确的幸福观,预防心理障碍。劳动的时间越长,儿童的独立性就越强。劳动让孩子懂得珍惜物品,尊重他人的劳动,培养朴素的情感。孩子不劳动,就很难理解大人劳动的辛苦。美国哈佛大学一些行为学家、社会学家以及儿童教育专家对波士顿地区448名少年儿童进行跟踪调查发现,从小热爱劳动的孩子比不热爱劳动的孩子生活得更愉快、更充实,并且成人后的失业几率、犯罪率、离婚率、各种精神病发病率都大大低于孩提时期不热爱劳动的成年人。劳动不但是每个人最基本的生存资格,而且可培养青少年的自立精神。

正因为劳动对孩子成长具有重要作用,所以,联合国要求各国重视劳动教育,使教育与劳动生产结合起来。在犹太民族,所有父母都把培养孩子爱劳动作为孩子全面发展的一种重要手段,当作早期教育的一个重要组成部分。有的父母定期带孩子到山区里体验生活,放牛,砍柴,挖水渠,什么农活都干。孩子们在劳动中学会了如何面对和战胜困难,并把学到的技巧和解决问题的办法运用到学习中去。在德国,有的省规定,孩子6岁上小学就要开始劳动如擦皮鞋、洗碗、打扫房间等,初中毕业的时候必须学会挖树坑、种树、栽篱笆墙。如果父母不让孩子劳动,孩子可以状告父母违法。

劳动既是义务,又是权利。父母要保证孩子享受这项权利,让孩子参加一些力所能及的劳动,孩子自己的事情让他们自己去做。

(五)智育

智育涉及的内容很多,将在以后有关章节中详细阐述。对智育本身,也必须全面发展,防止偏科。弗兰西斯·培根早在450年前就指出:"读史使人明智,读诗使人聪慧,演算使人精密,哲理使人深刻,道德使人高尚,逻辑修辞使人善辩。"每门学科对孩子的成长都有益,长亲要善于引导孩子协调发展。

这里需要说明的是,德育、智育、体育、美育、劳育相互渗透,相互交织,构成一个统一的教育整体。个性全面和谐发展,并非要求每个儿童的所有方面都均衡发展,都出类拔萃,而是要在各方面都达到基本素质,并能够相互促进,在此基础上,充分发挥个人的优势。

家庭教育的三条主线

家庭教育涉及的内容很广,家庭教育的头绪也比较繁杂。现在,介绍家庭教育的书也不少,林林总总,各有侧重。许多父母想想哪个方面也重要,看看谁说的都有道理,就是做起来成效不大,辛辛苦苦,忙忙碌碌,结果自己的孩子还是不理想。所以,很有必要将贯穿家庭教育的主线抽出来,围绕主线开展工作,就能够把握住家庭教育的重点,理顺教

育思路,增强教育效果。

归纳家庭教育的方方面面,不外乎三大类,一是教育理念,二是教育内容,三是教育方法,这就是家庭教育的三条主线。

关于家庭教育的内容,即家庭教育的任务,已在前面作了专门介绍。关于教育方法,将在以后有关章节中介绍,这里只介绍一下教育理念。

思想是行动的指南,理念影响着判断。当前,我们的家庭教育存在不少问题,出现很多误区,重要原因就是教育理念有着错误和偏差。主要表现是:

错误的人生观:认为人生就是吃喝玩乐。

错误的人才观:认为只有上大学、读硕士才算人才。

错误的人际观:认为自我是人际关系的中心。

错误的天赋观:认为只有少数人是聪明的,大多数孩子接受能力较差。

错误的亲子观:认为亲子之间的关系是不平等的。

错误的成长观:认为孩子成长不需要进行专门的家庭教育。

这些错误观念带来了错误的教育方法,严重阻碍了家庭教育事业的发展,不知埋没了多少个"爱因斯坦"、多少个"雷锋"、多少个"诸葛亮",也不知培养了多少个"黄世仁"、多少个"坐山雕"。许多孩子是被父母牵着手"送"进监狱的。父母们,长亲们,帮帮孩子,救救孩子!

要发展家庭教育事业,使每一个孩子都成才,就必须彻底摒弃错误的教育理念,积极学习吸收先进科学的教育理念并用于实践。抓住科学教育理念这条线,家庭教育就成功了一大半。当前,应牢固树立起以下四种观念:

(一)科学的天赋观

"世界上根本没有所谓的笨人,只有许多没有充分训练而低能的人。"(铃木镇一语)生理学、教育学的研究成果表明,婴幼儿的潜能巨大,只要教育得法又及时,每个孩子都会成为人才。这就像种子,都蕴藏生根发芽的能量,这只是一种可能,但要将可能变成现实,还需要具备充足的氧气、适量的水分和适宜的温度。对孩子来说,家庭教育就是让其潜能发挥出来的氧气、水分和温度。要对自己的孩子有信心。

事实上，每一个普通婴儿都能完成认人交往、直立行走、认物记事、用手操作、接受音乐、掌握语言和识字阅读等七大学习任务，都具有无意注意、适应环境、获得敏感、形成印象、领悟情境、本能模仿和兴趣探索等七大特点。之所以培育不出优秀的人才，是因为没有采用科学的教育方法。

当然，每个儿童在音乐节奏、自知内省、数理逻辑、身体运动、语言、视觉空间、交流交往和自然观察等八种智能方面都有优势智力领域和弱势智力领域，有自己的学习方法。因此，不应该有"笨孩子"的概念。每个儿童都是聪明的，只不过他们的聪明表现在哪个或哪些方面可能不同。

（二）正确的人才观

常言道："三百六十行，行行出状元。"一个人不管干什么，只要是对社会有益的，就是人才。

（三）积极的幸福观

不同的人有不同的幸福观。当前，不少人将幸福与吃穿等物质享受等同起来，这是非常狭隘的。其实，物质享受只是"幸福"的一部分，"幸福"的内涵很丰富。一个人的幸福程度如何，可用"幸福楼"和"幸福指数"来表述。主要包含以下几项：

◆身体健康状况。
◆安全状况，包括自然灾害、社会治安等。
◆生存环境，包括空气、水、风景、温度、植被等。
◆物质享受，包括吃、穿、住、用等。
◆心理健康状况。
◆家庭状况，包括父母、配偶、孩子等。
◆情感与人际关系，包括亲情、爱情、友情、同事关系等。
◆事业与自我价值实现的情况。

以上八项内容，就像八层楼，层层递进，没有前边的层数，后边的层数就会失去意义，而楼层太低，楼价就会便宜。"幸福楼"的价格指数可以按照各层占的比重得到一个数值，然后相加，所得之和就是"幸福指数"。

所以，一个人是否幸福，不能仅用权和钱来衡量。有了权，整天你争我斗，处于焦虑之中，那也是不幸福的；钱再多，身体很糟糕，心理也不健康，照样不幸福。

（四）先进的家庭教育观

家庭教育与其他教育相比，有其自身的特点，其主要任务不是传授知识，而是开发潜能，培养习惯，教会做人，重在"育"，而非"教"。思想品德、性格习惯等非智力品质不是教出来的，而是育出来的。比如，"1＋1＝2"告诉孩子，孩子就学会了，这种知识是教出来的，但是，"勇敢、坚强、诚实、守信"等非智力品质，仅靠口头传授是不起作用的，你说上成千上万次，孩子也不一定具有，只有通过父母的示范、典型事例的影响以及孩子的具体锻炼和反复实践逐渐形成习惯。所以，家庭教育主要在培育，而不是说教，不是灌输，不能把家庭教育"学校化"。

科学实施家庭教育

家庭教育是一门社会科学，有其自身的理论体系、特点和规律，要开展好家庭教育，就必须全面了解其内容和特点，深刻把握其规律，做到科学教育。

一、强化整体意识，全面理解家庭教育理论体系

家庭教育涉及教育学、心理学、生理学、社会学和伦理学等诸多学科，内容宽泛，但是，这些内容并不是支离破碎的，而是相互关联，构成一个统一的整体。对其中的一些观点，不可片面理解，而要放在整个理论体系中去考虑。要正确处理好愉快学习与磨炼意志的关系，学习知识与创新的关系，赏识与批评的关系，关爱孩子与进行挫折教育的关系。举例来说，我们提倡从小培养孩子的独立意识，让孩子做到自己的事情自己做，但同时必须防止孩子以个人为中心，只管自己，不管别人，要对孩子进行爱心教育，使其能快乐地帮助他人。

有一个母亲为了锻炼孩子的自立意识，从小就注意让孩子做力所

能及的事情,孩子摔倒了,就告诉他:"自己爬起来!"孩子要喝水了,就说:"自己的事情自己做。"有一天,这位母亲工作回家后感觉身体不舒服,就让儿子帮她按摩,结果儿子语出惊人:"自己的事情自己做。"在这个例子中,母亲对孩子的教育是不全面的。

再举一个例子。在第一章第三部分中,有一项原则是以赏识教育为主,这是被实践证明了的正确的符合儿童心理特点的教育方法。但是,以赏识教育为主,并不是彻底排斥批评,适当的批评与惩罚是必须的。这就像人的健康那样,以正常的保健为主,必要的时候该打针就打针,该吃药就吃药。总是吃药就会损害身体健康,而当身体有病时不吃药同样会损害身体健康。所以,对以赏识教育为主的原则必须全面理解。

二、强化发展意识,把家庭教育理论与孩子实际有机结合起来

任何事物都是发展的,变化的,家庭教育也不例外。在学习应用家庭教育理论时,要反对本本主义、机械主义,不能照抄照搬已有的经验做法。前人的一些理论,是在当时的背景下总结出来的,在当时是正确的。但历史是发展的,家庭教育的情况在不断地发生变化,一些新情况、新问题会不断涌现出来,如独生子女家庭是近二十几年来才大量出现的,由此带来了独生子女的教育问题。如果此时我们机械地套用卢梭时代的理论,就有可能出现偏差。教育孩子的根本方法,在于根据自己孩子的特点摸索出一套有效的教育方法。每个孩子都有自己的特点,这要求长亲耐心地去体验。要成为合格的父母,不仅要积累育儿方面的知识,学习心理的、生理的知识,阅读有关书籍,更重要的是在认真学习、深刻领会前人教育理论的基础上,把这些理论与自己孩子的实际有机结合起来,达到科学教育的目的。本书介绍的家庭教育的理念、内容和方法,不一定对每一个孩子都适用,因此,一定要根据孩子的实际情况决定取舍。

在教育孩子的过程中,要注意个性化培养。"个性"就是个人在气质、性格、智能结构、兴趣爱好和行为方式等方面具有的倾向性和稳定特征。发展心理学家认为,除了先天形成的气质,个性的其他方面受成长环境的影响更大。也就是说,孩子的个性在很大程度上是可塑的。

家庭教育的个性化培养承担着两项任务：一是培养好个性，二是因材施教。

形成好个性有三个途径：一是利用母体对胎儿气质的影响，孕育一个安乐型气质的孩子；二是利用环境对孩子兴趣的影响，熏陶孩子的情趣、胸怀和理想；三是利用有益活动对孩子价值观的影响，形成建设性的个性特征。

对孩子进行个性化培养，要承认差别，量体裁衣。以建立性别自信心为例，不同外貌的女孩，要从不同角度去引导。对相貌一般的女孩，要举例说明"女人因可爱而美丽，不是因美丽而可爱"，并告诉孩子她可爱的地方。而对漂亮的女孩，要提醒孩子美貌潜藏的危险，教给她们远离危险的办法，引导他们凭真才实学立身于世。

三、强化辩证思维，正确解决家庭教育的有关问题

马克思主义哲学告诉我们，事物存在着普遍联系。因此，在生活中，要提高辩证思维的能力，反对形而上学地孤立地看待问题，防止"只见树木，不见森林"。比如对待"下雨"这种现象，不能孤立地说它是好是坏，要联系相关的现象进行判断。如果气候干旱，那么下雨就是好事；相反，如果已经造成了洪涝灾害，那么再下雨就是坏事。

家庭教育也是这样。例如打球，如果孩子在紧张学习期间合理安排时间去打球，做到劳逸结合，那么打球就是好事；相反，如果孩子整天光知道打球，不知道学习，而且打不出专业水平来，那么打球就是不好的事情了。再如，对于考试成绩，如果孩子发挥出正常水平，即使分数低一些也应鼓励；如果出现了不应有的差错，即使考了第一名，也要让孩子吸取教训。这就是家庭教育的辩证法。

长亲的角色

2

长亲平时要做孩子的朋友，多与孩子交流；关键时候要当孩子的领导，把握住原则性问题。

每个孩子都有"两个生命"：生理生命和心理生命。对这两个生命，都要呵护，尤其要呵护好孩子的心理生命。

比让孩子进"一流"幼儿园和"一流"学校更重要的是，必须使孩子在"一流"家庭里接受熏陶。长亲本身就是"教科书"，必须重视长亲的榜样作用。

在孩子学习方面，长亲的角色是"兼职教师"。"兼职教师"的任务是培养孩子的学习兴趣，启发孩子的学习思维，帮助孩子养成良好的学习习惯和掌握科学有效的学习方法。

一谈到家庭教育,必然涉及教育者和被教育者。被教育者就是孩子,这一点很清楚。但对教育者来讲,目前还没有一个明确的界定,有的称作"父母",更多的则称为"家长"。笔者认为,称作"父母"也好,"家长"也好,都不能很好地适应家庭教育形势的发展和理念的转变,因此很有必要对其进行科学的界定。

(一)"父母"的称谓范围太窄

现代家庭大部分是独生子女家庭,教育孩子的任务不仅仅由父母承担,祖父母、外祖父母也承担着重要任务,尤其是出国族、打工族的孩子,更是直接交给孩子的祖父母或者外祖父母抚养教育,这时,祖父母或者外祖父母就是主要的家庭教育者。另外,在一些特殊家庭里,孩子的叔父、姨妈、哥哥、姐姐等也承担着教育孩子的任务。因此,"父母"一词无法涵盖全部的家庭教育者。

(二)"家长"一词体现的是"一言堂""家长制"

随着家庭教育事业的发展,人们已经逐渐认识到创造平等、和谐、民主的家庭教育环境的重要性,这就对传统的"家长制作风"提出挑战。而"家长"一词恰恰体现了"一言堂""家长制",与现代家庭教育先进理念格格不入。

(三)使用"长亲"的称呼

鉴于上述原因,笔者主张,将家庭教育的教育者称为"长亲"。"长"者,包含着孩子的父母、祖父母、外祖父母等长辈;"亲"者,体现了长辈对孩子的爱和家庭教育中教育者与被教育者的融洽关系。本书中,除了因为引用语句而使用"家长"一词外,其他地方均使用"长亲"的称呼。

现在,着重讨论长亲的角色。可能有人要说:"这不是多此一举吗?谁不知道父母、祖父母、外祖父母是孩子的教育者?"其实不然,长亲的含义非常丰富。只有弄清了长亲的角色,才能正确地实施家庭教育。这就像单位的工作人员一样,必须首先明白自己的工作性质、地位和任务,明白自己的岗位职责,才能做好所担负的工作。每一位长亲都身兼数职,担任着以下六种基本角色。

角色一　孩子的朋友

在我们中国，几乎所有的人都信奉着"父为子纲"的信条。正是在这种理念的影响下，父母把孩子当成自己的附属品或者玩偶，孩子没有独立的人格，父母就像悬在孩子头上的双刃剑，孩子对父母的话必须言听计从。这种亲子关系，是上下关系，父母用俯视的眼光看孩子，孩子则用仰视的眼光看父母。这种大背景下的家庭教育，必然是"一言堂"式的教育，是"棍棒"式的教育。

人类社会发展到今天，经济、政治、文化都发生了巨大变化，孩子成长的环境也发生了很大变化。人口向大城市集中，家用电器普及，独生子女家庭越来越多，电视和电脑的出现阻碍了孩子与社会的更多接触，生活的富裕使孩子的责任感和义务感淡化，以"我为中心"的个人主义思想和孤独感在膨胀，特别是进入 21 世纪以后，孩子成长出现了"三大三小"现象，即生活的空间越来越大，生长的空间越来越小；房屋的空间越来越大，心灵的空间越来越小；外界的压力越来越大，内在的动力越来越小。在这种情况下，再用传统的"一言堂"式和"棍棒"式的教育方式教育孩子，就很容易导致家庭关系出现"沙尘暴"，容易使孩子的心灵出现荒漠，容易关闭孩子心灵的窗户。你越训，他越觉得自己有理；你越打，他越不跟你说实话。现代的孩子，渴望与长亲沟通，渴望与长亲建立朋友关系。

美国心理学家鲍姆琳特将家庭教育分为三种类型：权威型、宽容型和专制型。权威型的长亲觉得自己在孩子心目中应该有权威，但这种权威来自长亲对孩子的理解和尊重，来自与孩子经常的交流和帮助；宽容型的长亲很少向孩子提要求，给孩子最大的行动自由，把尊重孩子的个人意愿放在首位，甚至采取听之任之的态度；专制型的长亲则要求孩子绝对服从自己，按照自己为孩子设计的发展蓝图去成长，希望对孩子的所有行为都加以保护监督。

现代家庭教育应该是权威型的家庭教育，长亲要尊重和信任孩子，与孩子平等交流，做孩子的朋友。

孩子的心是敏感又透明的,在不断接受知识的同时,特别渴望把自己的思想告诉别人,尤其是父母。所以长亲在满足孩子物质需要的同时,不要忽视了与孩子交流,要和孩子多接触,走进他们的内心世界,成为他们的好朋友。

笔者与儿子建立起了朋友关系,不但一起玩游戏,一起讲故事,一起锻炼身体,一起谈心,而且互相表扬,互相批评,互相启发,互相给对方提建议,还彼此开玩笑,营造了轻松和谐的氛围。这时,我们是完全平等的。在这样的氛围里,儿子无论发生了什么事情,好事也罢,坏事也罢,受了表扬也好,挨了批评也好,他都会主动跟长亲讲,不存在不敢讲或报喜不报忧的问题。这样,孩子在外边的一切活动,我们都会轻松地了解。有时,儿子回家刚一进门,还未顾上放下书包,就迫不及待地介绍他在学校里的情况。这时,我们也会暂停手中的活,耐心听儿子汇报,跟儿子聊上几句。孩子似乎就是一个班主任,班里发生的事,包括哪个老师讲课好,有什么特点,哪个学生学习认真,哪个学生偷偷抽烟等,都基本掌握。我们不但对孩子本身,而且对孩子的学习环境有了全面客观的了解,这样,就能够准确把握孩子的"脉搏",及时进行引导教育。同时,这样还锻炼了孩子良好的性格。

由于是朋友关系,笔者经常得到儿子的帮助。本书的第一章第三部分"以赏识教育为主"部分中的林清玄赏识小偷的例子就是儿子主动提供的。还有一次,儿子11岁那年的冬天,笔者竞争上岗失利,回家后,儿子做起了思想工作,给笔者讲了"塞翁失马"的故事:古代有一个叫塞翁的人丢了一匹马,朋友都来安慰他,塞翁说:"这不一定是坏事。"果然,过了几天,塞翁丢失的马领着一匹强壮的马回来了。朋友都来祝贺,塞翁又说:"这不一定是好事。"不幸又被塞翁言中,塞翁的儿子在骑那匹领来的马时摔断了腿。塞翁又说:"这也不一定是坏事。"没过几天,衙门就来招兵,塞翁的儿子因腿断了而未去当兵,而那些去当兵的人大多数战死在疆场。听完这个故事,笔者深受教育和启发。

在中国近代史上,出了三位特殊的女性:宋蔼龄、宋庆龄、宋美龄三姊妹。三姊妹的成功,与其父亲宋嘉树的教育有着直接的关系。宋嘉树教育孩子的基本原则有三个,其中就有和孩子们交朋友。宋嘉树不但鼓励支持孩子玩游戏、接受先进教育,而且经常参与孩子们的活动,与女儿们一起表演节目。宋嘉树教育子女的做法,值得我们借鉴。

角色二　孩子的领导

　　长亲平时做孩子的朋友，关键时候要当孩子的领导，在一些原则性的问题和重大事项上，必须由长亲最后决策，而不能迁就孩子的任性。只有这样，才能树立起长亲的威信，防止孩子形成不良习惯。因为孩子终归是孩子，缺乏社会经验，对事物的认识往往带有表面性和片面性，如果无原则地迁就孩子、娇惯孩子，就容易耽误他们的前程，容易使他们养成骄横的性格，等他们成人以后，问题越来越严重时，想管也管不了了。

　　伽利略是意大利杰出的天文家和物理学家，他首先将实验与数学、物理学和天文学的知识融会贯通在一起，在科学发展史上开创了以实验事实为依据并具有严密逻辑体系的近代科学时代，被后人尊称为"近代科学之父"。他的成功，得益于其父亲文森佐·伽利略在关键问题上的正确引导与决策。

　　伽利略聪明好动，喜欢探险并且很爱研究周围的一切事物。文森佐希望伽利略将来成为一名医生。但当时的欧洲，科学、教育都在神学的统治下，很多学校设在修道院里。在人们的眼里，修道士是一个高尚职业。伽利略在修道院里学习，受了这种思想的严重影响，很想成为一名修道士。文森佐坚决不同意，就把伽利略从修道院带回家，对他进行了耐心劝说，但伽利略一点也不能理解，还是准备回到修道院去。文森佐想尽办法说服了学校，将伽利略留在了家中。对于儿子的固执己见，文森佐耐心说服开导，最终使伽利略放弃了当修道士的草率决定，进入比萨大学，正式接受医学教育，学习数学、物理课程等，从此渐渐走上了科学研究的道路。可以说，若不是文森佐的英明领导和正确决策，伽利略就会是另一种命运，世界上将会多一个平凡的修道士，失去一位伟大的科学家，人类科学的进程将会推迟。

角色三　孩子的兼职教师

　　长亲普遍重视孩子的学习,这是好事。但是,在对待孩子的学习方面,存在着两大误区:一是只关心孩子的学习成绩,不关心孩子的学习过程;二是过多干预孩子的学习,有的甚至当起了孩子的专职教师和陪学,凡是孩子学习的课程,长亲先学一遍,然后辅导孩子。这两种做法都不利于孩子的学习,或是诱发孩子对学习的反感,或是阻碍甚至抹杀孩子学习的主动性。

　　事实上,孩子学习的过程主要在学校,教学的责任主要在老师。长亲的职责是培养孩子的学习兴趣,树立孩子的学习自信心,启发孩子的学习思维,帮助孩子养成良好的学习习惯,掌握科学有效的学习方法。所以,一定要把长亲确定在"兼职教师"这个位置上,既不能代替专职教师去给孩子讲课,也不能撒手不管,当"甩手掌柜"。正如斯宾塞所说:"在教育中应该尽量鼓励个人发展的过程,应该引导儿童自己进行探讨,自己去推论。给他们讲的应该尽量少些,而引导他们去发现的应该尽量多些。"

　　笔者在家庭教育中,就是注重培养孩子的学习兴趣,启发孩子的思维,帮助孩子养成良好的学习习惯,寻找最佳学习方法。儿子做作业时,遇到疑难问题就向笔者请教。笔者接过题,一不责怪儿子笨,二不直接写出答案,而是引导孩子寻找解题的方法,让孩子自己做出答案。如一道题给出 A、B 两个条件,求 C。笔者就问儿子:"要是求 C,需要知道什么?"

　　儿子说:"需要知道 D。"

　　笔者接着说:"对呀。现在这道题里没有给出 D,但根据 A 和 B 能不能求出 D?"

　　儿子恍然大悟:"对了,先求出 D,然后求 C 就好求了。"

　　这样,儿子的思维跟着笔者的思维走,他不是坐享其成,直接得到答案,而是经过自己的思维劳动获得答案,既有成功的喜悦,又学会了解题的思路,培养了良好的思维习惯,还增强了解答难题的信心。

角色四　孩子的保健医生

每一个孩子,都有"两个生命",一个是生理生命(或称肉体的生命),一个是心理生命(或称精神的生命)。对这"两个生命",长亲都要搞好保健,否则,孩子就容易出现生理上和心理上的疾病,学习再好,也失去意义。这就是说,长亲要关注孩子的生理健康和心理健康。在这里,着重介绍一下需要把握的几个重要问题。

一、确保母乳喂养

俗话说:"金汁银汁不如母亲的乳汁。"母乳喂养既是婴儿的权利,又是母亲的天职。母乳喂养对孩子的身体和精神发育都极为重要,不仅给婴儿提供了最好的生理食物,而且也给婴儿提供了最好的精神食物。母乳是最适合婴儿的食物和饮料,不但所含营养全面,而且能够增强婴儿的免疫能力,是任何人造食品所不能替代的。母乳喂养还能够增进母子间的感情,有利于母亲的产后康复,减少妇科疾病的发生。世界著名教育家蒙台梭利指出:"母乳比任何东西更滋养婴儿,母亲的奶是上帝赐予婴儿的唯一资本,他所有的财富都在于此:生活力、生长力、获得生命力都包含在母亲的乳汁营养中。"所以,应起码保证对婴儿进行 1 年的母乳喂养。

二、了解孩子生长发育的特点

孩子从出生到 21 岁,经历以下几个发育阶段:

0～2 岁,第一次快速增长阶段。特点是头部先发育,然后是躯干、四肢。

2～10 岁,匀速增长阶段。

10～15 岁,第二次快速增长阶段。女孩快速增长起始早,时间短,一般在 10～12 岁;男孩起始晚,时间长,一般在 12～15 岁。

14～18 岁,缓慢增长阶段。各项形态指标年增长值呈递减趋势。

19～21 岁,稳定阶段。骨骼钙化完成,身高停止增长。

在第一次和第二次快速增长阶段,钙的补充十分重要;第二次快速增长阶段,进行身体协调性训练,积极预防脊柱弯曲异常。

三、预防生长发育期疾病

小学阶段预防的重点是沙眼、近视、龋齿、脊柱弯曲异常、营养性缺铁性贫血、肥胖。

中学预防的重点是近视、脊柱弯曲异常、神经衰弱、青春期高血压、肺结核、痤疮、女性月经异常;同时,预防成年人病,如心血管病、糖尿病、性病等。

几种常见病的预防措施:

◆预防近视。从小培养端正的读书、写字姿势;保证适度光线,不能太强或太暗;看书、写作过程中要适时休息,一般每学习 45 分钟就休息 10 分钟;多看绿色植物,远望蓝天;坚持做眼保健操;常打乒乓球。

关于读书、写字的姿势,请参阅第十一章第四部分有关内容。

◆预防扁平足。给孩子穿合适的鞋,鞋底要有一定弹性,不穿高跟鞋。提倡步行上学,增加腿部、脚部肌肉锻炼机会。

◆预防肥胖症。体重超过标准 20% 为肥胖症。防止高热量食品摄入过多,控制甜食。经常进行户外活动,参加体育锻炼。不要盲目节食,不乱吃减肥药。

◆预防脊柱弯曲异常。从小培养正确的坐、立、行姿势和读书、写字姿势,尽量用双肩背书包,提重物要两手轮换。

◆预防营养性缺铁性贫血。除了吃鸡蛋、喝牛奶外,适当吃肉类,多吃绿叶蔬菜和水果,防止挑食、偏食。

四、科学饮食

随着生活水平的提高,人们对吃越来越讲究,许多长亲为了让孩子长个好身体,不惜重金购买各种各样的加工食品,甚至是燕窝、蜂王浆之类的补品,这是不科学的。大多数情况下,孩子是不需要补的,而且加工食品中含有各种添加剂,有些对身体有副作用。现在孩子的许多病,如肥胖症等,都与加工不合理的食品有关。

科学饮食,要保证蛋白质、碳水化合物、脂肪、维生素、无机盐和微量元素等六大营养素全面、适量摄入,不足或过多都会影响健康。要掌

握一条原则,就是五谷杂粮什么都吃,多吃自然食品,少吃加工不合理的食品,如油炸食品等,多吃蔬菜水果,适量进食肉类食品。具体讲,要少吃糖果糕点、少喝饮料,多喝牛奶,多吃玉米、地瓜、小米、大豆等粮食,多吃胡萝卜、西红柿、海带、黑木耳等蔬菜,多吃草莓、猕猴桃、苹果、香蕉等水果,适量吃猪肉、牛肉、鸡肉等肉品。要积极预防和纠正孩子挑食、偏食、吃零食的不良习惯。

五、适量运动

在奥林匹克的故乡古希腊,有一座山的岩石上刻着这样一段文字:你想变得健康吗?你就跑步吧;你想变得聪明吗?你就跑步吧;你想变得美丽吗?你就跑步吧。

医学之父西波克拉底有一句盛传了两千四百多年的名言:阳光、空气、水和运动,是生命和健康的源泉。

因此,一定要让孩子做适合的运动,该爬的时候要爬,该走的时候要走。特别是要多带孩子到室外活动。现在的孩子普遍不会爬,室外活动量小,到田野活动就更少了。小胖墩也好,弱不禁风也好,都是室外活动少了。多到室外活动,尤其是到大自然之中运动,不但能增强体质,而且能培养孩子吃苦耐劳的精神、坚韧不拔的毅力和高尚的审美情趣,也有助于孩子形成良好的性格。

六、明智就医

许多长亲既不重视孩子的体育活动,也不注意卫生常识,孩子一生病就跑医院,找专家,打吊针,把孩子的健康完全托付给了医生,这是不明智的做法。要知道,增强身体素质比什么都重要。况且,现在一些医生只看钱,不看病,不管病情是否需要,先开新药贵药,或者直接打吊针。其实,有些病根本没必要打吊针,孩子用抗生素多了,对身体的副作用很大。孩子生病时,能吃药就不要打针,能用食疗就不用药疗。我们吃的许多食物和许多野草野菜都有药用价值,如大蒜、大姜、黄瓜、梨、蒲公英(婆婆丁)、七七菜等。风寒感冒初期,喝点红糖姜汤,再辅助穴位按摩,不需要吃药,感冒就会治好。长亲还要学点抚养孩子常用的卫生知识,如常见病的诊治等。

七、高度重视孩子的心理健康

据教育专家引用正规统计机构的数字,目前,我国中学生中有心理问题的高达 72％。2004 年,仅北京市高等学校就有 19 名大学生自杀,甚至博士生也跳楼自杀。这些现象令人深思。2003 年 6 月 21 日,大连市一个 16 岁的少女在家中自杀,起因是母亲没给她购买张国荣的 CD 碟。这个少女生前学习成绩优秀,能讲一口流利的英语,擅长演讲,喜欢弹奏电子琴,爱好游泳,可以说,发展很全面,但就是心理出了问题。其母亲在爱女自杀后深刻反思自己教育的失误,呼吁更多父母关注青春期孩子的心理问题,深入孩子的内心世界和孩子交流。这位母亲的呼吁,是用血的教训换来的,应当引起长亲们的高度重视。

现在,许多长亲只知道给孩子补充生理营养,买好吃的、好用的、好穿的和好玩的,花钱非常大方,结果养出了一个个小胖墩,一个个四体不勤五谷不分的人,对孩子的精神营养,却舍不得花半分钱,舍不得花上一点点时间。结果出现了许许多多生理上营养过剩、心理上严重营养不足的畸形儿。现实给我们每一位长亲敲响了警钟,给中国的家庭教育敲响了警钟。

其实,人与动物的区别,根本的就在于人不但是肉体的人,而且是精神的人。在生理方面,我们人类远远不如动物。人没有鲸鱼身体大,没有跳蚤跳得高,没有雄鹰的视力好,没有蝙蝠的听力强,没有乌龟的寿命长,等等。人之所以能够成为万物之灵长,靠的就是大脑,靠的就是精神。光有肉体没有精神的人,连动物都不如,只能是生存着,根本谈不上美好的生活。

所以,长亲务必要重视塑造孩子的精神之根,当好孩子的心理保健医生。儿子上五年级时,有一天跟笔者讲,他班里很多同学父母用车接送孩子上学,有一个同学因为父母没有轿车接他而转了学。笔者意识到这是对儿子进行心理保健的好时机,就问:"你认为这个同学对吗?"

儿子只知道不对,但不知道为什么不对,笔者接着说:"你这个同学心理不太健康。学生的主要任务是学习,学习好才是好样的。有本事好好学习,长大了自己买车。"儿子听后,连说"对"。后来,儿子只在学习上与其他同学比赛,从不在物质生活上与同学攀比。

那么,对孩子进行心理保健应把握哪些内容呢?

首先,要明确心理健康的标准。

美国心理学家马斯洛和麦特曼提出了心理健康的 10 条标准,被认为是经典标准。现列出,供参考。

◆有充分的自我安全感。

◆充分了解自己的能力,能做适当的估价。

◆生活的目标切合实际。

◆不脱离现实环境。

◆能保持人格的完整与和谐。

◆具有从经验中学习的能力。

◆能保持良好的人际关系。

◆能适当地宣泄和控制情绪。

◆能做有限度的个性发展。

◆在不违背社会规范的情况下,对个人基本要求做适当的满足。

其次,要选择好教育内容。

◆在孩子生理心理承受范围内,极大地丰富他们的精神生活,把培养广泛兴趣与中心兴趣结合起来。

◆多给孩子提供优质的精神食粮,如名家名篇、高雅音乐、科学小实验等。

◆尽量给孩子真切的生活感受。

◆尽量把生活的美好东西展现给孩子。

第三,要采用科学的教育方法。

这方面的内容,散见于本书有关章节,如第一章第三部分中以赏识教育为主的原则,第八章"家庭教育三十九技"中的有关技巧。

角色五　孩子的榜样

前几年电视节目中曾报道过这样一件真人真事:一女中学生哭闹着催她妈给她大爷打电话,让她大爷给她买高档衣服,原因是她当官的爸爸给她大爷办成了一件事。侄女向亲大爷索要,实在让人心寒,又很令人深思。是什么让这个涉世不深的女中学生如此世故?是她那当官的爸爸的"功劳",是她爸爸为她树立了榜样。等这个女中学生长大掌权以后,能不腐败吗?

　　还有一个例子。汉森是一个酒鬼,每天上班前或工作结束后都要去镇上的酒馆喝上几盅。妻子经常劝他戒酒,他自己也知道嗜酒不是好习惯,但就是控制不住自己。有一天下着大雪,汉森照例哼着小曲从家往酒馆走,没走多远,他觉得后面有人跟着。回头一看,是自己年幼的儿子。儿子踩着父亲留在雪地上的脚印,边走边兴奋地喊:"爸爸,你看,我正在踩你的脚印!"儿子的话令汉森心中一顿:"如果我去酒馆,儿子踏着我的脚印,将来他也会去酒馆的。"从此以后,汉森再也不光顾酒馆了。

　　教育家裴斯泰洛齐说:"生活本身就是教育,实施儿童教育,要利用实际资源,发挥父母在家庭生活中的教育作用。家庭包括了基本人类关系,提供了影响个体发展的特殊社会条件,是理想教育的起点和基础。"

　　英国教育家斯宾塞认为:孩子是家中的一面镜子,你快乐,他也快乐;你暴躁,他也暴躁……你希望孩子怎样,你自己就应该怎样。

　　美国教育家斯特娜指出:孩子是父母的影子,孩子的一切善恶品性都是从父母那儿学来的。尤其是母亲的一言一行,对孩子的成长起着巨大的作用。

　　日本教育家铃木镇一认为:孩子的毛病、孩子的异常行为等,所有的表现都是对父母所作所为的模仿。

　　日本教育家井深大更是强调父母的榜样作用。他认为:父母的言行是子女最好的教材,一流的父母造就一流的孩子;比让孩子进"一流"幼儿园和"一流"学校更重要的是,必须使孩子在"一流"家庭里接受熏陶。他说:"在幼儿教育中,母亲们,你们本身就是'教科书'啊!"若"言教"是正面的,"身教"是负面的,两者"拔河"的结果,必然是前者败后者胜,"身教"更重要、更富影响力。

　　社会学、心理学和犯罪学的研究成果表明,一个人出生以后,便开始了社会化的过程,即通过学习群体文化,学习承担社会角色,把自己一体化到群体中去。这个过程持续到青年期,不断由量变引起质变,逐渐由低级到高级,最终形成世界观、人生观。在整个社会化过程中,环境和教育与个人需要相结合,对个体的心理发展起决定作用。家庭是社会化的摇篮,学校是社会化的宫殿,邻里是社会化的竞技场,大众传媒是社会化的重要手段。在孩子社会化的过程中,长亲是孩子模仿最

直接的对象，是孩子学习的榜样，我们平常说的"有其父必有其子""老子英雄儿好汉"，说的就是这个道理。孩子在性格、行为习惯上很像自己的父母，除遗传因素外，很重要的是后天的学习和模仿。在家庭教育中，重要的不在于长篇说教，而在于以身示教，发挥榜样作用。正如孔子所说："其身正，不令而行；其身不正，虽令不行。"

在道德和品质上，孩子很容易受长亲和教师的影响，一方面是由于孩子爱模仿的天性，另一方面是由于孩子的行为很自然地会得到长亲或教师的评判。因此，孩子是长亲的影子。一个虐待自己父母的人，无法期待自己的孩子会多么爱戴自己；相反，大多数情况下，他会在年老体弱时受到同样的待遇。

每个孩子都具有智力品质和非智力品质，非智力品质包括性格、意志、气质、习惯等。非智力品质不是"教"出来的，而是"育"出来的，是潜移默化的社会遗传的结果。它不仅要求长亲懂得教育艺术，更要懂得自己正确地做人。长亲的品质越完美，孩子的非智力品质就越优秀。

孩子在生活游戏中无意识吸收大量信息，在他潜意识中沉淀下来，积累成"潜意识板块"，形成他一生的世界观、人生观和性格行为的基础。在构建潜意识板块中，父母和最亲近孩子的人的榜样作用特别重要，他们的行为、气质、兴趣、爱好、言谈、举止、思想、情感和性格无不被孩子贪婪地吸收进他的潜意识。孩子越小，身教作用越大。

基于上述认识，长亲要十分注意给孩子做好榜样。如笔者对父母很孝顺，并教育儿子："对父母都不孝顺的人，对别人更谈不上真心相待。不能跟这样的人交朋友。"在此影响下，儿子孝心很浓，不但孝敬爸爸妈妈，还督促爸爸常去看奶奶。

林则徐是我国近代史上著名的爱国英雄，他虎门销烟的壮举几乎家喻户晓。林则徐伟大的爱国思想之所以根深蒂固，与他父亲林宾日的榜样力量是密不可分的。林宾日是一名教员，他对清政府腐败无能、外国列强侵略中国十分不满和愤慨。在林则徐很小的时候，林宾日就给他讲许多爱国故事，鼓励他读书报效祖国。林宾日平时对自己要求很严格，在言行方面给儿子树立了很好的榜样。林宾日经常告诫儿子："不妄为一事，不妄取一钱。"一次，一个土豪想用重金收买林宾日，给自己的儿子走"后门"，被林宾日严词拒绝。林宾日说："花自己辛苦得到的钱踏实，花不劳而获的钱可耻。"林宾日的言传身教，在林则徐幼小的心灵里深深扎下了根，转化成终生受益的精神财富。

在家庭教育方面，身教比言传更重要、更有效。每一位长亲都应给孩子树立好的榜样，带着孩子做。要像优秀的指挥官那样，勇敢地冲在前面，对战士说："同志们，跟我来！"千万不能在士兵后面大喊："弟兄们，给我冲！"

角色六　孩子的导游

许多长亲都外出旅游过。在旅游景点，总会看到一个个导游，游客在导游的引领下，一边听解说，一边走路，一边欣赏，其乐融融。

在古代，还没有汽车的时候，贵人坐轿。有四抬大轿，有八抬大轿。轿夫抬着坐轿的人前行。

一个导游，一个轿夫，似乎是风马牛不相及，但却是教育孩子的两种截然不同的角色。

我国20世纪80年代以来，温饱问题基本解决，开始向富裕迈进，物质财富越来越多；另一方面，独生子女家庭普及，家庭中的孩子越来越少。这就在客观上为孩子的物质享受提供了可能。许许多多的孩子在人生路上悠闲地、心安理得地"坐轿"前行，有的是父母"双抬大轿"，有的是父母、祖父母"四抬大轿"，还有父母、祖父母、外祖父母"六抬大轿"。孩子是饭来张口，衣来伸手，睡觉有人铺床，上学有人接送，大事有人操心，小事有人包办，自己只管学习，只会学习，成为考试的机器。一旦需要自己走路时，由于"腿"的功能退化，无法前行。高分低能者、交往障碍者、大学生活不能自理者、在人生的旅途中见风就倒者已不再稀罕。这就是"轿夫"的角色用汗水换来的结局。

开明的长亲不当"轿夫"，而当"导游"，引领孩子在人生旅途中前行，凭借自己的知识和阅历，向孩子介绍"旅行"线路、"景点"及相关知识等，让孩子自己选择走哪条路，看哪个"景点"；让孩子用自己的腿走路，用自己的手做事，用自己的眼观察，用自己的大脑思考。孩子逐渐适应了环境，就能够独立地解决所遇到的一切问题。

"导游"没有"轿夫"辛苦，只是快乐地引导孩子前行，换来的却是真

正的男子汉、优秀的"半边天"。

罗斯福是美国历史上最杰出的总统之一，他不仅治国有方，而且教子有道，四个儿子都在"二战"中浴血战火，建立了功业。"对儿子，我不是总统，只是父亲。"罗斯福的这句话震撼了美国人。

罗斯福竭力反对孩子们过分地依赖父母，过着类似于寄生虫式的生活，更不允许儿子们多花1分钱，让他们凭自己的能力去开辟事业，赚自己该赚的那份钱。

大儿子詹姆斯20岁时独自去欧洲旅行。临归前看到一匹好马，便用手中的余款买下了这匹马，然后给罗斯福打电报，让他汇旅费去。罗斯福回了一个电话："你和你的马游泳回来吧！"碰了这个钉子，詹姆斯不得不卖掉马，买了船票回家，从此，他懂得了不能随便无计划地乱花钱。

罗斯福身为总统，却从不庇荫孩子，从不让孩子享有特权。他的子女就像普通的孩子一样，想得到什么必须靠自己去争取，孩子们慢慢地养成了独立的习惯。"二战"时，罗斯福还把四个儿子都送上了前线，并严正告诫他们：拿出良心来，为美国而战！

以上是长亲的六种主要角色。另外，长亲还要当孩子的助手。孩子到了一定年龄，要把孩子力所能及的事情交给孩子主办，长亲协助，以锻炼孩子独立处理问题的能力。长亲要当孩子的"律师"，维护其"合法权益"，制止其"非法行为"，而不要当孩子的"法官"，动辄批评孩子。

在这里，顺便介绍一下做父母的十条要求。

国外学者对五大洲20多个国家的10万名青少年进行调查，得知子女最希望父母做到的10条是：

◆孩子在场，父母不要吵架；

◆父母不要动不动就发脾气；

◆父母对每个孩子都要给予同样的爱；

◆父母之间要相互谦让、谅解；

◆任何时候都不要对孩子撒谎；

◆父母应尽量解答孩子的问题；

◆欢迎孩子的朋友；

◆不要在孩子的朋友面前指责孩子；

◆应表扬孩子的优点，不要视而不见；

◆父母对孩子要亲热。

44

孩子成长的
心理要素

3

行动养成习惯，习惯形成性格，性格决定命运。良好的性格是人才成长最积极的因素，不良的性格则是一种破坏性力量。

理想是人体成长所需要的"微量元素"，是孩子心灵的阳光。一个人如果没有理想和信仰，更容易出现心理疾病，更容易做出破坏性行为。

体验是最好的老师和最好的辩论家。要让孩子体验成功，体验吃苦，体验挫折。

注意力、意志力、记忆力影响一个人的成长、成功与幸福。

想象力比知识更重要。

培养创造力是素质教育的核心。

呵护孩子的好奇心和想象力，千万不能讥笑孩子提出的在大人看来是"幼稚""可笑"甚至"荒唐"的问题。

　　孩子是家庭教育的对象,要搞好家庭教育,就必须首先熟悉家庭教育的对象,了解孩子的特点,掌握他们成长的规律,弄清他们成才需要的条件,就是说,要读懂自己的孩子。

　　读懂孩子,涉及的内容很多。生理方面的知识,不属于本书研究的范畴。关键期、青春期和家庭教育实用原理,将在后面分三章介绍。本章着重介绍孩子成长的心理要素。

性格

　　性格是一个人稳定的态度和习惯化的行为方式。热情的人一贯热情,自信的人充满自信,勤劳的人终身勤劳,开拓的人富于创造……这些都是稳定的性格决定的。性格的力量很强大,对孩子成才非常重要。良好的性格是人才成长最积极的因素,不良的性格则是一种破坏性力量。古希腊哲学家赫拉克里特说:"人的性格就是他的命运。"在一个人的成功中,智商因素只占20％,80％归功于良好的心理素质,即情商。如果一个人性格孤僻,没有与人合作的能力且自卑、急躁、固执,不能面对挫折,智商再高也难成大器。

　　20世纪初,美国心理学家特尔曼和他的助手在25万名儿童中选拔了1528名最聪明的孩子,测定他们的智商,调查他们的性格,一一记录在案,并进行长期跟踪观察研究。50年代,他们公布了跟踪研究资料,在这1528名研究对象中,多数人取得了成功,少数人穷困潦倒,有的成为流浪汉,有的成为罪犯。排除机遇等社会因素外,失败者几乎都存在着某些不良性格。

　　在日本,有一个曾轰动一时的新闻——"从大学生到流浪者":小林本山虽然大学毕业,却屡屡因为性格上的暴躁而在工作单位待不长久,频繁地找工作又频繁地被解雇。当记者采访他的时候,他说出了自己的委屈。他生长在渔村,小时候家里条件不好,父母总吵架,尤其是父亲,总是动不动就发脾气、打孩子,有时候小林会莫名其妙地挨揍。在这种家庭环境里长大,小林的性格也非常像父亲,易发火和动粗且不可遏制,自己想控制都控制不住。就是这种暴躁古怪的性格脾气使他在

工作中一次次受挫，最后不得不成为流浪者。

所以，性格对人的成才非常重要。它是人的理想、信念、人格和道德的基础，是事业成功的保证、人生幸福的重要条件，也是智能发展的强大动力。

性格和其他非智力因素一样，是育出来的，而不是教出来的。孩子的性格在很大程度上受父母的影响，父母良好的性格和良好的家庭氛围会影响孩子形成良好的性格和品德。苏联教育家马卡连柯说过："父母们，你们自身的行为是最具有决定意义的东西。不要以为只有当你们和儿童谈话时或者教育儿童学习及命令儿童的时候，才执行教育儿童的工作。在你们生活的每一瞬间都教育着儿童。"

培育孩子优良的性格，主要包括以下几个方面。

一、乐观

每个人不可能永远都充满激情和斗志，只有不断进行自我激励，才能保持旺盛的激情和斗志。乐观是自我激励的最好方式，乐观的人无论到哪里，都会受到别人的欢迎。唯有乐观，才有快乐。

在美国西雅图，有个很特殊的鱼市场，经常有游客前来参观。鱼贩们个个面带笑容，常常像合作无间的棒球队员，让冰冻的鱼像棒球一样，在空中飞来飞去。他们还互相唱和："啊，五条金枪鱼飞到明尼苏达去了。""八只螃蟹飞到堪萨斯了。"整个市场充满欢笑和乐趣，在这里买鱼，简直是一种享受。

一位英国游客问鱼贩："你们在这种充满鱼腥味的地方做苦工，为什么会保持愉快的心情呢？"

鱼贩说，事实上，几年前的这个鱼市场也是一个没有生气的地方，大家整天抱怨。后来，大家觉得与其每天抱怨沉重的工作，不如改变自己的心态。于是，他们不再抱怨，而是把卖鱼当成一种艺术。再后来，一个创意接着一个创意，一串笑声连着另一串笑声。这种和谐的气氛影响了附近的上班族，他们常到这里来和鱼贩用餐，学习他们乐观的心态。鱼贩们常说："实际上，并不是生活亏待了我们，而是我们期求太高以至忽略了生活本身。"

所以，我们要教育孩子形成乐观的心态，这是心理健康的重要因素。

二、活泼

表情活泼　脸部表情和手势丰富而生动。
口齿伶俐　口头表达活泼,吐字清楚,喜欢与人说话。
身躯活泼　爱唱歌跳舞,爱做游戏,参加集体活动。
感知活泼　对见过的、听过的、做过的事记得快。
手脚活泼　爱劳动,会制作。
思想活泼　喜欢思考、提问、讨论、争辩。

三、坚强

世界上凡是成功者都是勇敢坚强者,一切成就与懦夫无缘。要从小培养孩子不怕困难,不怕黑暗,不怕动物,不怕陌生人,不怕鬼怪,不怕登高,不怕打针吃药,不怕摔跤,等等。

四、自信

自信心是一个人的潜能得到释放的精神源泉,是人们克服困难取得成功的重要保证。培养孩子的自信心,可以通过以下途径:

(一)榜样教育

在中外历史上乃至孩子的身边,都有很多天赋平平或身处逆境但不甘平庸、顽强拼搏从而最终取得成功的人。据北京清北育英素质教育发展中心的一份资料介绍,在清华北大学生中,有70%经历过坎坷,是自信心指引他们一步步走向成功。我们可以利用这些鲜活的事例,将抽象的教育理论人格化、形象化,引起孩子情感上的强烈共鸣,激发他们的自信心。

(二)心理暗示

就是用含蓄、间接的办法对孩子的心理状态产生迅速影响,用一种提示,让孩子在不知不觉中接受影响。暗示不但能影响人的心理和行为,而且能影响人体的生理机能。因此,要经常对孩子进行积极的心理暗示,告诉孩子:"你真棒""你在这方面比别人强""你有很好的基础,只要注意一下方法,就一定能有好成绩"等等。同时,也要引导孩子自我

进行积极的心理暗示,暗中帮助孩子做出某些成绩,如帮孩子画一张有想象力的画挂在墙上,使孩子产生成就感和自信心。

(三)善于发现并开启孩子自信的"窗户"

世界上没有一个人哪个方面都擅长,就像西方谚语说的那样:"上帝为你关上了一道门,必然为你打开一扇窗。"每个孩子都有自己的优点和长处,长亲要善于发现并及时给予适当鼓励,从而增强孩子的自信心。

(四)多鼓励孩子交朋友

要引导孩子多参加一些有益的社会活动。先让孩子与比较熟悉的孩子一起玩,然后再鼓励孩子与陌生的小朋友交往。要让孩子参加自己感兴趣的活动,使之摆脱羞怯情绪。

五、专注

从孩子感兴趣的事情入手,培养孩子专注的性格,集中注意力,做事坚持到底。

六、善良

一个无力细致感受事物的感情冷漠的人,不可能理解崇高的理想。要让孩子从关心父母开始,关心别人,摒弃残忍的心理,敬畏生命,爱惜世上一切有益的动物和植物。可以让孩子养小动物如兔子、猫、小鸭、鱼等,在和小动物的交往中培育善良心。

七、团结

让孩子很好地与周围人相处,不无缘无故排斥他人,从小培养团队精神和团结协作的能力,培养交友能力。只有在集体中才能更好地体现出人的价值,脱离了群体的人是没有任何社会意义的。蚂蚁的团队精神对人很有启发意义。在遇到大火时,众多蚂蚁为了逃生,迅速聚拢,抱成一团,像滚雪球一样飞速滚动,逃离火海。在遇到大水时,蚂蚁还是抱成一个蚁球,随波漂流,上岸得救。蚂蚁团队的力量不可思议,令人震撼。正是团结的力量,使它们能造蚁山,能瓦解各种庞然大物,甚至撼动千里之堤。

习惯

习惯是一个人在生活、工作和学习中表现出来的稳固的自动化了的行为。习惯影响人的一生,人类行为95％是受习惯影响的。英国谚语说,行动养成习惯,习惯形成性格,性格决定命运。

良好的习惯包括讲文明礼貌,热爱劳动,爱惜劳动成果,诚实正直,建立科学合理的生活制度如按时作息、物品有固定的存放位置等。要注重礼仪教育,如餐桌上的礼仪、集体活动的礼仪和与人交往时的礼仪等。

"少小若无性,习惯成自然。"良好的习惯必须从小培养。这里,介绍一下富兰克林习惯养成法。

本杰明·富兰克林是美国历史上非常有影响力的人物,他年轻时,有不少坏习惯如拖拉、放纵、暴躁、缺乏毅力等。为了改掉这些不良习惯,养成良好习惯,他发明了一种方法,列出获得成功必不可少的13个条件:节制、沉默、秩序、果断、节俭、勤奋、诚恳、公正、中庸、清洁、平静、纯洁、谦逊,他决心获得这13种美德并养成习惯。为此,他设计了一个成功记录表,每一个条件占一页,画好格子,以备记录用。在以后的生活中,他经常反省自己,若发现当天有未达到的地方,就用笔在相应的格子上做个记号,督促自己改正。这样,他逐渐养成了良好的习惯,成为杰出的人物。富兰克林的做法,很值得我们借鉴。

如果孩子养成了不良习惯,要尽快想方设法帮助孩子克服。为此,要在长亲和孩子之间创造一种愉快、自信的氛围,通过故事或例子激励孩子,用一些好习惯吸引孩子,使他们慢慢忘掉坏习惯。要注意发现孩子自己主动做的一些好事情,并及时给予鼓励。如果孩子恶习复发,要有意疏远他们,使他们为做错了事感到自责。

一个习惯的养成需要"21天",而要克服一个坏习惯需要若干个"21天"。

关于习惯的有关内容,可参阅第四章中"路径依赖原理"和"鲸鱼原

理"。

理想

有一个 14 岁的少年,他是学校的三好学生、班里的班长。有一天,他看了一个电视节目,记者现场采访一个放牛娃。

"你在这里放牛做什么?"

"让牛长大。"

"牛长大以后呢?"

"把牛卖掉。"

"卖了牛干什么?"

"盖房子。"

"有了房子以后,你做什么?"

"娶媳妇,生娃。"

"生了娃呢?"

"让他也来放牛呗!"

就是这几句简单的问答,诱发了这个 14 岁少年的"死亡"念头。他在日记中写道:"看了电视,我想到了自己——我为什么读书? 考大学。考上大学又为什么? 找一份好工作。有了好工作又怎样? 找一个好老婆。然后呢? 生孩子,让他也读书,考大学,找工作,娶媳妇,生孩子……生命轮回,周而复始。这样的生活没有意义,这样的生命没有价值。"写完日记,他服毒自杀了。

多么可怕呀! 没有了理想,生命真的就没有了价值。相反,有了理想,生命就会插上腾飞的翅膀。

一天,一个穷苦的牧羊人带着两个年幼的儿子在一个山坡上放羊,一群大雁从他们头顶上飞过。

小儿子问:"大雁要往哪里飞?"

牧羊人答:"它们要去一个温暖的地方安家。"

大儿子十分羡慕地说:"要是我们也能像大雁一样飞起来就好了,那我就要比大雁飞得还要高,去天堂看妈妈。"小儿子也说:"做个会飞的大雁多好啊！可以飞到自己想去的地方。"

牧羊人沉默了一下，对儿子们说："如果你们想，你们也会飞起来。"

两个儿子试了试，没有飞起来。牧羊人试了试，也没飞起来。但牧羊人说："可能是因为我年纪大了才飞不起来，你们还小，只要不断努力，就一定能飞起来，去你们想去的地方。"

儿子们牢记着父亲的教导，一直不断地努力。他们长大后，终于飞了起来，他们发明了飞机。他们就是美国的莱特兄弟。

理想就像人体成长所需要的微量元素与氨基酸，缺少它，大脑的营养就跟不上，思维就会迟钝，没有想象力和创造力。理想是孩子心灵的阳光，有了理想才会有希望，有希望才会有拼搏和激情，才会不断创造生命的奇迹，才会体会到真正的幸福。童年是理想的故乡，多梦的季节。真爱孩子的长亲应精心呵护孩子的理想，鼓励和引导孩子树立正确的理想，使孩子理想的种子长成参天大树。

需要强调的是，现在有的人没有信仰和激情，这是很可怕的。一个人也好，一个民族也好，都应有自己的信仰。信仰是精神之根，它能促人奋进，使人增强责任感，提高幸福指数，信仰还能增强民族凝聚力。一个人如果没有信仰，那么，更容易出现心理疾病，更容易表现出极端行为和破坏性行为。一个民族如果没有信仰，那么，它就没有凝聚力，就没有希望。所以，我们应该积极引导孩子树立正确的科学的信仰，培养孩子生活的激情。

关爱

有这样一个故事：

凯普整天在外奔忙，无暇陪伴自己的儿子。有一天，他又是很晚才回家，他很累，且为工作上的事有点心烦。打开家门，凯普发现 5 岁的儿子吉米孤独地靠在门旁等他。

小吉米问道："爸爸，我能问你一个问题吗？"

"什么问题？"

"你一小时可以赚多少钱？"

"这与你无关,你为什么问这个问题?"凯普生气了。

"我只是想知道。"

"20 美元。"

"爸爸,可以借给我 10 美元吗?"

凯普发怒了:"如果你借钱只是要去买毫无意义的玩具的话,给我回到你的房间,上床睡觉。"

吉米看到爸爸凶巴巴的样子,只好安静地回到自己的房间。

凯普平静下来后,想自己是不是太凶了,毕竟孩子平时很少要钱,这次说不定真的要买有用的东西。想着,他走进吉米的房间:"你睡着了吗,孩子?"

"还没有,我醒着呢,爸爸。"

"爸爸向你道歉,这是你要的 10 美元。"

"谢谢你!"吉米高兴地接过钱,又从枕头下拿出一些被弄得皱巴巴的美元。

"你已经有钱了,为什么还要?"凯普又生气了。

"因为我的钱不够,但现在够了。我现在有 20 美元了,我可以买你一个小时的时间吗? 明天早一点回家,我想和你一起吃晚饭。"

凯普一把搂过儿子,声音哽咽了。孩子需要关爱。

对于正在成长的孩子,很多时候和长亲进行情感上的交流远远胜过物质上的需要,尤其是处在生理发育期的孩子,他们有太多的迷惑、欲望、兴奋、悲伤等情绪,需要一个可信赖的倾吐对象,而长亲特别是父母无疑是最佳人选。孩子在生活和学习中,发现了一件不同寻常的事,帮同学解决了一个难题,或者遇到了困难,都会急切地回家告诉父母。但是,当踏进家门时,父母不在,整个家空荡荡的,一盆冷水就浇到了头上,孩子会觉得若有所失。如果父母长期不在家,情形会怎样呢? 危险就可能要出现。孩子就可能去找同学一起玩,交异性朋友,甚至滋事打架。有位科学家说:"人类在探索太空、征服自然后,终将会发现自己还有一种更大的能力,那就是爱的力量,当这天来临时,人类的文明将迈向一个新纪元。"爱是一种感情,是家庭教育中的重要力量。沐浴着爱的阳光,孩子的身心就健康。一个人如果懂得爱,他就会用爱心去建设;一个人如果不懂得爱,那么他要么枯萎,要么就会破坏。在充满爱的家庭长大的孩子,很可能成为爱的使者,在充斥暴力和仇恨的家庭中长大的孩子,很可能成为"豺狼虎豹"。在有不良行为和犯罪行为的青少年中,单亲家庭子女、不睦家庭子女和孤儿占相当大的比例。据统计,我国到 2006 年 11 月,有 15 岁以下的"留守儿童"2000 万人左右,其中八成的孩子有心理问题,性格孤僻。其重要原因就是他们没有获得应该获得的父母之爱。孩子是脆弱的,最需要关爱。

父母之爱还有利于提高孩子的智商。据美国密执安大学科研所人员的研究,常与父亲相处的孩子对外界刺激的敏感性、生活独立感、学习自信心和数学能力更强,而常与母亲在一起的孩子对新奇事物兴趣更浓、社交能力更强。关爱是孩子心灵和智力的阳光雨露,是创作的源泉,孩子创造生活最初的动力就来源于亲人的爱,是爱驱使他们的心灵扇动想象的翅膀。因为有爱,孩子的思维变得活跃起来。

苏联教育家苏霍姆林斯基说:"要善于爱孩子,教育的真谛是爱,爱的真谛就是给孩子以精神上的温暖、关怀、鼓励和帮助,而不是其他任何东西。"请记住,物质不等于爱;金钱代替不了亲情。真爱,并不是孩子要什么就给他什么,也不是给他多少钱满足他的物质需要,而是给孩子精神上的温暖、鼓励,让他们明白父母的苦心和期望。要用爱的目光注视孩子,用爱的微笑面对孩子,用爱的语言鼓励孩子,用爱的渴望调动激发孩子,用爱的细节感染孩子,给孩子爱的胸怀和爱别人的机会,特别注意不要溺爱孩子。

对于正确关爱孩子,美国教育家斯特娜告诉我们,培养孩子最好的方式就是用真正的爱心去对待孩子,不要替孩子做任何他可以自己做的事。替孩子做他能做的事,是对其积极性的最大打击,是剥夺了孩子发展自己能力的权利,会导致孩子丧失自信与勇气,使他感到压力、危机与不安全。

关爱要以尊重为前提,不尊重人就不会有爱。爱孩子,首先要尊重孩子,尊重孩子作为个体的独立和选择。

任何人在表达爱的时候,都渴望从对方身上得到爱的回流。长亲在爱孩子的同时也需要来自孩子爱的反馈,同时,孩子也有表达对长亲之爱的需求和渴望。许多长亲只单向地对孩子倾注自己的爱,这会扼杀孩子爱的能力,导致孩子的自私和冷漠。

爱需要宽容。爱所表达的是体谅、信任和理解。不宽容的爱不是真正的爱,是没有生命力的狭隘的爱。不论孩子处于什么样的境况,都

应拥抱他，让他感受到纯粹的没有功利的爱。

关爱孩子，要从孩子的需要出发，让他们快乐、上进、成功。孩子困难时给予帮助，消极时给予鼓励，失败时给予安慰，害怕时给予勇气，失控时给予抑制，无聊时设法提高孩子的兴趣。爱心绝不是从教育者自身需要出发的，那种以自我需要为中心或功利主义的"恨铁不成钢"不是爱心，而是私心。要给孩子无私的爱、理智的爱和孩子需要的爱。

关爱孩子，不同年龄段有不同的方法。对8个月以前的孩子，多用体肤接触的"温存爱"；对8个月～3岁的孩子，多用游戏活动的"快乐爱"；对3～6岁的孩子，多用礼貌尊重的"理智爱"；对6岁以上的孩子，要既尊重、信任，又严格要求；对青春期的孩子，要多交流、多沟通。

需要强调的是，关爱孩子必须理智，不能溺爱。溺爱不是真正的爱，而是害。溺爱成就败家子，溺爱带来无能、软弱、任性，要让孩子吃苦，要让孩子独立，要让孩子有责任心。详细内容在以后几节介绍。

体验

一名北京的女中学生，整天蹦蹦跳跳，爱吃爱玩，对东西很不爱惜，新买的衣服，穿几天就不喜欢了，扔到一边不予理睬，对家人也漠不关心。她妈妈没少进行批评教育，就是没有效果。这一天，妈妈想出了一个办法，对女儿进行一次"忆苦思甜"教育。妈妈花了400元钱，买了两张票，陪女儿去看芭蕾舞剧《白毛女》。

看后，妈妈问女儿有什么感想，女儿想都没想，开口就说："喜儿去当白毛女，我看是让她爸逼的。借债还钱本来就是天经地义的事，杨白劳借了黄世仁的钱，为什么不早点还给人家，逼得女儿躲进山里？喜儿也够傻的了，黄世仁那么有钱，嫁给他多好，干吗要到深山老林去当白毛女，受那份苦？现在，有人傍大款还傍不上呢！"

妈妈目瞪口呆。她困惑了："我小时候看电影《白毛女》时，为喜儿流了那么多眼泪，恨死了黄世仁。可同样的故事，我的女儿好像从另一个星球来的，怎么什么也不懂，真拿她没办法！"

妈妈问得对。对同一件事情，为什么两代人的看法截然相反呢？

症结就在社会体验上。

马克思主义哲学认为,存在决定意识。毛泽东同志在《人的正确思想是从哪里来的》一文中明确指出,人的正确思想不是天上掉下来的,也不是人的脑中所固有的,而是从社会实践中来的。所以,体验是最好的老师,要给孩子创造更多的体验生活的机会,使其在体验中养成良好的习惯,形成正确的积极的人生观、价值观和世界观。

一、让孩子拥抱自然

许多长亲对孩子考虑得无微不至,捧在手里怕掉了,含在口里怕化了,谨小慎微,不让孩子到大自然去,剥夺了孩子享受大自然赐予的权利。孩子整天待在家里,不是看书就是看电视,不是睡觉就是玩玩具,渐渐成了温室里的花朵。结果是孩子体质下降,经常感冒,眼睛近视率迅速增长,小胖墩随处可见,孩子观察事物、认识事物的能力降低,团队精神欠缺,以自我为中心的个人主义思想膨胀,孩子的身心都受到了伤害。

有一个小学生,小小年纪就想养鸟。他妈想出一个办法,把他关到一个木笼子里,给他最好吃的,最好玩的。结果不到半天,这个小学生就受不了了,他说:"我原以为小鸟在笼子里很幸福,没想到这么难受。我再也不养鸟了,让小鸟在天空中自由自在地飞翔。我也要长上翅膀,在天空中飞翔。"

所以,长亲要让孩子投入到大自然的怀抱中,去直接感知世上万物,感受人间情感,感知大自然的美丽,感受人的真善美。要让孩子在体验中学会思考,学会观察,学会倾听,学会说话,学会动手,学会用自己的双脚走路。

二、让孩子体验成功

对一个未成年人的孩子来说,成功的体验要比失败的体验更加重要。作为一个聪明的长亲,总会根据孩子的成长阶段安排孩子力所能及的事。让孩子自己来,让孩子有事干,孩子才能经常体验到成功,在体验成功的过程中增强信心,提高能力,丰富精神世界。

在生活中存在着大量的让孩子体验成功的机会,那些让成人视为简单平常的活动如扫地、擦桌子、倒水、刷鞋、浇花等,都会成为孩子很

乐意参与的活动,孩子能够从中实现自我,感受成功,享受快乐。成人要以步骤清晰、放慢的动作向孩子展示每件事情的正确做法,并相应的为孩子提供他易于使用的物品,让孩子模仿。

三、让孩子体验吃苦

在童年和少年时代,幸福和快乐来得越容易,成年以后真正的幸福来得就越少,这似乎是一个规律。少年吃苦,是人生的一笔财富。吃过苦的人,懂得珍惜,懂得尊敬,懂得好好学习;吃过苦的人,心理更健康,不会被困难吓倒。日本教育家井深大说得好:"最吃苦头的自然是娇生惯养中长大的孩子,因为生活中毕竟不光有甜,还会同时伴有咸、酸、苦、辣,现在光喂甜食,将来难免会反胃,只有尝遍了咸、酸、苦、辣后,才能最后品尝出生活的甘甜。"思想家培根说:"你知道,用什么方法一定使你的孩子成为不幸的孩子吗?这个方法就是你对孩子百依百顺。"

21世纪之初,孩子们熟悉的"知心姐姐"、中国家庭教育学会常务理事、中国少年儿童新闻出版总社副总编辑卢勤组织北京部分中小学生到西藏参加夏令营活动。孩子们的长亲提着大包小包把孩子送到集合地点。这时,卢勤先对长亲说:"如果你们支持孩子参加夏令营,那么,从现在开始,孩子的一切事情都由孩子自己做。"长亲们自然回答支持孩子,虽然心里有些舍不得。然后,卢勤又转身问参加夏令营的学生:"同学们,你们愿意到美丽神奇的西藏参加夏令营吗?"学生的心早已飞到了向往已久的西藏,回答得很干脆:"愿意,非常愿意!""那好。但是,你们必须答应我两个条件。一个条件是,从现在开始,所有事情都要自己做,大包小包都要自己拿。第二个条件是,无论遇到什么困难,都不准抱怨,而只能说'很好'!如果能做到这两点,就去参加夏令营。做不到,现在就跟着你们的家长回去。"学生们虽然感到这两个条件太苛刻,但西藏的吸引力还是让他们异口同声地说:"能做到。"

随着卢勤一声令下:"出发!"学生们纷纷背起了自己的行李。有一个小女孩,从来没有自己提过东西,她用力地背着装满衣物的大包,眼泪偷偷地往下流,嘴里小声地说:"很好!很好!"

到了西藏,大蚊子很多,学生的身上被叮得起了很多疙瘩。他们没有叫苦。许多学生一边用手打蚊子,一边喊:"很好!很好!"

结果,夏令营结束后,学生们回到北京,不但听课纪律好多了,学习成绩进步了,而且在家中能够主动帮父母干家务活,懂得了尊敬父母,有的孩子仿佛变了一个人。

董浩云是香港船王,拥有亿万资产,但他对子女要求很严。他对大儿子董建华说:"你不要有依靠思想,必须自己主动去找苦吃,勤奋工作,磨炼自己的意志,接受生存压力的挑战,所以你必须全面锻炼自己,从最底层做起。自己先当一名普通的员工,日后才明白应该怎样对待你下面的员工。一定要记住,这是难得的学习机会,只有充分地学习别人的经验,才能为将来开创新的事业打下良好的基础。"董建华大学毕业后,到美国通用汽车公司打工,当了一名最普通的员工,磨炼了意志和吃苦精神。后来,董建华获得了成功,成为香港特别行政区第一任行政长官。

另外,要让孩子走进工厂、农村、军营,走进小伙伴之中,体验生活的方方面面。

自立

随着独生子女家庭的普及和物质生活的富足,长亲对孩子的娇惯越来越明显,不但要什么给什么,而且包办孩子的一切,吃的、穿的、用的、玩的和学习的,统统替孩子准备好,使孩子"有腿不走路,有手不劳动",自立意识淡薄,自理能力极差。父母的包办代替行为,剥夺了孩子发展自己能力的权利,而这正是孩子在成长过程中最为重要的要素。长亲过度的保护会向孩子传递一个错误的信号:孩子是无能的,只能依赖大人。这样,孩子从小就缺乏自信,很难在将来成为勇于探索、独立自主的人。

我国教育家陶行知强调教育孩子手脑并用,做自立自强的主人。他指出,如果不让孩子使用自己的手和脑,等于不让儿童的身心得到发展。从孩子身心发展的规律看,孩子在两三岁时独立性和自我意识开始萌芽,他们有参与活动的需要、动手操作的需要和自我表现的需要。此时,是自理能力和自立意识发展的重要阶段。从一些成功人士的经历可以看出,他们从小就受到了自立教育。

1979 年 5 月,撒切尔夫人作为英国首相搬进唐宁街 10 号时说:"我的一切成就归功于我父亲罗伯茨先生对我的教育培养。"撒切尔夫人 5 岁时,父亲就教导她:凡事要有自己的主见,用自己的大脑来判断事物的是非,千万不要人云亦云。父亲着重培养她"严谨、准确、注重细节、严格区别正确与错误"的独立人格。撒切尔夫人 7 岁时就在杂货店站柜台。父亲安排她力所能及的事情,不允许说:"我干不了"或"太难了"之类的话,以此培养她的独立能力。

培养孩子的自立意识,对于孩子今后的成长有着至关重要的作用。它能使孩子摆脱依赖心理,在工作中形成自己的意向,做出自己的决定,做事会更充满信心,而不至于动不动就陷入孤独无望的境地。

孩子自立能力的培养也是社会发展的要求。今天的儿童长大后面对的将是社会变化加剧、科技发展迅猛、各种竞争激烈,他们需要具备独立思考、判断和选择解决问题的能力,否则将难以生存和发展。

培养孩子的自立能力,就不应该害怕他们遭受困难与挫折,磨难总是带给人坚强和智慧,促使人们成长。一个人如果平时经常得点小感冒,他的身体却有抵抗大病的能力,因为其免疫系统经常被启动。同样,如果孩子从出生到工作,只品过一帆风顺的甘甜,根本不知"曲折"为何物,那么,一旦遭遇挫折,便会心灰意冷、放弃抵抗,甚至表现出极端行为。

在孩子成长的道路上,无论成功还是失败都会遇到,长亲不可能为他挡风遮雨一辈子。长亲送给孩子的礼物应该是有助于他们开启世界之门的钥匙,而不是笼子中的食物。

相关内容请参阅第四章"家庭教育实用原理"中的"狐狸原理"。

挫折

孩子在成长过程中,既有愉快的成功,也不可避免地会遇到各种挫折。挫折是不以人的意志为转移的,也不是父母时刻呵护就能避免的。要让孩子知道,拒绝挫折就等于拒绝成功。如果孩子在童年时期没有面对挫折的经验,长大以后就无法更好地战胜挫折。

实际上,每个人都会遇到挫折。人生在世,不经千锤百炼,难成大事。许多名人都曾遭遇挫折,有的还是很大的挫折。他们之所以成功,是因为他们没有被挫折击倒,而是通过挫折磨炼了意志。大科学家牛顿出生前父亲就去世,3岁时母亲再婚。牛顿上学时因家境贫寒而辍学,从事了艰苦的劳动。牛顿成名之后常说,他儿时的经历与磨难是激励他不懈攀登的动力源泉。科学家法拉第也说:"我不知道自己的童年是怎样熬过来的。但如果没有那样的磨炼,我不会为争取做一名学者的雇员而吃尽多年的辛苦与屈辱。"

教会孩子勇敢地面对挫折,不但能使孩子在今后的人生道路上走得更加平稳,长亲也少很多不必要的麻烦。要从小对孩子进行挫折教育,从摔跤、吃药和打针开始。进行挫折教育,要顺应孩子发展的规律,在生活中潜移默化,让孩子认识挫折、经历挫折和战胜挫折。

经历过挫折也就得到相应的经验教训,而这些教训是父母给不了的,只能靠孩子自己在实践中体会。教训的意义不仅在于指明行不通的错误路径,更在于能让人深刻体会到正确的价值。孩子可以通过体会失败的痛苦,在失败中磨砺自己坚韧的秉性,从而使挫折转化为自己成长的财富。心理学家马斯洛说,挫折未必总是坏的,关键在于对待挫折的态度,同样的挫折既可以产生消极的情绪甚至心理障碍,也可以磨炼人的意志使人奋发向上。

作为孩子,对周围的人和事物的态度常常是不稳定的,易受情绪等因素的影响,在碰到困难和失败时,他们往往会产生消极情绪,不能以正确的态度对待失败和挫折。这时,长亲要及时告诉孩子,失败并不可怕,每个人都会有失败,关键是如何面对失败,只要勇敢面对,就一定能做好。这样,长亲有意识地将孩子的挫折作为教育的契机,引导孩子鼓起勇气,战胜挫折。

在犹太民族,有一个为纪念摩西带领犹太人逃出埃及而设立的"逾越节"。节日里,家家户户吃苦菜、盐渍芹菜等食品,苦菜是纪念犹太人在埃及所遭受的苦难,盐渍芹菜是让后代永远记住犹太人通过红海时喝苦涩的海水。节日里,大人还要给孩子讲述犹太人所受的苦难。

在日本,一对农村夫妻四十得子,因而宠爱有加,在蜜罐中成长的孩子养成了一意孤行的脾性,做事毛毛糙糙,连走路也走不好,时常跌进水田里。有一天,父亲拿一把铁锹到儿子上小学必经的田埂上,挖了

十几个缺口，然后用棍棒搭成一座座小桥，只有小心走才能通过。7 岁的儿子放学后看到这种情景，很想哭，但周围无人，哭也没用。他就小心翼翼地走过小桥，吓出一身冷汗。回家后，儿子讲述过桥经历，充满神气，父亲夸他勇敢。母亲不解，父亲解释道："平坦的路上，他左顾右盼，当然走不好路；坎坷的路上，他的双眼必须紧盯着路，所以能走得平稳。"

这个孩子就是日本著名的"经营之神"松下幸之助。

责任感

现在的孩子，普遍缺乏家庭责任感和社会责任心，考虑和处理事情往往以自我为中心，不考虑别人的感受，只讲权利，不讲义务，导致了许多不道德行为的出现，甚至违法犯罪。当今社会上的许多不良行为，如不孝敬父母、渎职、环境污染和部分犯罪行为等都与缺乏责任感有关。一个缺乏责任心的人是不会对社会有用的，也不会成长为真正的人才。

孩子的责任感是从对具体事物产生喜爱开始的。起初表现为对他所敬爱的人交给的任务有责任感，而对其他人交给的同样任务没有责任感；对他爱的事有责任感，对不爱的事没有责任感；以后发展为能对自己说过的话、应该完成的任务负责，对同伴、集体负责；青少年时期则形成更抽象、更概括的责任感，对国家、对人民和对事业负责。

孩子的责任感，需要从小培养，从点滴小事上做起。

一、让孩子劳动

劳动，既是一项义务，也是一项权利，它不但能促进智力发展，而且能促使孩子养成责任心，形成正确的幸福观。

当孩子会走爬抓握时，就让孩子劳动，只不过这时的劳动是以游戏的形式出现的，要让孩子多爬多走。再稍大一些，让孩子自己收拾自己的玩具。到 3～4 岁时，让孩子帮大人拿拖鞋、搬小凳子，自己脱袜子、扣扣子、洗手绢和倒尿盆等。7～8 岁时，让孩子帮家人择菜、擦桌子，饲养小动物，到田野里拔草、种庄稼，帮大人买东西或卖东西。10 岁左右,让孩子学习农家活,叠被子、倒垃圾和拖地等。另外,还可以让孩子帮大人捶背、按摩等。

二、让孩子对自己的事负责

关心和爱护孩子是父母的天性,但是,很多父母在关心爱护孩子的同时却忽略了对孩子进行责任心的培养,他们总是怕孩子为难,怕孩子吃苦,替孩子做一切事情,结果孩子不但不知道如何照顾自己,而且毫无家庭责任感和社会责任感,对周围的人和事漠不关心,自私自利,形成了畸形的性格。

让孩子对自己的事负责,是培养孩子责任心的一个很好的方法。下面介绍一个真实的故事。

1920 年,一个 11 岁的美国男孩踢球时不小心踢碎了邻居家的玻璃,邻居索赔 12.5 美元。闯了大祸的男孩向父亲认错后,父亲让他对自己的过失负责。男孩为难地说:"我没钱赔人家。"父亲说:"我借给你12.5 美元,1 年后还我。"从此,这个美国男孩每逢周末或假日便外出辛勤打工。经过半年的努力,他终于挣足了 12.5 美元,还给了父亲。这个男孩就是后来的美国总统里根。他在回忆这件事时说:"通过自己的劳动来承担过失,使我懂得了什么叫责任。"里根父亲的做法,在教育技巧上属于"自然惩罚法",请参阅第八章第三十技。

其实,培养孩子的责任心并不难,生活中随时都有很好的教材,关键我们要有这种意识。

三、对孩子诉说

大多数孩子是不知道也不理解父母的辛苦的,因为我们没有向孩子诉说。事实上,孩子 12 岁以后,对人世间的事情已经有了一些了解,对是非、好坏、善恶和美丑有了一定程度的判断力。这时,父母可以敞开心扉,适当向孩子讲述一些成年人的辛苦,工作和生活中的困难,使孩子从小就懂得父母之不易。但这种诉说不应有消极情绪,而要在诉说困难的同时,让孩子看到父母的希望、乐观和自信心。

另一方面,要让孩子参与家庭重大事项的讨论和决策,善于听取他们的意见,采纳他们有价值的建议,赏识他们帮助父母做事的举动,激发他们的责任心。

四、让孩子锻炼

长亲可有意识地安排孩子帮助老人、残疾人和比自己小的孩子,带他们参加义务劳动,打扫公共卫生,鼓励他们在幼儿园、学校做好值日工作,在社会活动的实际锻炼中,使他们逐渐感受到自我存在的社会价值,不断增强他们的社会责任感。

另外,让孩子学会感恩,感恩父母,感恩老师,感恩朋友,感恩祖国,对培养孩子的责任感十分有利。

注意力

一、注意力的概念和类型

注意力是人的心理活动对一定人或事物的指向和集中。注意力是孩子重要的心理素质,注意力水平的高低,直接影响着人的智力发展和对知识的吸收。注意力集中,大脑产生优势兴奋,从而能进行有效观察、记忆和思考,不在注意范围内的事,大脑排斥在外。法国生物学家乔治·居维叶说:"天才,首先是注意力。"

有一天,英国大科学家牛顿请客,可是到了吃饭时间他还在实验室里忘我工作。客人等了很久,不见主人来,只好自己吃,饭后就走了。牛顿想吃饭时,来到餐厅一看,桌上有啃过的鸡骨头,便说:"哦,我已经吃过饭了!"然后转身又做实验去了。牛顿的注意力就高度集中。

注意分为有意注意和无意注意。有意注意是一个人想要注意某件事,如儿童想学画画;无意注意是一件事突如其来,形象鲜明,从而引起人的注意,如窗外响起鞭炮声,孩子将头转向窗外。我们要利用孩子的无意注意,培养孩子的有意注意。婴幼儿以无意注意为主,4 岁以后,随着生活内容不断丰富,活动范围逐渐扩大,有意注意逐渐增加。

一个人的注意力不是天生的,而是后天训练的结果。孩子的注意力差,主要原因是缺乏正确的引导,如一边背歌谣一边玩玩具,一边吃饭一边看电视等。另外,还有身体健康方面的原因,一般情况下,身体弱的孩子注意力水平较低。

处于某种敏感期并且能够任其自由持续活动的环境中,孩子的注意力就可以进入非常深度的集中,特别是 3 岁左右的孩子,常常可以看见他们似乎独立于周围的环境,努力做一件事。

研究资料显示,孩子注意力的时间与年龄有关,分别是:

2 岁,约 7 分钟;

3 岁,约 9 分钟;

4 岁,约 12 分钟;

5～7 岁,约 15 分钟;

7～10 岁,约 20 分钟。

二、训练孩子注意力的几种方法

◆在婴幼儿时期,结合训练五官进行注意力训练。(详细内容参照第六章第四部分。)

◆让幼儿园用铅笔画线,这是铃木镇一向我们推荐的有效方法。

◆与孩子下棋。

◆让孩子带着问题听故事,听完后回答问题。

◆让孩子看几样东西,1 分钟后撤掉其中的几个,让孩子说出撤了什么。

◆大人依次说出动物和水果的名称如公鸡、小白兔、西瓜、香蕉、老虎、橘子、马、苹果等,让孩子听到动物名称拍一下手,听到水果名称拍两下手。

◆大人无规则地说出人体器官的名称,让孩子快速指出来。

◆在一个碗里放入一些大豆、花生米,让孩子用筷子一粒粒夹起来放进另一个碗里。

◆让孩子比较两种玩具的异同。

◆选取孩子感兴趣的事,巩固其注意力。(参阅第九章中"牵牛鼻子"一技。)

◆"取棍子"游戏。这是劳伦斯·沙皮罗在《EQ 之门:如何培养高情商的孩子》中介绍的指导孩子进行自我控制的传统训练方法。就是绿棍子下面放入一根红棍子,让孩子在碰不到绿棍子的前提下慢慢移动红棍,最后把红棍取出来。

◆带孩子外出游览时,边看边问边答,增强孩子的观察力和注意力。

◆"注意看"游戏。这是教育家斯特娜用来培养女儿专心做事习惯的方法。斯特娜一只手抓住五六根彩色的发带,在女儿面前一晃而过,然后问女儿有几根。开始时速度比较慢,后来速度越来越快。也可以让孩子拿发带,大人注意看。这种游戏主要是培养孩子的注意力,也有利于培养孩子的节制品格,提高孩子的观察力和记忆力。

◆"注意听"游戏。长亲对孩子讲话只讲一遍,让孩子重复内容。也可以让孩子听音乐、小说,然后用自己的话描述听到的内容。

三、培养孩子注意力应注意的几个问题

◆明确目的。目的越明确,注意力就越容易持久。对孩子一次不要提太多的要求。

◆培养兴趣。孩子对某件事感兴趣,注意力就容易集中。

◆劳逸结合。帮助孩子养成良好的作息时间。每次训练以 10 分钟左右为宜。

◆创造安静的环境。孩子学习的时候,尽量保持室内安静,排除一切可能分散孩子注意力的因素,特别是尽量不要看电视、玩麻将。不要让孩子参加过多的社交活动。

◆循序渐进。如同世间万物一样,注意力不可能一朝一夕就培养起来,培养需要一个过程。但无论多么困难的事,只要从最简单的事情做起,每天反复练习并慢慢加大难度,就能够不断进步。

◆正确引导。孩子的兴趣往往具有多样性。长亲要引导孩子集中精力完成其中的一样,然后再做其他的。如孩子对几首儿歌都感兴趣,长亲每次只教一首。又如,某项活动较复杂时,要引导孩子分段进行,先做好其中的一部分,然后各个击破。

◆掌握规律。一般情况下,开始学习的头几分钟效率较低,15 分钟时达到顶点。根据这一规律,让孩子先做较容易的游戏或作业,然后再做复杂的。

意志力

意志力与注意力有密切联系,有意注意就有人的意志力参与。但两者又不是一回事,注意力是指心理的集中程度,意志力则是人为了实现某种目的,自觉克服困难、坚持到底的心理力量。

意志有三个特点:一是明确的目的性,二是受自己思想支配,三是与克服困难相联系。

在孩子成长的路途上,都会遇到困难、挫折和失败,不论是学习还是工作,无论是哪个人,都避免不了。面对这些困难、挫折和失败,意志力强的人能够想方设法克服困难,战胜挫折,走向成功,而意志薄弱者会一蹶不振,甚至丧失生活的勇气。所以,意志力影响一个人的成长、成功与幸福,要从小培养孩子的意志力。

爱迪生发明电灯泡经受了 8000 多次失败,前后花了近 20 年时间;马克思用 40 年写成《资本论》;达尔文艰难地周游世界进行考察后,又用 20 年写成《物种起源》;李时珍写《本草纲目》用了 27 年;歌德写《浮士德》坚持 60 年之久。这就是顽强的意志。

荀子说:"合抱之木,生于毫末。九层之台,起于垒土。千里之行,始于足下。"磨炼孩子的意志要从小事做起,让孩子坚持锻炼,生活自理,按时作息,动手动脑,精益求精。

与意志力相关的还有忍耐力。能忍别人所不能忍的,才能为别人所不能为之事。在生活中,需要忍耐的人和事很多,引诱我们感情用事的人和事也很多,因此,要教育孩子锻炼控制感情的能力,学会在忍耐中寻找机会。

当然,忍耐并不是盲目容忍,更不是卑躬屈膝,而是在面对逆境时冷静地考虑形势,不让自己的决定偏离自己的目标。

美国教育家斯特娜在女儿很小的时候就有意识地培养她的忍耐力。女儿啼哭时,斯特娜知道她是饿了,但不会马上喂她,而是让她哭一会儿再喂。斯特娜有时会拒绝孩子的一些要求。她认为,孩子的要求很多,如果我们满足孩子的每一个要求,我们就会变成孩子的奴隶。

我们应该让孩子明白,这个世界上并非只有他一个人。等待是必不可少的,失望也是必不可少的。

记忆力

人的智力是由观察能力、思维能力、创造能力、想象能力及操作能力等组成的。记忆能力是整个智力结构的基础,从简单的认识、行动,到复杂的学习、劳动,都离不开记忆。培养孩子高超的记忆力是非常重要的。

一、增强记忆的规律

注意力集中。

兴趣浓厚。记忆与人的情绪关系很大,要让孩子多动手操作,在轻松玩耍中增长知识,加深记忆。

理解记忆。

及时复习。遗忘的速度先快后慢,及时复习是强化记忆的有效手段。

经常回忆。

视听结合。

最佳时间。一天中,人有4个记忆的最佳时间:6点～7点,8点～10点,18点～20点,21点左右。

科学用脑。保证营养,睡眠充足,进行适量体育锻炼,防止过度疲劳,保持乐观情绪。

姿势正确。站姿、坐姿不正有碍血液流向大脑,影响记忆。

二、常见记忆法

常见记忆法归纳起来有六种方法。

重复记忆。要让孩子通过复述记忆(多讲)、提纲记忆(作记录)、列表记忆(画表格)、朗读记忆(读文章)、改错记忆等来加强记忆,对需要记忆的内容进行重复。犹太人认为,学习即是重复。

联想记忆。通过一件事,联想到相关知识。这有利于增强孩子的想象力、创造力。

直观记忆。结合实物、游戏进行记忆。

归类记忆。让孩子把重要材料进行归类,使记忆条理化,记忆就牢固,使用也很方便。如利用汉字的特点,可以一次认识记忆同类的很多字,像青、清、情、晴、精等。再如,把世界地图、中国地图的大致形象、方位印在脑子里,再把地名放在地图的相应方位上记,它在哪个省,东西南北是哪些地方,靠不靠江河湖海,通什么铁路等,知识连成了一片,就容易记忆了。

歌诀记忆。如记忆《三字经》《百家姓》等。儿童的机械记忆能力很强,歌诀记忆适合儿童记忆。

随时记忆。对一些重要的事物和知识如警句、名诗、电话号码、数学公式、重要人物等,随时记住,养成习惯,记忆力就强。

三、记忆保健操

徐进在《关键期:造就天才的最佳时机》一书中介绍了这种保健操,具体做法是:在头颈后部找到"天柱"、"风池"穴,用两手拇指指腹按压这两个穴位,按压 5 秒钟,突然加压,然后将拇指移开。每次按压 5～10 遍。

四、头脑体操

日本教育家多湖辉为训练大脑而设计的智力题,被称为"头脑体操"。其中的一些题目成为世界名题,被一些企业用作招聘题目,有较大影响力,这里摘录几题。

◆国会议员竞选开始时,我曾很长时间为是否参加竞选而发愁。最后,请教了两位高明的算命先生,他们分别做了回答。

A 讲完他的话后又说:"我所说的有 60％正确。"

B 讲完他的话后又说:"我所说的只有 30％正确。"

于是我参照 B 占卦的结果去办了,为什么呢?

◆一个人站在两块相对排放着的立镜中间,就会照出一连串很多的影像。假设有一间小屋,屋内上下、左右、前后都铺满了无缝隙的镜片,请问,当有个芭蕾舞演员站在这间屋子的中央时,她能看到什么样

的像呢？

　　◆一个人骨瘦如柴，胃也有毛病，但她总是去眼科医院，为什么？

　　◆一天，A、B、C、D四个孩子在原野上赛跑，一共赛了4次。其中，A比B快的有3次，B比C快的也有3次，C比D快的也有3次。大家想，D一定是最慢的了。不料，D比A快的也是3次。这是怎样一种比赛情况呢？

　　以上四道题的答案分别是：

　　◆照B所说的反面去做，正确的可达70%。

　　◆什么也看不见。各面都铺满镜片，又无缝隙，进不了光线。

　　◆这个人是眼科医生。

　　◆四次比赛的名次分别为：A、B、C、D；B、C、D、A；C、D、A、B；D、A、B、C。

想象力

　　想象，就是在头脑中创造新事物的形象，或者根据语言描述，想象那个事物的情景的能力。前者叫创造想象，后者叫再造想象。科学家看不见磁力线，却想象出磁力线的作用并绘出磁力线图，这是创造想象；人们谈论小说，脑子里浮现小说中人物的形象和音容笑貌，是再造想象。

　　想象是创造发明之母，无论是文学创作、艺术表演、科技发明、社会改革等，都离不开想象力。不会想象的人不懂得幸福，没有想象的生活是无趣的生活。想象的事物虽然不是现实事物，但也不是凭空从天上掉下来的，而是生活积累的结果。爱因斯坦说："想象力比知识更重要，因为知识是有限的，而想象力包括世界的一切，是无限的，想象力是科学研究中最重要因素。"

　　发展孩子的想象力，需要丰富的生活内容，在此基础上，做到以下几点：

　　◆鼓励孩子自由想象。如吹肥皂泡，看它晶莹斑斓，飘忽不定，就想到了仙境的美丽。

　　◆启发孩子在遇到不满意的事情时，想象怎样圆满解决。

◆鼓励孩子遇到困难时动手发明、设计、创造。

◆鼓励孩子画新的想象画、意愿画，不要老画一种模式的图形。

◆鼓励孩子写日记，作文要形象、具体、生动和栩栩如生，力避空洞无物。

◆常听音乐，说说音乐的旋律所表现出的场面和情景；常看美术作品，给美术作品命名。

◆利用故事，让孩子从词语联想到相应的形象。

其中，神话故事和传说是发展想象力的有力手段。

◆多做智力趣题，多方面想象难题怎样解决。

◆让大自然引发儿童的想象力。如让儿童观察四季的星空，想象各种星座构成的不同图景；让儿童观察变化的云彩，想象它像群山，像奔腾的骏马，还是大海的波浪。

创造力

一、创造力的特征

创造力是通过想象提出新设想、创造新事物、发现和解决新问题的能力。

创造力是人类社会发展的不竭动力，是优秀人才的必备素质，也是检验儿童智力水平的一个重要依据。发达国家与落后国家的差距，实际上是创造力开发的差距。

心理学家常用多兰斯方案测量人的创造性思维。多兰斯方案认为，富有创造力的孩子有以下特征：

常常专心致志地倾听别人的讲话；

说话或写作文时常常使用类比和推断；

能较好地掌握阅读、书写和描绘事物的技能；

喜欢对权威性的观点提出疑问；

爱寻根问底，弄清事物的来龙去脉；

能够细致地观察东西；

非常希望把自己发现的东西告诉别人；

即使在干扰严重的环境中，仍能醉心于自己所做的事；

常常能从乍看起来互不相干的事物中找出相互间的联系；

有较强的好奇心；

常常自觉不自觉地运用实验手段进行研究；

喜欢对事情的结果进行预测，并努力证明自己预测的准确性；

很少有心不在焉的时候；

常常对已知的事物和学到的理论重新进行概括和总结；

喜欢自己决定学习或研究的课题；

喜欢寻找所有的可能性，常常提出："还有别的办法吗？"

需要说明的是，这些特征是指创造力很强的孩子的特征。创造力具有普遍性的特点，它是智力正常的人普遍具有的心理潜能，只要通过学习和训练，每个人都可成为有创造力的人，就如教育家陶行知所说："处处是创造之地，人人是创造之人。"

二、激发创造思考的原则

日本教育家多湖辉在教育实践中提出了激发创造思考的25项原则：

◆对问题本身要怀疑；

◆怀疑理所当然的事物；

◆当方法行不通时，将目标加以再思考；

◆要考虑本身的机能可否转变；

◆把量的问题转变为质的问题；

◆总是扩大问题的时空因素；

◆怀疑价值的序列；

◆活用自己的缺点；

◆将具体问题抽象化；

◆综合两种对立的问题；

◆舍弃专门知识；

◆站在相反的立场思考；

◆返回出发点重新思考；

◆把背景部分和图形部分互相转换；

◆列举与主题相关的各种联想；

◆把几个问题归成一个问题处理；
◆把问题划分成最小问题来研究；
◆等待灵感不如搜集资料加以分析；
◆从现场的情况来考虑问题；
◆试着转变成其他问题；
◆强制使毫不相关的事物相互关联；
◆应用性质完全不同的要素；
◆打破固定的思考方式；
◆活用既存的价值观念；
◆勿局限于思想转变的必然性。

三、开发创造力的方法

(一)呵护和利用好奇心

培养创造力是素质教育的核心。发达国家很重视对孩子创造力的培养。在美国，一般的父母并不一定具有很强的创造力，但他们能以宽容的心态为孩子营造一个有利于创造力开发的氛围。如果孩子拆了家里的闹钟，又能装回，多数父母会称赞。有个美国长亲说：一个闹钟不值多少钱，但鼓励孩子的好奇心和自信心，有利于培养孩子的探索精神和创造意识，这是不能用钱来衡量的。

孩子天生具有好奇心，世间万事万物对他们都有强大的诱惑力，路边不起眼的小草野花，他们百玩不厌；随处可见的小蚂蚁，会吸引他们蹲下来观察上半天；成人眼中毫无用处的废瓶盖、螺丝帽、小石子都可成为他们仔细"研究"的对象。

培养孩子的创造力，首先要鼓励孩子的"创"，鼓励孩子的好奇心和探索精神。长亲要善于捕捉孩子每一次好奇心中闪烁的智慧之花，及时引导孩子去思考，而千万不能抹杀孩子的好奇心，不要对孩子的问题漠然处之。有时孩子的问题可能很"可笑"、很"幼稚"，但再"可笑"、再"幼稚"的问题都是出自一个思考的小脑袋，是孩子独立思考的萌芽，千万不能讥笑孩子。要鼓励孩子的发散性思维，从不同角度，用不同的方式进行思考和提问。要鼓励孩子独立思考，允许孩子有不同意见，要鼓励孩子怀疑、挑战长亲和教师的意见。

（二）鼓励孩子想象

鼓励孩子想象的相关内容详见本章第十二部分。

（三）培养变通能力

就是训练孩子触类旁通，举一反三。如鞋带断了，让孩子想办法，看看有多少东西可以替代鞋带。又如，让孩子思考茶杯除了用来喝水外，还有什么用途。

（四）引导孩子设计

让孩子设计一件与众不同的衣服，自编一个故事，或者在已有物品的基础上进行改造，增加功能等。

（五）做创造性游戏

建构游戏和角色游戏，能够发展孩子的创造性思维。在玩商店、幼儿园等角色游戏中，孩子可以在人物和活动情节上根据自己的经验任意进行创造性想象。

（六）脑力激荡

脑力激荡法是一种创意思维策略，由现代创造学奠基人奥斯本于1937 年所倡导。该方法强调在集体中互相激发思考，鼓励参加者在指定时间内构想出大量的意念，并从中引发新颖的构思。该方法只专心提出构想而不加以评价，不局限思考的空间，鼓励想出的主意越多越好。

在孩子的群体活动中，使用脑力激荡法有助于激发孩子思维的积极性和创造性，发挥他们的自身潜能。

四、创造性思维举例

（一）联想法

1814 年的一天，法国医生莱纳克在医院散步时，看到两个男孩在做跷跷板游戏。一个男孩的耳朵紧贴跷跷板，另一个男孩用大头针划动，将信息传给对方。莱纳克联想到，可否用类似的方法把人体内脏活动的声音传出来呢？他进行了实验，果然听到了声音。后来经过反复研究，他终于在 1819 年发明了听诊器。

(二)逆向思维

一般情况下，是鸡怕狗和猫。为了防止狗、猫咬鸡，就必须把它们分隔开。江苏省台县一小学生芷荣华则想出一个独出心裁的做法，让小鸡"蜇"狗和猫，使狗和猫怕小鸡。他用手拿着小鸡，让小鸡头从手的虎口处伸出来，拇指和食指捏一根针，针尖贴着鸡嘴，用针扎狗和猫的鼻子和嘴，扎得狗和猫直叫。一天扎两三次，每次扎十几下。三四天后，狗和猫见到小鸡就吓得跑开。

(三)系统思维

宋朝时期，京城汴梁(今河南开封)发生一场大火，整个皇宫变成一片废墟。丁渭受命主持修复皇宫。他首先下令将宫前的大街挖成实用的水渠，引入汴水后，用竹木筏和船运输建筑材料，然后将挖出的土烧砖备用。待皇宫修复后，又将建筑垃圾填入沟中，"复为街衢"。结果，不仅大大加快了工程进度，而且节约费用以万亿计。丁渭不是分头去挖土烧砖制瓦、运输建筑材料、清除建筑垃圾，而是把这三者看成一个整体而加以统筹安排，从而找到了一个获得最佳效果的方案。

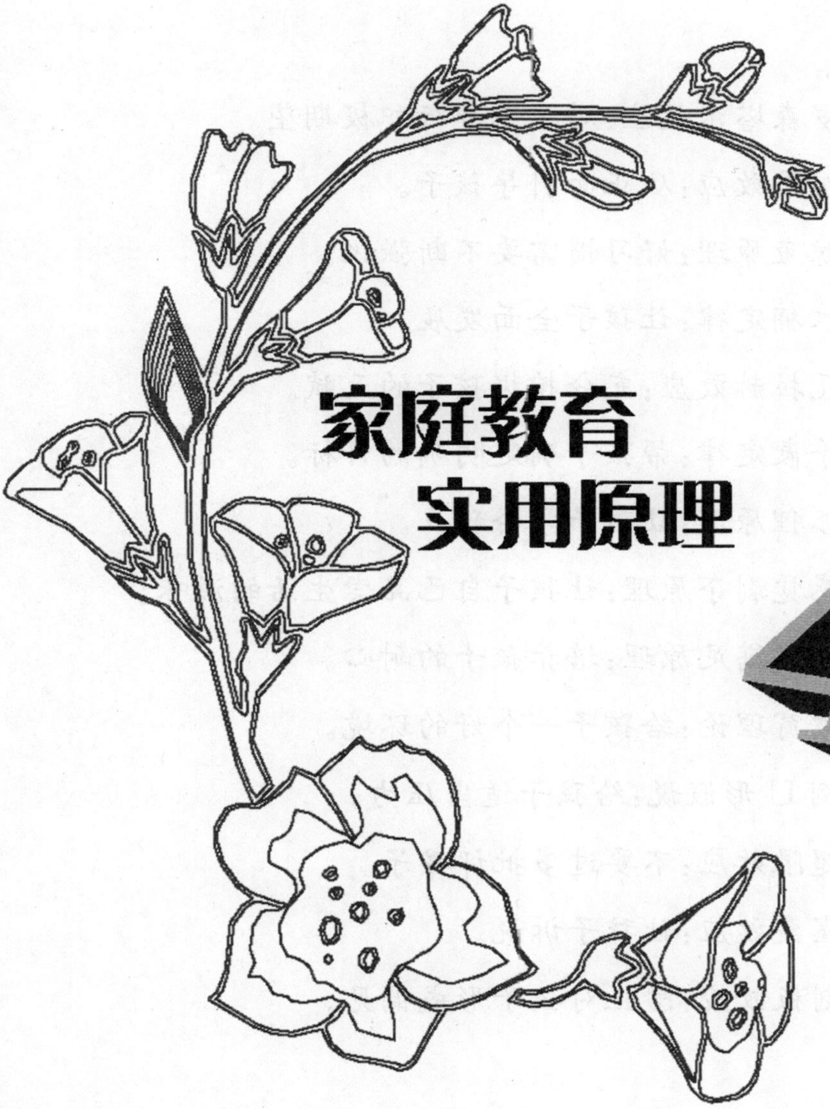

家庭教育实用原理

4

罗森塔尔效应:对孩子进行积极期望。

糖果效应:从正面引导孩子。

鲸鱼原理:好习惯需要不断强化。

木桶定律:让孩子全面发展。

瓦拉赫效应:充分挖掘孩子的天赋。

手表定律:帮孩子确定明确的目标。

狐狸原理:让孩子学会独立。

感觉剥夺原理:让孩子自己品尝生活的滋味。

延迟满足原理:培养孩子的耐心。

破窗理论:给孩子一个好的环境。

倒 U 形假说:给孩子适当压力。

超限效应:不要过多批评孩子。

霍桑效应:让孩子诉说。

刻板效应:防止对孩子形成偏见。

人类进步离不开学习和借鉴。在家庭教育中,我们既要学习前人的经验,借鉴外国的先进理论,又要吸纳动植物界给我们的启示。本章中,汇集了来自方方面面的经典原理,掌握这些原理,对家庭教育大有裨益。

罗森塔尔效应

一、罗森塔尔效应的由来

罗森塔尔是 20 世纪美国著名的心理学家,1966 年,他做了一项实验,研究教师的期望对学生成绩的影响。

罗森塔尔和助手来到一所小学进行"未来发展趋势测验",他们将一份随机挑选的"最有发展前途者名单"交给校长和有关教师,叮嘱他们务必保密,以免影响实验的正确性。

8 个月后,奇迹出现了。凡是上了名单的学生,成绩都有了较大进步,智商有了明显提高,各方面的表现也比以前优秀多了。

罗森塔尔的"权威性谎言"发生了作用,教师们相信专家的结论,对名单上的孩子寄予了更高的期望,投入了更大的热情,更加信任和鼓励他们。同时,教师又将自己的心理活动通过情感、语言和行为传染给学生,使他们强烈地感到教师的关爱和期望,变得更加自尊、自爱、自信、自强,学习更加努力,进步更快。

后来,人们把这种积极期望产生的积极结果称为罗森塔尔效应。

为了进一步证实自己的理论,罗森塔尔又对大白鼠进行了实验。他告诉参加实验的大学生:"现在有两种大白鼠,它们的品种不一样,一组很聪明,另一组很笨。我希望你们驯练它们如何走迷宫,然后告诉我哪一组大白鼠更聪明。"

学生们让两组大白鼠学习走迷宫。结果与学生们期望的一样,"聪明"的那一组大白鼠比"笨"的那一组学得快。而事实上,这两组大白鼠根本没有什么差别,只是大学生们相信,实验结果肯定是不一样的。

事实再一次证明了罗森塔尔效应。

二、罗森塔尔效应的启示：对孩子进行积极期望

研究发现，在品质、道德和智力方面有杰出表现的人，有90％在自己的童年时期受到过来自亲人的积极暗示。每一个孩子都可能成为非凡的天才。一个孩子能不能成为天才，取决于长亲和教师能不能像对待天才一样爱他、期望他和教育他。人的期望会对孩子的成长产生巨大影响，长亲或教师以积极态度期望孩子，孩子会变得非常自信，生理上、心理上会调整到一个最积极、最活跃的状态，就可能朝着积极的方向良性发展；相反，如果对孩子存在着消极的期望，孩子就会缺乏上进心，向坏的方向发展。

心理学家认为，希望是人类战胜困难、不断进步的基本动因。孩子从上幼儿园起到大学毕业，也必须要有希望的支撑和引领。有报道说，上海市的中小学生中有25％的人有过自杀的念头。在上海这样一个生活水平和教育水平都很高的大城市，为什么会有那么多孩子想要自杀呢？这是因为社会的竞争太激烈，长亲和教师的要求太高，孩子的压力太大了，他们的痛苦太漫长了，他们看不到成功的希望。说实话，现在的学生在社会的重压下，真是太辛苦了，经受的有点像炼狱般的生活。在这种情况下，我们特别要注意想办法帮助孩子树立一个希望。有了希望，就会变苦为甜，不断地追求进步；有了希望，就不会消沉，而保持昂扬的斗志；有了希望，就会迎难而上，越磨炼越坚强。

三、罗森塔尔效应例证

20世纪中叶，大西洋上发生一次轮船海难，大副杰克逊等7人逃到一支救生艇上才幸免于难。但是饥渴依然时刻威胁着他们的生命。这时，杰克逊拍了拍胸前的水壶说："我们所面临的最大的威胁不是食物而是淡水。现在只有这满满的一壶水，是求生的水，只有到了生理极限的时候才能动用它。"然后，他掏出一把手枪对着那六个对水壶虎视眈眈的人。在以后对峙的几天中，即使是当一个人渴得神志不清时，杰克逊也没有让他喝一口水。因此，其他人对杰克逊更加仇恨，轮流来监视他，一是怕他自己偷喝水，二是想寻机把水壶抢过来。当在海上漂流到第六天中午时，水壶谁也没有碰，所有人都渴得支持不住而倒下了。这天晚上，他们终于被一艘大船发现了。当他们被救醒后，其中一人拿起水壶时才发现水壶是空的,当他带着疑问的目光看着杰克逊时,杰克逊笑着说:"其实,我早就知道里面没有水,但是我想给你们一个希望,让你们能坚持下去。对了,这把手枪也是假的!"一个没有水的水壶拯救了这些人的生命。杰克逊的高明之处就是利用一个空水壶,点燃了这些人"生"的希望。希望拯救了生命。这个故事是真实的,它反映的就是"水壶效应",亦即"希望效应"。

糖果效应

一、糖果效应的由来

教育家陶行知当校长时,发现一名男生打同学,就予以制止,并责令他到办公室谈话。男生按时前往,陶行知递给他一块糖:"这是奖励你的,因为你按时到了。"男生奇怪地瞪大了眼睛。陶行知接着说:"我不让你打同学了,你立即住手了,说明你尊重我,再奖励你一块糖。"男生更觉得奇怪了。陶行知又说:"据了解,你打同学是因为他欺负女生,说明你有正义感,再奖励你一块糖。"这时,男生哭了:"校长,我错了,同学再不对,我也不能采取这样的方式待他。"陶行知高兴地说:"你已经认错了,再奖励你一块糖,我们的谈话也结束了。"

陶行知以褒代贬,共奖励给打人的学生四块糖,第一块糖奖励他遵守时间,第二块糖奖励他尊重师长,第三块糖奖励他见义勇为,第四块糖奖励他主动承认错误。陶行知没有正面批评那个打人的男生,而是用爱心从正面进行激励,从而产生了一种比批评效果要好得多的积极效果,笔者称这种现象为"糖果效应",有人称为"爱抚效应"。

二、糖果效应的启示:从正面引导孩子

爱的力量是巨大的,家庭教育要以爱为先,善于从正面引导孩子。在许多情况下,巧妙的表扬比批评更有效。

三、糖果效应例证

苏联教育家苏霍姆林斯基当校长时,非常重视校园环境的美化。学校花房里盛开的玫瑰花鲜艳夺目,成为一道美丽的风景,全校师生对此赞不绝口。

一天,苏霍姆林斯基像往常一样巡视校园。他发现一个大约4岁的女孩走进花房,摘下了一朵玫瑰花,拿着就往外走。苏霍姆林斯基没有大发脾气,而是和颜悦色地问:"孩子,可不可以告诉我,你摘下的这朵花是送给谁的?"

小女孩用稚嫩的声音说:"先生,我奶奶病得很重,躺在床上。我告诉她学校花房里的玫瑰花开得很好看,想让她高兴。可是奶奶不信。我只好摘下一朵来,让她亲眼看一看,开开心。奶奶看完了,我一定把花送回花房。"

苏霍姆林斯基被小孩的一片爱心所感动,就牵着她的手返回花房,又摘下两朵玫瑰:"孩子,这一朵是奖给你的,因为你小小年纪就知道关爱别人。另一朵是送给你妈妈的,感谢她养育了你这样一个懂事的孩子。"

摘了花还能得到赞许和奖励,在一般人看来,这简直不可思议。然而,这正是苏霍姆林斯基的与众不同之处——理解别人,充满爱心,信任至上。在他看来,必须从小培养孩子热爱生活,热爱人类的品质,从而树立一种做人的责任。

在孩子成长过程中,不要只盯着受伤的"玫瑰"大放厥词,而对孩子的感受全然不顾,要善于挖掘"玫瑰背后的故事"。

狼性原理

一、狼性原理的由来

狼是世界上好奇心最强的动物之一,它们不会将任何事物视作理所当然,而倾向于亲身体验和研究。对它们来说,无论是一根驯鹿的骨头、一只鹿角、一块野牛皮、一颗小松果,还是露营者遗留的登山背包,大自然里每一种了无生机的物品,都可能成为它们的玩具,在它们眼里,每一种事物都蕴含着无穷无尽的可能。

即使在忙碌的狩猎期间,狼仍然表现出对环境的高度好奇心。先是好奇,然后就有了观察的兴趣,小狼经常是用这样的方式学习。后来,人们把这种好奇心巧妙地称为"狼性原理"。

二、狼性原理的启示:呵护孩子的好奇心

每个人在成长过程中看到自己不了解的事物都想探个究竟,孩子更是这样,他们对自己所看到的一切感到惊奇,常常问这问那,打破沙锅纹(问)到底。好奇产生兴趣,兴趣是最好的老师。只要有了好奇心,有了探索欲望,孩子就会从内心深处去研究和学习喜欢的知识与事物,才会乐此不疲。著名科学家贝弗里奇说:"科学家通常有一种愿望,要去寻找其间并无明显联系的大量资料背后的原理。这种强烈愿望可被视为成人型的或升华了的好奇心,所以好奇心是长久以来构成智慧的一项重要特征。"

一个不热爱生活、对周围的一切都漠然视之的人是不会拥有好奇心的。如果想让孩子成才,就要牢记"狼性原理",保护、强化孩子的好奇心。

生活需要好奇心,需要兴趣所激发的创造火花。在制定人生大目标的时候,要让孩子知道自己的兴趣所在,扬长避短,走向成功。

三、狼性原理例证

一位母亲带着自己5岁的孩子去拜访一位著名的化学家,想了解这位大人物是如何踏上成才之路的。化学家没有讲自己的奋斗经历和成才经验,而是把他们带到了实验室。

第一次到实验室的孩子很兴奋,好奇地看着满屋子的瓶子和装在里边的五颜六色的溶液,看看化学家,看看母亲,过了一会终于试探性地将手伸向盛有黄色溶液的瓶子。这时,母亲赶忙制止,孩子缩回了手。

化学家哈哈大笑,对孩子的母亲说:"我已经回答了你的问题。"

母亲疑惑地望了望化学家。化学家漫不经心地将自己的手放入溶

液里,笑着说:"其实这不过是已被染过色的水而已。你的一声呵斥出自本能,但也呵斥走了一个天才。"

许多父母都容易犯这样的错误,对孩子的好奇心不是约束、批评,就是不耐烦,结果扼杀了孩子的好奇心,可能断送孩子一生的命运。

路径依赖原理

一、路径依赖原理的由来

古罗马时代,牵引一辆战车的两匹马的屁股的宽度是 4.85 英尺(约合 1.48 米),罗马人便以此距离作为战车的轮距宽度。

最先造电车的人以前是造马车的,所以电车的标准是沿用马车的轮距标准。早期的铁路是由建电车的人设计,因此,4.85 英尺成了现代铁路两条铁轨之间的标准距离。

两千多年前两匹马的屁股的宽度决定了现代铁路两条铁轨之间的距离,这种现象被称为"路径依赖"。"路径依赖"类似于物理学中的"惯性"。

二、路径依赖原理的启示:养成良好的习惯

路径依赖原理被总结出来以后,就被人们广泛应用在习惯形成的各个方面,包括父母该如何培养孩子的习惯。

培根说过:"习惯是一种顽强而巨大的力量,它可以主宰人生!"孩子的习惯就像走路,惯性的力量会使孩子不自觉地强化自己的选择,习惯影响人的一生,人类行为 95% 是受习惯影响的。孩子从小养成良好的习惯,能够促进其生长发育,更好地获取知识。而不好的习惯就像缠在身上的铁链,阻碍着一个人的成功,负面影响着一个人的生活质量。好习惯是开启成功的钥匙,坏习惯是一扇向失败敞开的门。正如美国教育家斯特娜说的,孩子的心是一块奇怪的土地,播上思想的种子,就会获得行为的收获;播上行为的种子,就会获得习惯的收获;播上习惯的种子,就能获得品德的收获;播上品德的种子,就能得到命运的收获。

又如一位哲人所言：开始，我们培养习惯；后来，习惯塑造我们。

美国科学家发现，一个习惯的养成需要 21 天时间。

三、路径依赖原理例证

在印度、泰国随处可见这样的景象：人牵一头大象用细绳子，牵一头小象则用粗绳子。这是因为大象小的时候，驯象人用铁链绑住它，使它无法挣脱，时间久了，就习惯了不挣脱，于是，用一根细绳子就可以拴住大象。而小象没有形成被约束的惯性思维，还有挣脱的行为，因而需要用粗绳子或铁链拴住。小象是被铁链拴住的，大象是被习惯拴住的。

鲸鱼原理

一、鲸鱼原理的由来

科学家们做了这样一个有趣的试验：在一个特制的大水槽里，放进鲸鱼和它的食物小鱼，很快，小鱼被吃光。接下来，科学家把一块用特殊材料制成的玻璃放进水槽，玻璃的一边是鲸鱼，另一边放进小鱼。看到小鱼，鲸鱼凶猛地朝小鱼游去，结果狠狠撞在了玻璃板上。莫名其妙的鲸鱼再次朝小鱼游去，结果还是被撞得昏天暗地，反复多次，鲸鱼每次都被撞，每次都吃不到小鱼。最后，鲸鱼放弃了猎食小鱼。

接下来，科学家们取走了横在鲸鱼和小鱼之间的玻璃板。小鱼看到鲸鱼就在眼前而纷纷乱逃，鲸鱼却再也没去吃小鱼，多次碰壁使鲸鱼认为，这些小鱼是吃不到的。最后，强壮的鲸鱼居然饿死在水槽里。鲸鱼的猎食本能因为没有得到强化而消失。

这就是心理学上著名的强化/消失定律试验。它证明人和动物的本能如果得不到强化，最后也会消失。

二、鲸鱼原理的启示：好习惯需要不断强化

鲸鱼原理，即强化/消失定律，不仅是孩子和动物学习新行为的一种心理机制，也是成人通过肯定或否定的反馈信息来修正自己行为的

手段。对于成长期的孩子来说,日常生活中的好习惯和坏习惯同时存在,如何鼓励孩子保持好的习惯,矫正不良习惯,是长亲关注的难题。如果运用鲸鱼原理,事情就变得容易。比如,长亲对孩子奖惩分明,关注孩子正确的行为使之强化,批评孩子不良习惯使之消失,孩子好习惯的培养一定会更容易。

三、鲸鱼原理例证

12岁的凯文有个不好的习惯,他放学回家后,经常把书包扔到地板上。对此,妈妈试过很多方法来矫正,但无论是提醒他,责备他,还是惩罚他,都无济于事。后来,妈妈决定用强化儿子正确行为的方法来帮助儿子改正不良习惯。一天,妈妈看见儿子没有把书包扔到地板上,她立即走过去,轻轻拥抱一下儿子,并感谢他体贴、懂事。儿子开始很吃惊,但很快他的脸上就充满了自豪。从此,他尽力不乱扔书包。妈妈的及时表扬,强化了凯文的正确行为,直至最后养成习惯。

木桶定律

一、木桶定律的由来

一个木桶盛水的多少,并不取决于桶壁上最高的那块木板,而取决于桶壁上最短的那块木板。这一规律就是在诸多领域中广泛应用的"木桶定律"。

"木桶定律"有三个推论:

第一,只有桶壁上所有木板都足够高,木桶才能盛满水,只要这个木桶里有一块木板不够高,木桶里的水就不可能是满的。

第二,比最低木板高的木板的高出部分是没有意义的,高得越多,浪费就越大。

第三,要想增大木桶的容量,应该设法加高最低木板的高度。

二、木桶定律的启示：让孩子全面发展

"最短的木板"是木桶中的一部分，它与整个木桶息息相关，我们不能把它排除出去，只能加长它。要前进，要成功，就要去修补"最短的木板"。

同样，每个人都有自己的优势和劣势。一个人有八种智能，即语言、逻辑数理、音乐、身体、空间、人际关系、内省和自然观察。这些智能构成了一个人的能力，而且它们往往是参差不齐的，有的强，有的弱。如果一个人的弱点得不到改善，就会影响一个人的生活质量和事业发展。某个方面能力的缺陷，会制约着一个人能力的充分发挥。因此，应该让孩子突破自己的瓶颈，补齐那块"最短的木板"，从而得到全面发展。

三、木桶定律例证

刘海洋是清华大学的高才生，曾代表清华大学赢得了全国大学生数学建模大赛二等奖。然而，他对文科不感兴趣，他母亲给他买的唯一一部小说《水浒传》，他碰都没碰过。不但如此，他的生活自理能力很差，依赖性很强，直到上大学才学会骑自行车，就连吃早点也完全按照他母亲的安排先吃面包再吃饼干。唯一的一次"反抗"是在高考时填报志愿，他喜欢生物，母亲让他学计算机，但最后还是服从了母亲。

知识结构的严重失衡和生活能力的低下，导致了刘海洋认知领域的畸形发展，并由此引发了刘海洋用硫酸残害大黑熊的一幕，在全国引起了强烈反响，也给家庭教育敲响了警钟。

瓦拉赫效应

一、瓦拉赫效应的由来

奥托·瓦拉赫是诺贝尔化学奖获得者，他的成才过程极富传奇色彩。在开始读中学时，父母为他选择的是一条文学之路，不料一个学期

下来,老师为他写下了这样的评语:"瓦拉赫很用功,但过分拘泥,这样的人不可能在文学上有很大的造就。"此时,父母只好尊重老师的意见,让他改学油画。可瓦拉赫既不善于构图,又不会润色,对艺术的理解力也不强,成绩在班上是倒数第一,学校的评语更是令人难以接受:"你是绘画艺术方面不可造就之才。"面对如此"笨拙"的学生,绝大部分老师认为已成才无望,只有化学老师认为他做事一丝不苟,具备做化学试验应有的品格,建议他试学化学。父母接受了化学老师的建议。由此,瓦拉赫智慧的火花一下子被点燃了。文学艺术的"不可造就之才"一下子变成了公认的化学方面的"前程远大的高才生"。这一现象被人们称为"瓦拉赫效应"。

二、瓦拉赫效应的启示:充分挖掘孩子的天赋

瓦拉赫的成功,说明人的智能发展是不均衡的,都有智能的强点和弱点,一旦使一个人最佳的智能潜力得到充分发挥,便可取得惊人的成绩。可多数孩子就没有瓦拉赫这么幸运了。诸多长亲唯成绩论,成绩好就是好孩子,否则就是坏孩子。有的长亲也不管孩子有没有相应的天赋和兴趣,偏要孩子学钢琴、学绘画、学书法等。这样的家庭教育是不能产生瓦拉赫效应的,因而要注意改进。要知道,一个无论多么优秀的教师,教出来的学生也不会一样。要帮助孩子客观地认识自己的长处与不足,把精力用在发挥自己的优点和长处上,同时放弃自己欠缺的方面,不要在孩子不可能大有作为的领域浪费时间、金钱和精力。

三、瓦拉赫效应例证

爱因斯坦被誉为 20 世纪最伟大的科学家,他的成功就是因为选择了正确的目标。小爱因斯坦的学业总是成绩平平,但却对数学和物理特别感兴趣,并有别人不可比的天赋。爱因斯坦的父亲和他一起认真分析后,得出了一个正确结论:爱因斯坦只有在数学和物理方面确定目标才可能成功。爱因斯坦根据这个目标的需要进行学习,使有限的时间得到了充分利用,找出把自己的知识引导到更深处的东西,抛弃使自己头脑负担过重和会使自己远离要点的一切东西,集中全部智慧和力量攻克选定的目标。这就是他创造的**高效率定向选学法**。

因为爱因斯坦是犹太人,且科学成就卓越,声望很高,1952 年,以

色列政府官员们都诚挚邀请他担任总统职务。但明智的爱因斯坦婉言谢绝了，坦然承认自己不适合担任这一职务。

爱因斯坦选择了正确的目标，所以成功了，成为科学巨匠。如果他把目标确定在音乐、文学或其他方面，那么，他将是一个普通的人。

手表定律

一、手表定律的由来

只有一只手表，可以知道是几点，拥有两只或两只以上的手表，有时却无法确定是几点。两只手表并不能告诉一个人更准确的时间，反而会让看手表的人失去对准确时间的信心。这就是"手表定律"。

二、手表定律的启示：帮孩子确定明确的目标

一个人不能由两个以上的人来指挥，否则，将会无所适从；

一个人不能同时选择两种不同的价值观，否则，他的行为将陷于混乱；

一个孩子不能同时接受父母不一致的教育，否则，会迷惘；

一个孩子不能同时接受父母给予的两种价值观，不能接受两个以上的目标，否则，他的生活将陷于矛盾中。

我们教育孩子尊老爱幼，就不能反对孩子在公交车上给老人让座；要求孩子诚实，就不能在孩子面前撒谎。

正如尼采所说：如果你是幸运的，你只需有一种道德而不要贪多。

每个人都有自己的优点，这些优点便是成功的关键。因此，在人生的路上，要做好选择，有取有舍。舍得，舍得，有舍才有得。好的开始是成功的一半。要善于帮孩子寻找并确立一个好的开始。

三、手表定律例证

手表定律告诉我们，要正确确定目标。

法国一家报纸举办智力竞赛，其中一道题是：如果罗浮宫失火，当

时情况只可能救一幅画,那么你救哪一幅?

多数人的答案是救达·芬奇的传世之作——《蒙娜丽莎》,但都没得奖。获得金奖的是著名作家贝尔特,他的答案是:"我救离出口最近的那幅画。"

这就是说,成功的最佳目标未必是最有价值的那个,而是最有可能实现的那个。

要帮助孩子确立一个适合的目标,把选择手表的权利还给孩子。

狐狸原理

一、狐狸原理的由来

狐狸十分重视培育后代的独立生存能力。狐狸很小的时候,就开始学习如何捕食。当狐狸长大成熟后,老狐狸就不再允许它们留在自己身边,无情地将它们驱赶出去,迫使它们去独立生活。在狐狸世界里,成年以后就不能与父母住在一起,不能靠父母生活,得自己生活。

二、狐狸原理的启示:让孩子学会独立

现在,独生子女越来越多,长亲溺爱孩子的现象也越来越普遍,有许多长亲总爱包办孩子的一切,使孩子形成了对长亲的依赖,丧失了宝贵的独立意识。

其实,孩子不可能一辈子都让长亲牵着自己的手走,迟早要独立地面对人生,接受挑战。孩子成长之路不可能总是一帆风顺,特别是随着竞争的日趋激烈,更需要培养孩子的独立意识和抗挫折的意识。不经历挫折的人生是不完美的,也是无法真正学到生存智慧的。要给孩子尝试成功和失败的机会,增强其机体免疫力,从而更加茁壮成长。

三、狐狸原理例证

戴维·布瑞那是美国最著名的笑星,他在事业上取得了辉煌的成就,他的故事成为培养孩子独立品格的典范。

戴维出生于一个非常富有的家庭,当他中学毕业时,许多同学的父母都给孩子一份厚重的礼物,有的是新服装,有的甚至是新轿车。当戴维问父亲给自己什么礼物时,父亲从衣袋里掏出一枚小硬币,轻轻放在戴维手上,语重心长地说:"用它去买一张报纸,一字不漏地读一遍,然后在分类广告栏目找一份工作。自己去闯一闯吧,它现在已经属于你了!"

后来,戴维回忆这件事情时说:"我一直以为这是父亲跟我开的一个天大的玩笑。几年后,我去部队服役,当我坐在伞兵坑道里认真忆及我的家庭和我的生活时,才意识到父亲给了我一种什么样的礼物。我的同学得到的只不过是轿车或者新衣,而父亲给予我的是整个世界,这是我得到的最好的礼物。"

感觉剥夺原理

一、感觉剥夺原理的由来

1954 年,在加拿大蒙特尔海勃实验室,心理学家进行了"感觉剥夺"实验。

实验中,被实验者按要求戴上了半透明的护目镜,难以产生视觉;同时,用空气调节器发出的单调声音限制被试者的听觉;还在被试者的手臂上戴上纸筒套袖和手套,用夹板固定腿脚,以限制其触觉。被试者被安排在几个单独的实验室里,几个小时后开始感到恐慌,进而产生幻觉。在实验室连续住了 3 天后,他们产生了许多病态心理现象:对外界刺激敏感,出现错觉、幻觉,注意力分散,思维迟钝,产生紧张、焦虑和恐惧等负面情绪,精神上感到难以忍受的痛苦。他们急切要求停止实验。

这个实验表明:感觉是人最基本的心理现象,通过感觉人才能获得周围环境的信息,并适应环境求得生存。大脑的发育、人的成长是建立在与外界环境广泛接触的基础上的,丰富多彩的外界环境是智力和情绪等心理因素发展的必要条件。

二、感觉剥夺原理的启示:让孩子自己品尝生活的滋味

世界是广泛联系的,人的成长和成熟必然建立在尽可能多地和外界接触的基础上。日常生活中,人们漫不经心地接受各种刺激,进而形成各种感觉。只有更多地与外界接触,才可能拥有更大的力量,获得更好发展,心理和思想境界才能达到更优。

现在很多长亲对孩子过分保护,生怕出现各种意外,怕孩子吃苦,剥夺了孩子全面感觉的机会,引发孩子心理不健全,使他们心胸狭隘。

我们应该让孩子积极感受丰富多彩的外界环境,让他们尝试做力所能及的事情,通过全方位感觉获得更多的知识和信息。

三、感觉剥夺原理例证

吉米是一个爱狗迷,他十分愿意给自己的爱犬购买昂贵的食品。一次,他听说深海鱼油对狗的发育很有帮助,于是马上买了大量鱼油。

这天一大早,吉米把狗抓来,用双腿加紧狗头,强行让它张开大嘴,对准喉咙灌进一大瓶子鱼油,但小狗不合作,把头扭来扭去,致使鱼油淌了一地。吉米很生气,气愤地想打小狗,却看到小狗自己转身静静地舔食流到地上的鱼油。这时,吉米才明白,小狗抗拒的不是鱼油,而是他喂狗的方式。孩子也是这样。有时候,他们并不是对某种事物不喜欢,而是对长亲强迫孩子的态度反感。

鲇鱼效应

一、鲇鱼效应的由来

很久以前,挪威人从深海捕捞沙丁鱼,等到运到海岸都已经死了。渔民们想尽办法,想让沙丁鱼活着上岸,但都失败了。奇怪的事,有一条渔船却总能带着活沙丁鱼上岸。原来,这条渔船的工人在沙丁鱼槽里放了沙丁鱼的天敌——鲇鱼,鲇鱼出于天性不断地追逐沙丁鱼,沙丁鱼则拼命游动,从而激发了其内部活力,因此能够活着上岸。

无独有偶。在日本的北海道盛产一种味道珍奇的鳗鱼。这种鱼生命脆弱,一离开深海区,用不了半天时间就会死亡。绝大多数渔民捕的鳗鱼上岸时就死了,只有一位老渔民捕的鳗鱼上岸后还能活蹦乱跳,他的秘诀就是在鳗鱼中放进几条狗鱼。狗鱼见到它的死对头,四处乱窜,这样,鳗鱼就被激活了。

这就是"鲇鱼效应"。

二、鲇鱼效应的启示:培养孩子的竞争意识

鲇鱼效应告诉我们,竞争可以激发人的潜能和内在活力。为了孩子的成长,长亲应该培养孩子积极的竞争意识。

三、鲇鱼效应例证

鲇鱼效应告诉我们,保护带来柔弱。

在秘鲁的国家级森林公园里,生活着一只年轻的美洲虎。美洲虎是一种濒临灭绝的珍稀动物,全世界仅存17只。为了保护这只珍稀的老虎,秘鲁人在公园中专门建造了一个占地20平方公里的虎园。虎园里森林茂密,百草芳菲,沟壑纵横,流水潺潺,有人工饲养的牛、羊、鹿、兔等供老虎尽情享用。奇怪的事,老虎不去捕捉那些专门为它预备的活食,也没有霸王气十足地驰骋于高山大川,而是整天在装有空调的虎房里打盹儿,耷拉着脑袋,无精打采。

后来,根据一位动物学家的建议,管理人员在虎园中放进了几只美洲豹,这一招果然奏效。美洲虎再也躺不住了,不是在山顶咆哮,就是俯冲下山岗,老虎那种威猛、霸气十足的本性被唤醒了。

美洲虎的柔弱懒散,是管理人员"精心呵护"造成的。舒适的环境让它缺乏竞争的动力与激情。

延迟满足原理

一、延迟满足原理的由来

为了研究控制欲望与成功的关系,美国心理学家沃尔特·米切尔

和他的试验人员曾做过一个经典的"成长跟踪试验"。他们在一所幼儿园里选出十几个 4 岁儿童,将一些非常好吃的软糖发给每人一颗,并告诉他们:如果马上吃,就只能吃手里这一颗,如果等 20 分钟再吃,则能吃到两颗。结果,有些孩子急不可待,马上把糖吃掉了。而另一些孩子则极力控制自己的欲望,或闭上眼睛不看奶糖,或自言自语、唱歌。最后,他们终于熬过漫长的 20 分钟,吃到了两颗糖。

米切尔对这些孩子进行了跟踪调查。那些能以坚韧毅力获得两颗糖的孩子,到青少年时期仍能等待,表现出更强的社会竞争性、较高的效率和较强的自信心,更加独立、主动,能较好地应对挫折,事业上更容易获得成功。而那些经不住软糖诱惑,只吃到一颗糖的孩子,在青少年期更容易表现出固执、优柔寡断、压抑等,往往屈从于压力,逃避挑战。其中 1/3 有较多心理问题。

米切尔把用于分析孩子承受延迟满足的能力称为"延迟满足",就是说,能够等待自己需要的东西到来,而不是想到什么就要什么,能够控制欲望,以获得更大成功。

二、延迟满足原理的启示:培养孩子的耐心

控制冲动、延迟满足是一个人获得成功的重要因素,它比智商更具有预测性,而且后天可以练习。

在现实生活中,孩子不管有什么需求,往往一想到就马上想得到满足,否则就哭闹不止。这些问题,表面上看是孩子的问题,实际上根子在长辈。我们应该让孩子学会"等待",最好让孩子做出适度努力后再满足其欲望。

在早期教育中,应将孩子自控力的培养置于重要地位,设法让孩子懂得:世界不是以他为中心,必须学会"等待",学会控制自己的感情和行为。自制力等良好的意志品质是成功者的重要心理素质。

三、延迟满足原理例证

小维尼央求妈妈陪他到公园去玩,妈妈说:"等妈妈把文章整理完就出去。"过了一会儿,维尼又来催妈妈:"妈妈,还要等多久,我现在就要出去。"妈妈说:"妈妈工作很重要,还得再等妈妈一会儿。"维尼闷闷不乐地到自己屋里看书去了。妈妈做完工作后,叫维尼出去玩,维尼却

说:"等我看完这个故事,"妈妈耐心等待。小维尼读完那个故事后,母女俩才一起到公园游玩。

破窗理论

一、破窗理论的由来

美国心理学家詹巴斗进行过一个试验,他把两辆一模一样的汽车分别停放在一个中产阶级社区和一个相对杂乱的街区,结果停在中产阶级社区的那一辆车停了一个星期也完好无损,放在杂乱街区的摘掉了车牌、打开了顶棚的车,不到一天就被人偷走了。后来,他又把那辆完好无损的汽车敲碎了一块玻璃,结果仅过了几个小时车也不见了。

以这项试验为基础,美国政治学家威尔逊和犯罪学家凯林提出了一个"破窗理论"。这种理论认为,如果有人打坏一栋建筑上的玻璃,又没有及时修复,别人就可能受到某些暗示性的纵容,去打碎更多的玻璃。久而久之,这些窗户就会给人造成一种无序的感觉。在这种麻木不仁的氛围中,犯罪就会滋生蔓延。

二、破窗理论的启示:给孩子一个好的环境

环境具有强烈的暗示性和诱导性,必须及时修好"第一扇被打碎玻璃的窗户"。

科学研究发现,人的大脑发育过程是不断发展变化的。对于教育来说,孩子的成长必须依赖环境,就像植物离不开阳光雨露一样。

俗话说:"近朱者赤,近墨者黑。"人在成长中会相互影响,这种影响在低龄儿童中表现得尤为明显。后天良好环境的影响能够弥补孩子的先天不足,诱发内在潜能,引导孩子向良好的方向发展。因此,教育最重要的内容之一就是创造一个尽可能好的环境。

三、破窗理论例证

破窗理论说的是,潜移默化的教育。

对一个孩子来说,家庭教育是所有教育中非常重要的一部分。信美和奇太是信州松本才能教育分部的学生,两人 3 岁那年同时同龄入学学习小提琴,学习成绩却相差很大。奇太在学习了 4 个月后,演奏的曲子不仅比信美多,而且音符准确,声音优美。

原来,信美 3 岁以前从没有听过小提琴曲,而奇太的姐姐加代曾是教师,当奇太还躺在摇篮里的时候,就几乎每天都听姐姐拉琴。良好的家庭音乐环境,对奇太音乐才能的发展产生了巨大的影响。

无独有偶,莫扎特也是因为常听姐姐弹的钢琴曲,才成长为一名音乐天才。

丹麦著名童话作家安徒生小时候在一个小镇度过。他爸爸经常陪他做各种游戏,给他讲《一千零一夜》等古代阿拉伯的故事,由此在潜移默化中培养了安徒生的童话细胞。

南风效应

一、南风效应的由来

北风和南风打赌,看谁的力量更大。它们就决定比试谁能把行人的大衣脱掉。

北风先来。它鼓起劲,呼呼地吹着,直吹得寒风刺骨。可是北风越刮,行人就越把大衣裹得紧紧的,以抵御寒风的侵袭。

接下来是南风。南风徐徐吹动,轻柔温暖,顿时风和日丽,行人觉得越来越热,于是解开纽扣,继而脱掉大衣。

南风获得了胜利。

人们把这种以启发自我反省、满足自我需要而达到目的的做法称为"南风效应"。

二、南风效应的启示:宽容比惩罚更有力量

南风之所以达到了使行人脱掉大衣的目的,是因为它顺应了人们的内在需要,使行人的行为变为自觉行为。

　　教育孩子也是如此。每个孩子都有一颗向上、向善的心,长亲要顺应孩子的内在需要,尊重、关心、激励孩子。每个孩子都可能犯错误,长亲要客观、理智、科学地处理日常生活中出现的问题,如果一味地严词要求或命令孩子,有时效果反而不好。我们应该学会恰到好处地宽容孩子、引导孩子和激励孩子,善于激发孩子内在的动力。

　　管理心理学中有句名言:"如果你想要人们相信你是对的,并按照你的意见行事,那首先就要人们喜欢你,否则,你的尝试就会失败。"这句话用在家庭教育中,也十分恰当。

三、南风效应例证

　　纽约地铁站治安混乱,最严重的问题是小偷和抢劫。历届政府都采取很强硬的措施,但无论惩罚措施多么严厉,犯罪率仍然居高不下。

　　安东尼奥就任纽约市长后,力主采取新的治理措施。他采取的办法不是暴力,而是在地铁站里不间断地播放贝多芬、莫扎特的古典音乐。结果,地铁站内发案率创下历届政府中的最低纪录。

　　拯救还是制裁,对于执行者来说,只是方法不同,而对被执行者来说,感觉上是不同的,因而效果自然不同。

倒 U 形假说

一、倒 U 形假说的由来

　　科学家耶基斯和多德林在对老鼠的研究中发现,工作压力与业绩之间存在着一种倒 U 形关系,由此他们提出了著名的"倒 U 形假说"。"倒 U 形假说"认为,对于处在工作状态的人来说过大或过小的压力都会使工作效率降低,只有最佳的刺激力才能使业绩达到顶峰状态。

　　当压力小时,工作缺乏挑战性,会使人处于松懈状态,因而工作效率不高;

　　当压力逐渐增大,成为一种动力时,会激励人们努力工作,逐步提高工作效率;

当压力等于人的最大承受能力时,人的效率达到最高值;

当压力超过了人的最大承受能力时,压力就会成为阻力,效率也随之降低。

二、倒 U 形假说的启示:给孩子适当压力

当一个人一点儿都不兴奋时,他根本没有做好工作的动力;而当一个人极度兴奋时,随之而来的压力可能会使他完不成本该完成的工作。只有当一个人出于轻度兴奋状态时,才能把工作做得最好。热情中的冷静让人清醒,冷静中的热情使人执著。

在孩子成长的过程中,如果负担过重,长期处于紧张状态,学习效果就会越来越差。如果一点儿压力和动力也没有,学习不可能好。我们必须对孩子的能力和心理承受能力有一个恰当的估计,防止孩子的压力过大或过小。当孩子压力较小时,适当增加压力;当孩子压力过大时,想办法帮助孩子缓解压力,使孩子始终处于适度兴奋状态。

三、倒 U 形假说例证

瓦伦达是美国 20 世纪 50 年代著名的高空走钢丝的表演者,他的表演一直很成功,却在最后一次重大表演中从钢丝上掉下来摔死了。事后他的妻子说:"我知道这一次一定要出事,因为他上场前总是不停地说,这一次太重要了,不能失败,决不能失败。而以前每次成功的表演,他只想着走钢丝这件事本身,不去管这件事可能带来的一切。"

瓦伦达的失败,其实是败给了自己。后来,人们把这种不能专注做好眼前事情而是患得患失的心态称为"瓦伦达心态"。

超限效应

一、超限效应的由来

一次,美国著名作家马克·吐温到教堂听牧师的募捐演讲。一开始,他觉得牧师讲得很好令人感动,就准备捐出自己身上所有的钱。过

了 10 分钟后,牧师还没讲完,马克·吐温有些不耐烦了,决定只捐一些零钱。又过了 10 分钟,牧师还没讲完,马克·吐温决定一分钱也不捐了。最后,牧师终于结束了冗长的演讲。马克·吐温由于气愤,不仅没有捐钱,而且还从盘子里拿走了两元钱。

这种由于刺激过多、过强或作用时间过久而引起接受者的不耐烦或逆反心理的现象,在心理学上称为"超限效应。"

二、超限效应的启示:不要过多批评孩子

超限效应在家庭教育中时常发生。当孩子做错事情时,长亲常常是一次、二次、三次甚至更多次对孩子做同样的批评,使孩子从内疚、不安到不耐烦,最后到反感讨厌,逼急了就会出现"我偏要这样"的反抗心理和行为。

孩子身心发展水平较低,认知能力、思维水平、自我控制能力等比较差,犯一些错误是难免的。长亲对孩子的批评不能超过限度,应该是"犯一次错误,只批评一次"。如果确实需要再次批评,那就应该换个角度,换种说法。同时,应防止两个或两个以上大人同时批评孩子。否则,物极必反,不但起不到批评的作用,反而会出现一些负面效果。

三、超限效应例证

在心理学上有这样一个游戏:请一个人快速重复"老鼠"这个名词 10 遍,当他刚说完第 10 遍时,马上对他提问:"猫怕什么?"要求他立即回答。几乎百分之百的人回答:"老鼠。"

这个游戏表明,当一个人在无度地重复某一件事或某一个概念的时候,其智力就在重复过程中不断下降,判断力也随之下降,从而造成判断错误。所以,批评孩子不能多次重复。

霍桑效应

一、霍桑效应的由来

在美国芝加哥郊外的霍桑工厂,具有较完善的娱乐设施、医疗制

度、养老制度,但员工们仍愤愤不平,生产状况也很不理想。为探求原因,工厂组成了一个由心理学等方面的专家参加的研究小组,在厂内进行了一系列研究试验。其中,有一个"谈话试验"。在两年多的时间里,专家们找工人个别谈话两万多次。在谈话中,只耐心倾听工人们对厂方的各种意见和不满,并做详细记录,而对工人的不满意见不反驳和训斥。"谈话试验"起到了意想不到的效果,工厂的产量大幅度提高。这是由于工人长期对工厂的各种管理制度和方法有诸多不满情绪,无处发泄,"谈话试验"使他们的不满情绪都发泄出来,从而感到心情舒畅,干劲倍增。社会心理学家将这种现象称为"霍桑效应"。

二、霍桑效应的启示:让孩子诉说

子女在成长过程中,会产生无数意愿和各种情绪,但真正能实现的却不多。对这些意愿和情绪,切莫压制,而要让孩子宣泄出来,把自己心中的话全说出来,从而使他们心情舒畅,热爱生活,愿意学习,这对孩子的身心和学习都非常有利。

许多家庭,物质条件非常好,长亲对孩子的关心爱护无微不至,但就是孩子不爱听长亲的话,学习效率也不高,代沟很深。所以,要平等地与孩子谈心沟通,特别注意倾听孩子的心声,防止将自己的意见强加给孩子。

三、霍桑效应例证

德国教育家卡尔·威特始终仔细观察儿子小卡尔的成长,及时与儿子沟通,想方设法走进儿子的内心世界。

有一次,体格健壮的肯特尔讥笑小卡尔不够健壮,令小卡尔闷闷不乐。卡尔·威特引导儿子说出不高兴的原因后,就给儿子讲男子汉的事:"一个男子汉并不只是身体强壮。真正的男子汉需要智慧,有坚强的毅力,并且敢于承担生活中的一切困难和挫折。你想想,你现在还是个孩子,就掌握了那么多知识,懂得了那么多道理。虽然你的身体在孩子中不算是最强壮的,但也很健康。我想,等你再长大一点,平时再坚持锻炼,那时你肯定会比肯特尔强壮。"小卡尔听了父亲的话,自信心马上恢复了。

刻板效应

一、刻板效应的由来

有人出了这样一个问题:"一位公安局长在同一位老人谈话时,跑过来一个小孩,急促地对公安局长说:'你爸爸和我爸爸吵起来了!'老人问:'这是你什么人?'公安局长说:'我儿子。'请问两个吵架的人和公安局长是什么关系?"

结果在被调查的 100 个人中只有两个人答对,而一个三口之家只有孩子答对了:局长是女的,吵架的人一个是她的丈夫,一个是她的爸爸。

那么多成年人答错了,就是受"刻板效应"的影响,按照形成的心理定势,局长应该是男的。

"刻板效应",就是人们头脑中存在的关于某一类人的固定印象的心理现象。

二、刻板效应的启示:防止对孩子形成偏见

在现实生活中,很多长亲和老师存在着对孩子社会角色期望的偏差,对孩子行为的判断形成了定势和成见,给孩子的成长带来很大伤害。

因此,我们对孩子的行为评价应该客观公正,防止先入为主,以自己的成见看待孩子。每天都应以全新的眼光看待孩子,千万不要用旧有的心态评判他们。成长中的孩子可塑性极强,过去不等于现在,更不等于未来。

三、刻板效应例证

前苏联心理学家曾做过这样一个经典的实验:

实验者向参加实验的两组大学生出示同一张照片,但在出示照片时,对第一组学生说:"这个人是罪犯。"向第二组学生说:"这个人是一

位大科学家。"然后，让两组学生各自用文字描述照片上这个人的相貌。第一组学生的描述是：深陷的双眼表明他内心充满仇恨，突出的下巴证明他沿着犯罪道路顽固到底的决心……第二组学生的描述是：深陷的双眼表明此人思想的深度，突出的下巴表明此人在人生道路上有克服困难的意志……对同一个人的评价，仅仅因为得到的提示不同，描述结果竟然有戏剧性的差距。

5

把握教育时机
——机不可失的
关键期

孩子的感受往往是瞬间的、零散的,他们思维的火花也是短暂的,如果不及时抓住,教育时机就会溜掉。

6岁以前,是一个人智力和心理发育的关键期,这个时期的教育,将影响甚至决定孩子的一生。新生儿具有巨大的潜能,但这种潜能随着年龄的增大而递减,教育得越晚,儿童与生俱来的潜能就发挥得越少。关键期教育机不可失,刻不容缓。

胎教非常重要,包括音乐胎教、语言胎教和运动胎教。

关键期教育从五官训练开始。应适时训练孩子的听觉、视觉、味觉、嗅觉和触觉。

让孩子多听音乐,多动手,多到户外活动,尽早学习外语和使用筷子。

关键期教育不是让孩子拥有多少知识,而是开发潜能,提高素质,造就完美人格。关键期教育应重培育少说教。

种庄稼要看节气,炒菜讲究火候,教育孩子需要把握时机。抓住时机,省时省力,事半功倍,甚至一功十利、一功百利;而把握不住时机,会事倍功半,甚至毫无效果,或者出现负效果,事与愿违。丧失时机,有可能造成无法弥补的损失。"好雨知时节,当春乃发生。随风潜入夜,润物细无声。"成功的家庭教育,应是"知时节"的"好雨"。

把握教育时机

在孩子成长的过程中,会有很多实施教育的良好机会,长的达几年,短则几个月、几天,甚至稍纵即逝。孩子的感受往往是瞬间、零散的,他们思维的火花也是短暂的,如果不及时抓住就会溜掉。因此,我们要掌握孩子成长的规律,在不同年龄段采用不同的方法进行教育。同时,要善于捕捉机遇,恰到好处地对孩子进行教育。在孩子成年以前,有两个大的教育时机,一个是从卵子受精到 6 岁,被称为"关键期",另一个是从 12~18 岁,即青春期。这两个时期非常重要,将在后面章节中分别介绍。首先介绍几个比较重要的教育时机。

一、关键的第一次

孩子从出生到成年,要经历很多个第一次,如第一次哭、第一次笑、第一次打、第一次闹、第一次看书等。第一次是刻骨铭心的,往往直接影响甚至决定着孩子在这方面的价值取向。比如说,当孩子第一次无理取闹时,长亲是纵容娇惯还是巧妙管教,直接影响着孩子以后的行为习惯。如果长亲满足了孩子的无理要求,就等于肯定和鼓励了孩子的无理行为,孩子会更多次无理取闹,并形成无理取闹的思维定式,结果越大越管不了,越大越无理,孩子也就"没治"了。相反,如果对孩子的无理行为坚决阻止,将其扼杀在萌芽之中,不让孩子的无理要求得逞,孩子知道无理取闹行不通,以后就不会再无理取闹了。英国教育家梅森说过:如果对儿童的错误不予重视,他还会继续犯错误,久而久之,再教育恐怕就不是一件容易的事了。如果当孩子第一次犯错误时就阻止他,那么,只要轻轻警告一下就足够了。笔者的儿子一两岁时很少哭,

后来学会了哭。当儿子哭时，笔者只是用一个反问："你哭管用吗？要是管用，我和你一起哭。"这句话，帮儿子养成了不爱哭的好习惯。

又如，当孩子第一次向长亲提问题时，长亲一定要保护孩子的好奇心、求知欲，千万不能因为孩子的问题幼稚或者稀奇古怪而不予理睬，不能说："你还小，说你也听不懂。""你怎么能这样想呢？""上一边去，没看见我正忙着做饭吗？"等类似打击孩子好奇心的话。相反，当孩子第一次提问题时，无论提的问题多么幼稚、多么稀奇，长亲都要表扬孩子善于提问的好行为，不管在干什么，只要允许，都要放下手中的活，微笑着解答孩子的提问。就是这个第一次，如果抓住了机遇，很可能造就一个伟大的科学家；如果错过了机遇，很可能出现一个不求上进的孩子。长亲的一句话，可能影响孩子的一生。

孩子具有丰富的想象力，他们提出的问题总是幼稚的、稀奇古怪的，甚至有的在大人看来是荒唐的。爱迪生问："为什么刮风？"当他父亲回答"我不知道"时，爱迪生又问："你为什么不知道？"鲁迅的儿子海婴问："最早的妈妈是谁生的？"祖冲之问爷爷："为什么每月十五的月亮一定会圆？"达尔文问："上帝是谁生的？"伽利略问："雪花为什么是洁白的？"等等。面对这些千奇百怪的问题，他们的长亲没有置之不理，更没有讥笑，而是认真地回答，从而呵护和激发了他们的好奇心、想象力。这些正是爱迪生等名人成功的前提和必备条件。因此，一定要十分重视孩子的提问，特别是第一次提问。

笔者的儿子小时候满脑子都是疑问："为什么太阳老跟着我们走？""为什么汽车会跑？""为什么汽车发动机会转？"等等，而且总爱一问到底，直到问得父母和老师答不上来。笔者虽然心里觉得有些烦，但能耐住性子，给予解答。对答不上来的问题，告诉儿子："好好学习，长大后学习了相关知识就知道了。"

二、新的开端

新的一年，新的学期，孩子的生日，上幼儿园，上小学，上初中，上高中，学习一门新的知识，参加一项新的活动等，孩子都会有一种新的感受、新的动力，内心的激情被新鲜感和好奇心调动起来。此时，便是教育孩子的好时机。长亲要充分利用这个时机，对孩子因势利导，帮助他们制定计划，鼓励他们发扬以前的优点，克服存在的不足，把事情做得更好。例如,当孩子过生日时,祝贺孩子又长了一岁,告诉孩子他会懂更多的事,干更多的活,学更多的知识,能力更大了。对3岁的孩子,可从过生日那天起教他自己动手穿衣服,自己洗脸、吃饭。再大一些,可以让孩子干一些比较有趣的家务活儿。

犹太人就十分注意抓住新的开端这个时机对孩子进行教育。孩子入学的第一天,都要穿上新衣服,由拉比(犹太学校的负责人与职业教师)或赫里姆(有智慧的人)带到教室。教师发给每个新生一块干净的石板,石板上用蜂蜜写着希伯来字母和简单的《圣经》文句,孩子们一边诵读字母,一边舔掉石板上的蜂蜜,以此激发孩子的学习兴趣。

三、孩子成功的时候

孩子获得成功,考试考了100分,在学校里打扫卫生受到老师的表扬,体育比赛得了奖,学会了一支歌,能自己穿鞋子……孩子往往向长亲夸耀自己,也需要长亲的肯定与赏识。这时候,长亲要表现出很高兴、很惊讶的样子,首先肯定孩子取得的成功,不妨略微夸奖一下孩子的成功,强化他们心中的喜悦与激情;然后,要充分利用这个机会,对孩子讲与取得成功的事项有关的内容,说孩子很棒,在这方面一定能干得更好,怎样才能做得更好等,以此来促使孩子形成良性循环。

笔者的儿子上小学,每次受到老师表扬,回家后不等放下书包就向我们汇报。笔者总是先给予肯定,表现出很高兴的样子,然后顺便说几句如果怎样就更好之类的话。儿子获得了小红花,笔者就说:“太好了,这可是我儿子的成绩,为什么能得到小红花?说明我儿子做得好。儿子,一定要把小红花放好,保存着。”每当儿子获得“三好学生奖状”时,笔者都是和儿子一起把奖状贴到客厅显著的位置,通过这种方式,强化孩子的上进心和自信心。

四、参加集体活动的时候

这是借助外力教育孩子的好方法。

许多长亲有这样一个体会,一件事情,说上几十遍,上百遍,嘴皮都磨破了,孩子就是听不进去,良好的习惯仍然养不成,不良的行为仍然改不掉。

遇到这样的情况,我们做父母的真的该思考了,不能继续做无用

功,而要考虑一个巧妙的办法,达到自己的目的。让孩子参加集体活动便是一个很好的办法。孩子往往对父母的教导听惯了,听烦了,引不起重视。什么东西都一样,多了就不值钱。而别人的一句话,特别是孩子信任和喜欢的人的一句话,就能引起孩子的足够重视。当孩子融入大集体之中时,同伴的言行、集体的氛围会激发孩子的兴趣和激情。

有的孩子,在家里吃饭磨磨蹭蹭,挑挑拣拣,一到幼儿园跟小朋友在一起吃饭,会立刻变了一个人。有的孩子在家里光管自己,不管父母,一旦参加集体活动,就能够关照别人,考虑集体利益,不该自己做的事也主动做了。长亲应充分利用这个机会,强化孩子的良好行为,直至养成习惯。

集体活动对孩子的成长很重要,一些高素质人才必须具备的品质如友爱、协作、大方、守纪、开朗、公道、自尊、集体观念、竞争意识、责任心、组织能力、服从精神、领导能力和牺牲精神等只有在集体生活中才能形成。如果离开了集体,这些品质很难形成。

我们应该鼓励孩子参加集体活动,并抓住每一个机会引导孩子、教育孩子。笔者儿子上小学二年级时,让他报英语兴趣班,可他怎么也不报,说不喜欢说英语。当时笔者很着急,英语可是基础学科之一,学不好英语对于他今后的工作和生活会带来很大的影响。正在无计可施的时候,儿子学校组织集体活动,让小学生试听"小星星英语"。机会来了!笔者抓住大好机遇,鼓励孩子报上名。儿子听了两节课,发现学习英语的同学不少,自己表现又是较好的,笔者又及时给他打气:"儿子的语文成绩很好,说明你学习语言能力很强,我听你的舌头说英语比说汉语还好听,刚学了两句话,比爸爸说得都好听,我相信,将来儿子的英语水平一定很高。"结果,儿子越学越好,越好越爱学,上小学四年级时,就获得了全国英语奥林匹克比赛的一等奖。

五、有浓厚兴趣的时候

孩子往往会出现这种情况,突然对某事产生了浓厚兴趣,如对汽车、电视、书报、歌曲、武术、异性或吃穿等,这时长亲要对孩子的兴趣进行正确引导,鼓励他们良好的、有益的兴趣,阻止那些不良的、有害的兴趣。同时,利用孩子的兴趣对孩子进行相关内容的教育,这时的教育效果至少会事半功倍。比如,孩子看电视节目时往往兴趣很浓,这时,笔者就借机对孩子讲解有关的科学知识、卫生知识和写作知识,孩子听起来领会得快,记得牢。看故事片,笔者边看边给孩子解释,为什么这样编剧,为什么不演其他内容,这都是为了表现主题思想,能表现主题思想的要多写、详写,无关紧要的则略写、不写。用这种方法教育孩子,收到了意想不到的效果。

详细内容请参阅第八章"牵牛鼻子之技"。

六、孩子出现困难和错误的时候

孩子在生活和学习中会经常遇到一些困难,出现一些失误。这时候,许多长亲往往不分青红皂白地训斥、挖苦孩子:"你怎么这么笨,连这么件小事都做不好!""你看看,又错了! 你还有脸回家吃饭!"有的长亲甚至拳脚相加,或者"男子单打",或者"女子单打",或者"混合双打"。长亲这样做也许是出于教育孩子的良好愿望,但却产生了相反的结果。孩子也许会因为害怕受到责备而失去了探索新事物的勇气,或者产生反叛心理,反其道而行之。在孩子需要同情、理解、鼓励和帮助的时候,得到的却是无情的打击,他们就会感到脆弱、无助、丧失信心。因此,当孩子出现困难和错误的时候,长亲要以冷静、宽容、理解和同情的态度问明情况,帮助他们分析前因后果,克服困难,改正错误,挽回局面。

美国教育家斯特娜认为,如果处理得当,可以将孩子的错误变为很好的教育机会,教给他们正确的做法,不必害怕犯错误,而要从错误中吸取教训。不把犯错误看做一件坏事,不因犯了错误而沮丧、气馁。要正确对待孩子犯错误,要时刻告诉孩子,失败是暂时的,随着岁月的流逝,人们都会体验到成功和失败。

日本教育家多湖辉指出,当孩子遇到困难时,切勿代替孩子做出"结论",对孩子来说,遇到困难正是发展其思考力、训练大脑的绝佳机会。

哈佛女孩刘亦婷的父母就很好地抓住了孩子遇到困难这个机会。刘亦婷曾两次在新学校考试中名次大幅跌落,对此,她的父母不是训斥批评孩子,而是为孩子提供"心理支撑",告诉孩子名次下降是合理的,能和那些一流学校的尖子生一起竞争,本身就是成功。有父母的心理支撑,刘亦婷不但没有陷入焦虑自卑,反而把与新同学的差距看做自己

的上升空间,满怀信心地继续努力。

另外,带孩子外出做客的时候,老师家访的时候,家中来客人的时候,也是教育孩子的良好时机。家中来客人或随父母外出时,孩子的言行会不自觉地"规矩"起来,平时的一些不良行为也会自动隐匿起来。此时,长亲在客人面前适度表扬孩子的优点,孩子会引以为自豪而发扬优点、克服缺点。

七、餐桌上的教育

吃饭时间也是教育孩子的良好机会。

英国家庭素有"把餐桌当成课堂"的传统,从孩子上餐桌的第一天起,就开始对其进行有形或无形的"进餐教育"。

要鼓励幼儿自己进食。幼儿在 1 周岁左右,开始喜欢自己用汤匙喝汤吃菜。幼儿想自己进食,标志着一种对"人格独立"的向往,应予积极鼓励。

要杜绝孩子偏食、挑食。英国人普遍认为,一个人偏食、挑食的坏习惯多是幼儿时期长亲迁就造成的,因而特别重视在幼儿时期拒绝孩子偏食、挑食。

要求孩子自己清理弄脏的桌面。3 岁以上的孩子如进餐时不慎弄脏了桌面,长亲会教其向旁人道歉,并立即找来抹布令其自行清理。此举一可帮助幼儿学会关心他人,二可帮助孩子礼貌待人。

英国孩子一般在 2 岁时开始系统学习用餐礼仪,4 岁时就学会用餐的所有礼仪,5 岁左右的孩子都乐于做餐前摆餐具、饭后收拾餐具的杂事。

进行餐桌教育,应注意以下几点:

◆创造一种愉悦的吃饭气氛。不要把长亲的不愉快带到餐桌上,给孩子造成心理负担。一个和睦温馨的家庭环境,既能促进孩子的食欲,又是孩子幸福的安乐窝。

◆寻找饭桌上令孩子感兴趣的话题,让孩子有发表意见的机会。

◆吃饭时不要苛求孩子,更不可打骂孩子。否则,不但不利于孩子吃饭,反而容易引起孩子的逆反心理。

◆长亲要把良好的家风传给孩子,培养他们与人共享的行为和尊老爱幼、礼貌待客的良好品质,好东西先让长辈和客人吃,不能让孩子先吃或一个人独享。

◆教育孩子合理进食,不挑食、偏食、暴食,按时按量吃饭。

八、黄金般的假期

暑假和寒假,是中小学生渴望快乐的时光。假期里,孩子们可以舒展身心回归本性,无拘无束地做自己喜欢的各种事情。

假期不仅是孩子的黄金时光,也是家庭教育的黄金时光。这段时间里,可以实施平时难以实施的教育行为,帮孩子养成一个良好的习惯,让他们参加自己喜欢的有益和感兴趣的活动,带他们投入大自然的怀抱,进行野外体验和农业劳动等,以磨炼意志,陶冶情操。

在澳大利亚,有些学校在假期里组织学生到社区进行专题社会实践,到郊区、农庄享受田园生活;许多长亲陪着自己的孩子参观博物馆、艺术馆、主题公园等。

在美国,许多学生利用假期完成义务服务工作,参加义务劳动;还有的学生进行专题调研,利用所学的知识去解决一些科研课题。这样,不但认识了自然的奥秘,激发了学习兴趣,而且提高了吃苦耐劳的综合素质,锻炼了群体合作的能力。

笔者充分利用暑假和寒假对孩子进行教育,主要是带领孩子参观和参加农业劳动,学习做饭;对孩子进行"军训",练习走姿、站姿等;让孩子参加武术、游泳培训班;帮孩子探求学习技巧,养成良好学习习惯。

假期家庭教育要把握好以下几点:

◆进行快乐教育。善于利用孩子的兴趣,引导孩子的兴趣,不能将假期教育变成学校教育的延续,防止增加孩子的负担。要让孩子感到快乐。

◆假期教育与学校教育实现互补,以培养综合素质、提高生活能力和学习能力为主,在培养习惯、养成性格、磨炼意志等方面下工夫。

◆科学合理地安排时间。针对孩子的特点,与孩子一起研究假期活动的内容,最好订个"三年规划"或"五年规划"。安排活动时,要给孩子留出自由玩耍的时间。

关键期教育的依据

一、关键期的定义

关键期，在心理学上称为"敏感期"，也有的称为"发达期"，是指人类的某种机能如行为、技能以及对知识的掌握，在某个特定时期发展最快，最容易受外在环境的影响。在这个时期对孩子施加正确的教育，就会收到事半功倍的效果，孩子能够迅速有效地认识事物、从事活动，其潜能就能够得到比较充分的发挥。而一旦错过了这个时期，就需要花费几倍、几十倍的努力才能弥补，甚至永远无法弥补。这个时期就是家庭教育中的关键期。关键期是人脑某个功能区域神经网络构建的突发生长期，也是人学会某种知识、技能、行为等的最佳时机。

当孩子进入关键期时，内心会产生一股无法遏止的动力，驱使他们对感兴趣的特定事物表现出尝试和学习的狂热，拼命吸收所接触的事物。在这个时期，孩子可以轻松且有效地获得各种能力。

为了便于理解，在这里，将关键期涉及的几个概念介绍一下。

胎儿　从卵子受精到孩子出生为胎儿期。人的胚胎发育通常分为两个阶段：胚期（1～8周）和胎儿期（9～40周）。

婴儿　又称乳儿，指出生后到1周岁年龄段的孩子。

幼儿　出生后第2～第3年的孩子。

儿童　与"少年"的概念相对应，一般指12周岁以下的孩子，包括婴儿和幼儿。

二、关键期教育的理论依据

美国人类潜能开发大师葛兰·道门教授认为：每个正常的婴儿，出生的时候都具有莎士比亚、莫扎特、爱迪生和爱因斯坦那样巨大的潜能。正如聪明和愚笨一样，都是后天的产物。如果在孩子的每个关键期都施以恰当的教育，那么他们就很可能成为天才。

德国著名家庭教育专家卡尔·威特认为，根据生物学、生理学、心理学等学科的研究,人生来就具备一种特殊的潜在能力。这种潜能孕育着天才,因此人人都有成为天才的可能性。但要让这种潜能达到理想状态,充分发挥出来,不是一件容易的事。好比一棵有望长成30米高的树,在不好的环境中只能长到6米,一般的环境中长到12米,较好的环境就可能长到18米。理想的教育就在于使儿童的潜能达到十成,最重要的是及早挖掘、诱导孩子自由地发挥出这种能力。但是,儿童的潜能遵循着一种奇特的规律——天赋递减规律,即儿童的天赋随着年龄的增大而递减,教育得越晚,儿童与生俱来的潜能就发挥得越少。例如,生来就具有100度潜在能力的儿童,如果从一生下来就对他进行理想的教育,那么他就可能成长为一个具备100度能力的成人。如是从5岁开始教育,即便教育得非常出色,也只能成长为具备80度能力的成人。从10岁开始教育,教育得再好,也只能达到具备60度能力的成人。每个动物的潜在能力都有自己的发达期,而且这种发达期是固定不变的。

虽然某些能力的发达期可能很长,但另一些能力的发达期则很短。如果一切能力不在发达期内得到发展,那就永远不会再发展。过了关键期,只有知识的积累,而很少有能力的增长。

潜能的发达期就是教育孩子的关键期。美国心理学家布鲁纳指出,一个人如果长到17岁智力发展达到100%的话,那么,到4岁时,其智力发展了50%,到8岁时,发展了80%,其余20%到17岁时完成。5岁以前是儿童智力发展最迅速的时期。

日本的七田真认为,人的智力发展犹如一个等腰三角形,在出生时发展最快,也就是三角形的底边。8岁时,到了三角形的顶端,智力再也不能发展了。8岁以后,人只能增长知识和技能了。

苏联教育家马卡连柯说:"教育基础主要是5岁以前奠定的,它占整个教育过程的90%。"

大科学家爱因斯坦说:"世间伟大的人为什么这么少,其原因是他们的童年教育被忽视了。"

著名生物学家和心理学家巴甫洛夫有一句名言:"婴儿降生的第三天开始教育,就迟了两天。"

有一位英国妇女望女成凤,抱着自己的孩子去请教达尔文:"达尔文先生,您是世界上著名的大科学家,我想请问您,我的孩子什么时候

开始教育好呢?"达尔文问:"你的孩子多大了?"那位妇女说:"她还小着呢,才两岁半。"达尔文听后叹口气说:"唉,夫人,您教育孩子已经晚了两年半!"

世界著名的早期教育权威、日本人井深大写了一本专著,题目就是《幼儿园教育晚矣》。他指出:"儿童的思维、创造、模仿忘记能力超出成年人 50 倍,早期教育影响着人的一生。"

意大利儿童专家蒙台梭利说:"儿童出生后头 3 年的发展,在其程度和重要性上,超过儿童整个一生中的任何阶段……如果从生命的变化、生命的适应性和对外界的征服以及所取得的成就来看,人的功能在 0~3 岁这一阶段实际上比 3 岁以后直至死亡的各个阶段的总和还要长,从这一点上来讲,我们可以把这三年看做是人的一生。"

我国著名的早期教育专家冯德全提出了"潜意识板块"的理论。他认为:人的潜意识就像地壳"板块运动"那样,能量相当大,稳定性非常强,对人的思想、信念、兴趣和行为有非常大的驱动力,常常超越人的认识和意志,是一切心理活动的源泉和基本动力。比如,"儿不嫌母丑""老乡见老乡,两眼泪汪汪"这就是潜意识的巨大作用。潜意识可以成为个体性格、民族性格、人类性格的标记。而"潜意识板块"是婴幼儿生活中构建成的,孩子接触最早、最多、最经常,通过五官渗透、情绪触动、行为实践的事物,都进入孩子的潜意识,积累成人的个性,尤其是父母的智慧活动、情感表现、生活习惯、气质性格最易进入孩子的潜意识,结成巨大的心理板块。因此,父母应十分重视早期教育,积极为孩子构造良好的"潜意识板块"。

俗话说的:"三岁看大,七岁看老"也是强调关键期。不但学习文化知识存在关键期,各种技能、艺术也存在关键期。无数能工巧匠从小就对某一方面感兴趣,并不断学习操作,常说的"五龄童""六龄童"都是在关键期开始学习的。错过了关键期的人,无论学什么,无论怎样学,都达不到炉火纯青的地步。

三、关键期教育的科学依据

科学研究发现,在人的生命早期,身心发展的速度非常快,以后的速度逐渐减慢。有资料表明,从卵子受精到胎儿形成,再到婴儿出生,仅仅 9 个月的时间就走完了自然界从单细胞进化到人脑的 38.6 亿年的历程；从孩子出生到直立行走，一般需要 1 年多的时间，这相当于人类爬行至前后肢分工 300 多万年的历史；孩子用 1 年多的时间学习说话，相当于人类语言发展 10 万年的历程。

人的身体发育只有 15 年左右的时间，脑的发育则最早、最快。2 个月的胎儿，头部就是身高的一半。新生儿的头围和胸围一样大。长到 9 个月时，脑重比出生时增长 1 倍，达到 900 克。3 岁时为 1000 克。6 岁为 1280 克，已接近成人的水平，脑的发育基本成熟。

美国麻省理工学院的教授们通过研究提出这样一个理论，人的记忆能力如果获得充分发展，而且一生好学不倦的话，那么，人人都能记住美国国会图书馆内 1000 万册图书的知识的 50 倍。

以上这些数字相当惊人，说明人的潜能巨大，而潜能的开发存在着很短的关键期。如果在关键期内得不到开发，人的潜能就会被浪费掉。据科学研究，一般人大脑的潜能只发挥了 10% 左右，90% 的潜能浪费掉了。就是大名鼎鼎的科学家爱因斯坦也只开发了大脑潜能的 17%，大部分浪费掉了。而日本教育家多湖辉则认为，人们正常使用的智能和才华，仅为人脑资源的 0.1%。

人的大脑是人体最宝贵、最重要的器官，也是人类成为万物之灵长的依靠。人的其他器官远不如动物，在空中不如鸟，在水里不如鱼，力气没有牛、象大，跑步不如马和鹿，嗅觉只有狗的百万分之一，视觉不如鹰和猫等，只有人的大脑远远比其他动物发达，人的大脑具有巨大的潜力。

四、关键期教育例证

（一）天鹅的母亲印刻期

奥地利动物学家在 1935 年观察小灰天鹅破壳出生时，发现了这样一种奇怪的现象：小天鹅从蛋壳里爬出来，首先看见什么动物就把什么动物当妈妈。最初看见老天鹅，就喜欢老天鹅；最初看见母鸡，就跟着母鸡走；最初只有劳伦茨在，小天鹅就把劳伦茨当妈妈。劳伦茨走到哪里，身后总是跟着一群摇摇摆摆的小天鹅。因此，人们给劳伦茨起了一个绰号——长胡子的鹅妈妈。

劳伦茨继续做实验，小天鹅出生后不让它接触任何动物。结果两

个星期以后，小天鹅再也不要妈妈了，失去了"认母"能力。劳伦茨将这种现象称为"母亲印刻期"，相当于人的"关键期"，错过这个时期就再也不能印刻，也不能弥补。

因这个发现，1965年劳伦茨获得诺贝尔奖。

后来，人们进一步研究发现，印刻期是存在的。如小鸡的认母期是5天，小狗学会挖洞期是7天等等。

(二)"盲猫"实验

美国科学家休贝尔做了一项"盲猫"实验，他把出生4周的猫眼缝合起来，一周后拆线，结果猫的视力全部丧失。在电子显微镜下进行视察，猫的视神经萎缩。而对5周以上的猫进行同样的实验，不会造成猫的视力丧失。5周为猫的关键期。

因为这个实验，休贝尔也荣获了诺贝尔奖。

(三)印度狼孩

1920年，在印度加尔各答山区，人们发现一群狼，狼群里有两个人，披头散发，赤身裸体，跟随狼群奔跑和生活。当地人很害怕，以为是妖魔。有个叫辛格的美国传教士去探险，追踪这群狼，用武力驱赶了老狼，救出了那两个女孩，送到了一所孤儿院。当时，大女孩约8岁，取名卡玛拉，小女孩约3岁，取名阿玛拉。

狼孩对人很恐惧，人的一切心理现象全被埋没，一切都是狼性。她们没有人的羞耻感，不肯穿衣服，强行穿上，就用手撕碎；不吃熟食，专吃生肉，腐烂的肉也吃，喝牛奶必须泼在地上，用嘴舔；不肯睡床，不盖被子，不怕冷；白天睡觉，晚上活动，半夜里爬到户外嗥叫；不会站立，用四肢走路；不会说话，连人的声音也不会发，不会笑(笑是人类特有的心理现象，一切动物都不会笑)。

专家对狼孩进行精心教育，阿玛拉不久就学会说话。可惜一年后病逝。卡玛拉活到17岁，虽然经过调教，使其去掉了一些狼的习性，逐渐学会了适应人的社会生活如穿衣、直立行走，知道了一些简单的数字和50个左右词汇，能讲一些简单的话，但经过智力测验，卡玛拉17岁时的智力水平只相当于3岁半的儿童，而且她的智力永远不可能达到正常的同龄人的水平。这完全是由于她在脑生长发育的关键期失去了人类生活的环境,没有受到任何早期教育,她身上人类的潜能被埋没,几乎不能弥补。

(四)辽宁猪孩

1983年,在辽宁省台安县发现了"猪孩"王显凤。当时,中国医科大学心理学教研室、少儿卫生教研室、基础儿科教研室组成9人专家前往考察。找到王显凤时,她正在猪圈里,蓬头散发,穿一条尿湿的短裤,满身污垢,臭气难闻,四肢着地。

王显凤的母亲有智力缺陷,后父不喜欢王显凤,又加之家庭贫困。因此,王显凤从小就经常爬进猪圈,跟小猪一起吃猪奶,与小猪在槽中抢食,在一起睡觉。她接受了人和猪的双重影响。到发现她时,已经8岁,不会穿衣,说不清话,不知颜色、大小、多少。

专家组将王显凤推荐给鞍山市科委进行重点研究和教养,她的"猪习"难改。在电视上一看到猪就兴奋,学猪叫;经常偷着啃青草、野菜,一不留意就偷跑到猪圈里去抱着老母猪玩。后来,科研人员把她严格管制起来,不让她看到和想到猪的生活。但她经常半夜醒来学猪的动作。仅1984年9月28日夜间醒来后80分钟内,她就像猪哼哼了114次,吧嗒嘴巴96次,在墙上蹭痒5次。

后来,把她送进幼儿园弱智班,用各种方法进行训练,到12岁时,生活还不能完全自理。这又是一个错过关键期、埋没人的潜能的悲剧。

(五)白鼠实验

科学家把刚生下的同一窝、同样重的小白鼠分成两组:第一组住在一个大房间里,里面光线充足,音响丰富,设有滚筒、滑梯等各种玩具,小白鼠可以自由追逐玩耍;第二组小白鼠,每一只关在一个小笼子里,没有光线,没有声音,没有伙伴,没有玩具。这两组小白鼠吃的是同样的高级营养品。19天后,对它们进行测试,结果"智力"相差很大。第一组小白鼠机敏灵活,放入迷宫后,很快就走了出来,人抓不住它们;第二组小白鼠则笨头笨脑,从迷宫中走不出来,人去抓它们,也不知逃跑。

科学家对这两组小白鼠的大脑进行了解剖,发现第一组小白鼠的脑体积大,分量重,神经元长得饱满,成分齐全,神经纤维多,属于正常发育;第二组小白鼠的脑呈萎缩状态,体积小,分量轻,神经元成分不

全,神经纤维几乎不长。

(六)脑细胞移植实验

瑞典的希丁教授和兰盖教授用显微镜观察发现,关键期学习能使脑细胞变复杂,并增加了细胞内记忆分子的核糖核酸。出生后马上训练其走钢丝的老鼠与未受过训练的老鼠的脑细胞存在质的差异。把受过训练的老鼠的一部分脑细胞移植到未受过训练的老鼠脑内,结果未受训练的老鼠也能熟练的走钢丝。

由此,希丁和兰盖指出:"如果在幼儿时期进行强化训练,以此来刺激脑细胞活动的话,记忆分子的核糖核酸就会增加,就能培养出脑细胞质量高、头脑聪明的人来。"

(七)卡尔·威特例证

卡尔·威特是德国牧师、著名教育专家。在一个探讨教育问题的学会上他提出:"对孩子来说,最重要的是教育而不是天赋。孩子成为天才还是庸才,不是决定于天赋的多少,而是决定于孩子出生后到五六岁时的教育。"卡尔·威特遭到学会其他人的攻击。卡尔·威特说:"你们有十三四个人,我只有一个人,辩不过你们,所以与其和你们辩论,不如拿出证据来。只要上帝赐给我一个孩子,且你们都认为他不是白痴,我就一定把他培养成非凡的人。"一场"打赌"开始了。

但是,卡尔·威特的儿子小卡尔·威特一生下来就"四肢抽搐,呼吸急促",是明显的"先天不足"。在婴儿时期,反应相当迟钝,显得痴呆。反对卡尔·威特观点的人都等着看他的好戏,说:"这次看你的本事了!"卡尔·威特曾悲伤地说:"因为什么罪孽,上天给我一个这样的傻孩子呢?"卡尔·威特的妻子也劝卡尔·威特:"这样的孩子怎样教育也不会有出息,一定白费力气!"然而,卡尔·威特没有放弃,踏踏实实地实行自己的培养计划。很快,他的"傻"儿子就有了非凡的表现,3岁半能认字,6岁开始学外语,9岁能自由运用德语、法语、意大利语、拉丁语、英语和希腊语,9岁获得莱比锡大学的入学证明书,14岁获得博士学位。

总之,根据科学研究的成果,我们可以得出这样的结论:在人的生长过程中,无论是身体的发育、智力的开发,还是品德的形成,都存在着一个关键期。关键期的教育将影响甚至决定着人的一生,它不但促进脑功能发达、开发人类的巨大潜能,而且对人的性格、习惯和人生观的形成起着关键作用。关键期机不可失,失不再来,关键期教育刻不容缓。

各种关键期

关于关键期的具体时间,目前没有统一确定的标准,有的认为 0~5 岁,有的则说是 0~8 岁,更多的意见倾向于 0~6 岁。根据人脑的发育情况和家庭教育的实际情况,笔者主张 6 岁为关键期的终点,但起点不是 0 岁,而应提前到卵子受精之日,我们可以称作"绝对 0 岁"或"-9个月"。因为一个人的听力发育从受孕后不久就开始,胎儿的神经系统从 1 个月就开始形成,胎儿的心理功能与生理功能同步发育,其速度非常惊人。而且事实也证明,胎教对于一个人的身心健康有重要作用。

这里需指出的是,虽然对关键期的确切起止时间没有明确的界定,事实上也不可能明确界定到哪一天,但是,有一点可以确定,一个人从出生前后一直到七八岁是实施教育的关键期。因此,必须抓好早期教育。当然,关键期截止到 6 岁,这是相对的,从总体上讲的,具体到每一种关键期,各不相同。智商发展关键期就长一些,到 10 岁;细节关键期则短一些,到 4 岁。再者,过了关键期之后,并不是说孩子的智力、性格等就不再发展变化了,只是其可塑性变小,较难训练和培养。

一个人具有很多方面的能力,这些能力发展的关键期有早有晚。下面分类作一介绍,仅供参考。

一、听力发育关键期(受孕~25 周)

受孕后 2~3 个月是螺旋器发育的关键期。因此,做好孕妇保健,防止感染,避免 X 线、烟酒等有害因素,是保证孩子听力的重要举措。

二、运动关键期(0~6 岁)

在这段时间内,儿童喜欢活动而且动作逐渐完美,这为以后的智力

发展奠定了基础。如果能在这一时期完全熟悉某一动作，不仅对身体、对精神的正常发展有所帮助，甚至对儿童的人格形成也有影响。反之，如果这一时期缺乏运动，会导致儿童对运动缺乏自信，动作缺乏协调性和精神上的不满足。

开始喜欢爬，继而喜欢行走，然后用手和身体做各种较为复杂的动作。2 岁的孩子已经会走路，是最活泼好动的时期。应该让孩子充分运动，使其肢体动作正确、熟练，帮助左、右脑均衡发展。要注重手眼协调的细微动作教育。

三、心理发展的第一个关键期(0~1 岁)

当 1 岁以内的婴儿处在充满爱心和有丰富刺激物品环境时，特别是孩子自发的探索行为得到父母的及时鼓励时，会大大促进孩子对环境的积极探索和心智发展。孩子虽然不会说话，但却心里有数，他们的微笑、啼哭、喊叫就是他们的求知欲和与大人交流的表现。因此，要精心呵护孩子，多关注他们的愿望，揣摩他们的心思，多和他们说话，给他们创造丰富刺激物。对孩子的任何表示，都要报以及时的反应。

四、口头语言关键期(0~8 岁)

尤其是 2 岁左右，孩子学说话的积极性最高。可用各种言语、声音和动作刺激孩子。开始，给孩子穿衣、喂食时，用简单语言同孩子说话。后来，与孩子一起谈论看到的、听到的事，互相讲故事等。

学习语言对成人来说是件困难的工作，但幼儿能很容易学会母语。儿童先是对人的声音感兴趣，在感受声音的基础上对词和语言的复杂结构产生兴趣，然后有意识地吸收。

五、感官关键期(0~6 岁)

孩子从出生时起，就会利用听觉、视觉、味觉和触觉等感官来熟悉环境，了解事物，其中在 2~2.5 岁达到高峰，表现非常明显。3 岁以前，透过潜意识的"吸收性心智"吸收周围事物，3~6 岁则能具体分析判断周围事物。在关键期内，儿童可以毫不费力地学习几何形体，辨别颜色、方向和声音的高低以及字母的形体，这些均为以后更高层次的智力发展奠定了基础。

其中,视力发育的关键期为 1～3 岁。

父母可以在生活中随机引导孩子运用五官感受事物,刺激感官发育。

六、细节关键期(0～4 岁)

忙碌的大人常常忽略周围的微小事物,但孩子却常能捕捉到个中奥秘。儿童的心理个性跟成人是完全不同的。一个全神贯注于细枝末节的儿童必然带着一定程度的轻蔑看待成人。在他们看来,成人很不精确。如果孩子对泥土里的小昆虫或衣服上的细小图案产生兴趣,那么,正是培养孩子具有缜密习性的好时机。这个时期,孩子整天问这问那,问题特别多,大人对这种现象千万不能置之不理,更不能不耐烦或训斥孩子,而应该利用这个关键期进行积极引导,培养孩子探索精神。

七、绘画关键期(0～4 岁)

一般情况下,0～4 岁是儿童形状知觉能力发展的关键期,4 岁左右已达到图形知觉的关键期。

2 个月的婴儿一般能把视线集中到某一物件上,但只是能"看到",而不是"认出"。3～4 个月时,还不能区分熟人与生人。5～6 个月时,才有"再认"能力。

培养孩子的绘画能力,可先让孩子分辨颜色,看不同颜色的物体,进而看不同颜色的图片,也可以让幼儿认识简单的汉字。

八、音乐关键期(0～6 岁)

2～3 周的婴儿,已能对声音作出各种不同的反应;2～3 个月时,能安静地倾听音乐声和说话声;3～4 个月时,听到声音头就会转向发声的一侧,视觉和听觉开始建立联系;5 个月时,能辨别母亲的声音;1 岁时,对声音着迷,爱听音乐;3 岁左右,能分辨出熟悉的歌是否唱走了调;3～5 岁左右,是孩子音乐智能发展最关键的时期。

音乐可促使右脑的活跃,形象思维的发展,创造潜能的开发。长期受音乐感染和熏陶的儿童会心平气和,情绪稳定,思想活跃,兴趣广泛,注意力集中。应长期给胎儿和婴幼儿播放美妙的音乐。

九、智商发展关键期(0～10岁)

孩子出生以后,大脑发育相当快,2岁时大脑皮质活动程度基本接近成年人的水平,4岁时达到成年人的2倍并持续到10岁,以后随着年龄的增长而减弱。因此,应抓住这个关键期,进行科学教育,以强化大脑中的"联络网点",提高孩子的智能。

十、数的概念关键期(9个月～6岁)

孩子出生后9个月,开始分辨大小、多少。4～5岁,是培养孩子数的概念的最佳时机。

2～7岁的儿童,还不能进行逻辑思维运算,被称为"前运算期"。这一时期儿童心理的一个显著特点是自我中心化现象,即处于"我向思维"(0～2岁)与"社会化思维"之间的"自我中心化思维",其在认知、言语、情感和社会性发展等方面的诸多特点都与这个现象有关。

十一、秩序关键期(2～4岁)

幼儿的秩序敏感力常表现在对顺序性、生活习惯和所有物的要求上。当孩子从环境里逐步建立起内在秩序时,智能也因而逐步建构。儿童具有两重秩序感:一种是外部的,从属于儿童对他本身与周围环境的关系的感知;另一种是内部的,儿童意识到自己身体的不同部分及其相对位置。如果儿童发现物品的放置破坏了原有的秩序,就会变得焦躁不安,发脾气。因此,儿童的每件物品都要有固定位置。

十二、生活规范关键期(2.5～6岁)

这一时期,儿童不仅对外界的感觉印象有所关心,而且对自己的行动也开始注意如优雅用餐、步行坐姿等。儿童开始萌发社会性意识,结交朋友,组织团体,学习待人接物等礼仪方面的知识。

这时,应给孩子建立明确的生活规范和日常礼仪。3岁左右,是儿童行为习惯形成的最佳时期。

十三、性格形成关键期(3～6岁)

得到爱和悉心照料的儿童会形成稳定的性格。

十四、注意力开发关键期(3～6岁)

注意力是人最重要的心理素质之一,注意力水平的高低,直接影响着人的智力发展和对知识的吸收。这个时期,应针对孩子的日常生活培养其注意力。

十五、书写和阅读的关键期(3.5～5.5岁)

这一时期,儿童开始对几何图形、立体图形表现出强烈的兴趣,并且出现"书写爆发"现象,很喜欢写和画,不久便对计数、大小比较等感兴趣。

书写和阅读能力是同步发展的。

儿童的书写和阅读能力虽然发展较迟,但如果儿童在语言、感官、肢体动作等关键期内得到了充足的学习,其书写和阅读能力便会自然产生。

十六、文化关键期(6～9岁)

儿童对文化学习的兴趣,萌芽于3岁,到了6～9岁则出现想探究事物的强烈需求。这时期孩子的心智就像一块肥沃的田地,准备接受大量的文化播种,成人可给孩子提供丰富的文化信息。

十七、身高关键期(女:8～15岁,男:11～17岁)

此时期在为孩子安排食谱时应突出富含钙质、维生素D及蛋白质的食物,保证孩子睡眠时间,指导孩子多进行体育活动。

胎教

一、胎儿的心理功能发育情况

胎儿是宇宙间最具生命力的精灵。胎教有着神奇、微妙的作用,是造就高智慧大脑的胚芽并使其苗壮成长的第一推动力。

1982 年,日本教育家井深大访问委内瑞拉首都加拉加斯国立产院时,发现产院让刚出生 1 天的婴儿躺在中间,母亲和护士分别坐在床的两侧,两人同时向婴儿搭话,结果每次搭话时婴儿都把头慢慢转向母亲一侧。井深大又仔细观察了若干婴儿,结果都一样,婴儿们都把头转向母亲一侧。井深大要求母亲小声而护士大声呼唤,结果婴儿的头仍然转向母亲一侧。这说明,胎儿就具有记忆力。

2007 年 2 月 4 日立春这一天,中央电视台举办了一个大型的公益节目《春暖 2007》。下午,直播了云南省玉龙县一家产院一个婴儿出生的过程。中央电视台是从关注母婴健康的角度进行宣传的,笔者则意外地求证了婴儿惊人的能力。

这个新出生的婴儿叫"立春"。他出生后,医护人员给他查体称重测量身长,女主持人让他睁开眼睛看看周围的人,他根本不理睬,一直闭着眼。但当抱着他让他亲亲妈妈时,他却睁开了一只眼。离开妈妈后,又闭上了眼。当时,女主持人还十分惊奇。其实,这就是胎儿具有记忆力、嗅觉力、感应力的表现。

胎儿的心理功能和生理功能同步发育:

1 个月,神经系统开始形成。

2 个月,大脑皮层开始出现。有触觉、痛痒。出现类似游泳的运动。

3 个月,嘴碰到手和脐带会吮吸。

4 个月,逐步出现逃避反射、防御反射、吮吸反射和刺激性呼吸反射,能听到子宫外的声音。母亲猛饮凉开水,胎儿会猛烈蹬踢。用一闪一灭的光照射孕妇腹部,胎儿心博会起剧烈变化。

5 个月,出现最初的记忆,反复听到母亲的声音会产生安全感,能相当熟练地吮吸手指。肾功能开始发达,能在羊水中小便。

6 个月,开始嗅到母亲的气味,并保存在记忆中。能听到周围的声音。

7 个月,脑已出现复杂结构,神经元数目接近成人。视觉开始发育,具有思维、感觉和记忆功能。听到外界声音时会有喜欢或讨厌感。

8 个月,能听出声调的强弱与高低,区别声音的种类。味觉已发达,有睡觉与清醒的区别,有开心与不开心的区别。

9 个月,有复杂而齐备的脏器和生理功能,有灵敏的听觉、视觉、嗅觉、味觉和触觉。

二、间接胎教

胎教,是从怀孕开始,控制母体内外环境,免除不良刺激对胚胎和胎儿的影响,提供优良刺激,促进胎儿身心健康发育,以利于出生后健康成长,获得全面和充分发展。

胎教可分为间接胎教和直接胎教。

间接胎教是指给胎儿创造生长发育的良好环境,避开不良刺激,使母子有丰富优良的物质精神生活,以促进胎儿身心健康发育。主要包括三个方面:

(一)营养胎教

孕妇食品要多样,营养要全面,饮食有规律,进食要适量。食物的多样性很重要,要五谷杂粮都吃,包括谷类粮食、豆制品、蔬菜、水果、鱼、肉、蛋、海带、虾皮、花生、核桃、胡萝卜和乳类等都要吃。注意少吃盐、油炸食品、刺激性食品和罐头等加工食品。要少吃多餐。

(二)情绪胎教

孕妇要充满幸福感,憧憬美好的未来,创造清新的环境,忘掉烦恼和忧虑,生活有规律,多听优美的音乐,欣赏大自然的美景和高雅的美术作品,甚至常看健康美丽的儿童像等等。

丈夫对怀孕的妻子更应温存和体贴,多带给妻子快乐和幸福。

(三)避免不良刺激

孕妇要注意身体健康,禁忌烟酒,慎服药物,避免放射线照射,不长期接触电脑和污染食品,不洗过热的水浴,不听噪音,不抹口红等。

三、直接胎教

直接胎教指用适当的外部信息,直接作用于胎儿,使其兴奋,从而促进胎儿的良性发育。

(一)音乐胎教

经常让胎儿欣赏优美动听的音乐,但不要播放节奏太快、类似噪音的曲子。

(二)语言胎教

父母要经常跟胎儿进行语言交流,特别是父亲可贴近胎儿母亲的腹部与胎儿进行亲切交谈,当然时间不能太长。也可让胎儿听播音员播音。

(三)运动胎教

孕妇卧床休息,全身放松,用手指在腹部有胎动的地方轻轻按下,抬起,再按下,再抬起。这样每天轻按数次。时间一长,胎儿就会做出反应。在怀孕六七个月,能摸出胎儿的头和背的情况下,可轻轻推动胎儿在子宫中"散步"。孕妇还可以做孕妇操,进行适当锻炼,以带动胎儿运动。这里要注意,用力和动作幅度都不宜过大。

四、斯瑟蒂克胎教法

《斯瑟蒂克胎教法》的作者是一对夫妻,妻子叫实子·斯瑟蒂克,是日本人,丈夫是美国人,他们用这种胎教方法培养了 4 个"神童"女儿。大女儿 11 岁成为大学预科生,二女儿 9 岁读高中一年级,三女儿 7 岁读初中二年级,小女儿 4 岁在家学习小学高年级课程。他们的主要做法是:

◆实子每天用柔和的声音给胎儿唱快乐的歌,让生活充满优美音乐声。

◆时刻记住胎儿的存在,经常与胎儿对话。

◆给胎儿讲画册,讲故事,外出散步时多看、多听、多想。

◆胎儿 5 个月以后,用闪光卡教语言文字、算术和图例,讲勇气、正义和友情,讲周围的各种事物,传授有关人类、自然、社会的知识等等。

感官训练

关键期教育(又称早期教育)涉及的内容很多,既有智力品质,又有非智力品质。教什么,怎样教,是每一位长亲都关心的问题。从本节开始,对几个主要的方面作一介绍。

每个人都有五官,包括视觉器官眼睛、听觉器官耳朵、嗅觉器官鼻子、味觉器官嘴和舌头、触觉(肤觉)器官皮肤和肌肉。五官是人类智力发展的主要源泉。同时,五官具有"用进废退"的规律,生命初期的器官尤其如此。前面叙述的"盲猫"实验就充分证明了这一点。因此,关键期教育的首要任务也是基础任务,是对婴幼儿的五官进行训练。

一、听觉训练

孩子的听觉发育很早,在怀孕不久就开始了。孩子出生7天以后,听觉敏感度就比较高了。训练孩子的听觉,可以从音乐开始。在胎教的基础上,选择健康优美的轻音乐,让孩子听。多和孩子说话,给孩子唱儿歌,读韵律优美的古典诗词。牛津大学的研究表明,新生儿对频率较高的女声比对频率较低的男声做出的反应要好,因此,母亲要更多地与孩子说话。说话时,最好让孩子看着母亲的脸,一开始说的单词不宜太多,这样有利于孩子学习。

要充分利用玩具和身边的实物,学学小猫、小狗叫,让孩子听听拍手、关门等声音。

对新生儿进行听觉训练,不宜时间过长,一般以每次10分钟左右为宜。同时,注意不要惊吓着孩子,声音不要太大。

二、视觉训练

在人的五官中,视觉器官是最重要的。一个正常的人通过各种器官获得的信息中,95%以上是通过眼睛获得的。因此,视觉能力的开发应放在关键期教育的首位。

婴儿一出生就具有一定的视力,只不过视距较近,一般在30厘米

左右,属于"新生婴儿近视期"。对婴儿的视觉训练,可在婴儿出生3个星期后进行。要让孩子住在光线好的房间里,在孩子房间挂一些彩色的气球、小灯笼、能发出悦耳声音的彩色旋转玩具等,让孩子多看多听。悬挂高度以距离孩子眼睛30厘米左右为宜,以后可以逐渐提高。让孩子多看一些色彩鲜艳(最好是红色)的玩具和对比明显的图案,多看看长亲的脸。据研究,人脸对婴儿的吸引力远远大于玩具的吸引力。要让孩子多看看五光十色的大千世界和远近不同的物体。

1岁半左右开始训练认颜色、辨形体,认识的颜色和图形越多越好。到了3岁,就可以进行辨色游戏和辨认几何形体的游戏了。

对婴儿,可以进行追踪视觉的训练。让孩子躺在床上,父母手持玩具,在孩子眼前40厘米左右的地方来回晃动。玩具最好颜色鲜艳,带有声音。当孩子的视线集中在玩具上时,慢慢左右移动玩具,让孩子追视玩具。父母也可用自己的脸引起孩子的注视,然后把脸左右移动,或者环形移动,使孩子的眼光跟随移动。这样,不但可以锻炼孩子的视力集中能力和协调能力,而且锻炼孩子眼球的灵活性和颈部的活动能力。

需要注意的是,追踪视觉训练的时间不能长,一般每次1～2分钟。同时,要防止强光刺激婴儿的眼睛。

当前,有一个问题必须引起长亲的高度重视,这就是电视、电脑对孩子眼睛的危害。中小学生近视率之所以那么高,电视、电脑是罪魁祸首。在关键期,一定要让孩子远离电脑,严格控制孩子看电视的时间和内容。这不仅保护了孩子"心灵的窗户",而且对于培养孩子的控制力、养成良好的习惯大有裨益。

三、味觉训练

婴儿出生后不久就有了良好的味觉,能够辨别不同的味道。要让婴儿尝尝酸、甜、苦、辣、咸各种味道。可以用筷子蘸点各种各样的菜汤让孩子尝尝,促使其味觉丰富而灵敏,将来食欲强,不偏食。

注意:不要给孩子吃口味重的食品和饮料。

四、嗅觉训练

英国一位学者做了一个实验,证明婴儿出生6天以后嗅觉就比较敏感,能够闻出母亲的气味。但是,人的嗅觉是最迟钝的,这既与自然退化有关,也与早期训练不足有关。

我们应让孩子闻各种气味包括香的、臭的、霉的,除了毒气以外,都要适当闻闻。在孩子稍大一点后,可以做这样的游戏:让孩子闭上眼睛,只闻气味,说出这种物品的名称。

五、触觉训练

训练双手最重要。"手巧"才能"心灵","眼过百遍不如手做一遍"。在大脑中,支配手部动作的神经细胞有 20 万个,而负责躯干的神经细胞只有 5 万个,可见手对于大脑发育的重要性。苏联著名的教育家苏霍姆林斯基说过:"儿童的智慧在手指头上。"

◆让孩子玩结构游戏,如积木、插塑、橡皮泥、沙石、冰雪等,一开始,经常逗孩子抓握物品,逐渐地让孩子拍球,撕废纸,找一些不用的瓶子让孩子配盖等。

◆指导孩子做手工,如折纸、剪贴。2 岁半的孩子从简单的一步折纸学起,3 岁时可学 2～3 步折纸,3 岁以后可在大人的指导和看护下学用剪刀。让男孩做枪炮、车、飞机等,让女孩做花、洋娃娃等。

◆让孩子学会自理,如整理玩具、打扫房间、洗小物品、自己倒水喝等。

◆使用筷子。筷子被外国人誉为"东方的文明",是中华民族的国粹。用筷子夹食物,牵涉到肩部、胳膊、手掌、手指等 30 多个大小关节和 50 多条肌肉,能够健脑益智。因此,应在孩子 2～3 岁时就让他学习使用筷子。

◆打算盘。打算盘,不但可以锻炼手的灵活性,激发大脑发育,而且可以培养数学能力,启发逻辑思维,一举多得。算盘不能丢。计算机再发达,也要让孩子学习打算盘,不过这时的算盘不再是计算工具,而成为开发潜能的工具。

对孩子进行触觉训练,除了训练双手外,还有一项重要内容,就是训练皮肤感觉,主要是抚摸。抚摸不但能够刺激孩子的淋巴系统,增强抵抗疾病的能力,改善消化系统,培养良好情绪,而且能够增进亲子间的关系。因此,长亲要经常抚摸新生儿的皮肤,经常搂抱孩子,喂奶和换尿布时要感情充沛地望着孩子,亲切地与孩子交谈,每天都要亲亲孩子。对孩子来讲,亲吻或许是最好的奖励。

抚摸孩子时,要注意卫生,还要防止过度溺爱孩子。抚摸时,还可以放一些旋律优美的音乐。

另外,还要对孩子的体力和运动技巧进行训练。"三翻六坐八来爬,一岁会走叫妈妈。"3个月开始训练孩子翻身,6个月开始扶着孩子练习坐,8个月训练爬。现在有些孩子不会爬,这不好,要让孩子学习爬。有条件的家庭,在孩子1岁半以后,可以训练孩子游泳、走平衡、滑冰等。对游泳的训练,可以提前到2个月。

六、新生儿快乐体操

第一上肢运动。孩子平躺床上,父母的两只手握住孩子的两只小手,上、下、左、右伸展孩子的上肢。

第二下肢运动。父母用两只手握住孩子的两条腿,往上弯,使膝关节弯曲,然后拉着脚往上提,伸直。

第三胸部运动。父母将右手放在孩子的腰下边,轻轻向上抬,托起孩子的腰部,孩子胸就会跟着运动。

第四腰部运动。把孩子的左腿抬起来,放在右腿上,让孩子扭一扭,腰部跟着动。然后再把右腿放在左腿上,做同样运动。

第五颈部运动。让孩子趴下,孩子就会抬起头来。颈部就得到了锻炼。

第六臀部运动。让孩子趴下,父母用手抬起孩子的小脚丫,臀部就会运动。

这套体操在孩子出生半个月后就可以开始做。要注意循序渐进,动作幅度不要大,用力要轻柔,1～3天做1次。

语言能力开发

一、听觉语言训练

语言分为口头语言和书面语言,与此相对应,语言训练分为听觉语言训练和视觉语言训练。其中,听觉语言训练早于视觉语言训练,也是语言训练的主要内容。

孩子的语言发育始于胎儿。出生以后,正常的语言发育经过以下几个阶段:

一是学习语言的预备期,0～1 岁。孩子自发发出各种声音,倾听成人语言,感受语言,咿呀学语。

二是语言发育的第一期,1～1.5 岁,又称为"回音期"。孩子的语言特点是说单字句,复述成人的话。

三是语言发育第二期,1.5～2 岁,又称为"称呼期"。孩子开始知道"物各有名",能用正规语言称呼物品。

四是语言发育第三期,2～2.5 岁。会用代词,开始接受语法习惯。

五是语言发育第四期,2.5～3 岁,又称为"好问期"。喜欢提问,会用复杂句。

六是语言完备期,3～6 岁。说话流利,会用一切词类,已具有把自己的想法用语言表达出来的能力。

培养孩子的口语能力,要从 0 岁开始。

第一,与孩子一起活动的时候,要与他面对面、简短而清晰地说话,看到什么就说什么,做什么事就讲什么话,如:"宝宝,吃奶了。""我们来做操,好吗?""看,金鱼在游泳。"说话时应带表情,伴随手势,让孩子看到大人说话的口形。

第二,从 3 个月开始,多逗孩子快乐地发音,发什么音都好。逐渐逗孩子学狗叫、猫叫、青蛙叫、汽车叫和火车叫等。

第三,10 个月左右正式说话。先说单词句(一个词表示一句话的意思),然后是电报句(几个不连贯的词表示一句话的意思),再发展到完整短句和较长的句子。要鼓励引导孩子说话,如果孩子只用手势表示意思,要鼓励孩子说出来。

第四,坚持经常与孩子一起听、读、背一些儿歌、谜语、古诗和绕口令等,多讲多读一些故事。也可以给孩子放录音磁带,或听儿童广播节目。

第五,语言要规范。不说"吃糖糖"之类的儿语,要说规范完整的语言。如果孩子开始学习语言时学的是不完整的语言,那就要学两套词汇,这不仅是一种浪费,而且孩子长大后还要承受发音不正确的苦恼。因此,我们要坚持说完整的句子,即使孩子对有些话还不能完全理解。

当然，一开始最好用简单而夸大的短句子，避免使用复杂的长句子。发音时，咬字清楚，语音规范，最好用普通话。如果父母普通话说不好，可让孩子多听广播里的普通话节目。

第六，善于诱导孩子说话。长亲要拥有一颗童心，与孩子结交朋友，耐心回答孩子的问题，经常变换新鲜的话题。不要代替孩子回答问题，对孩子说话过程中出现的错误，不要挖苦嘲笑，而要耐心更正。要允许孩子争辩。

二、识字

对视觉语言的训练（即识字）也要尽早进行，有的专家建议从孩子会坐的时候就开始。

汉字是象形文字，是世界上最优秀的文字之一，具有音、形、义三方面的特点，是"有声图画"，在开发大脑方面，比单纯的拼音文字优越，不但可以开发左脑，而且可以开发右脑，而拼音文字只开发左脑。所以，英国心理学家认为，欧美国家的孩子平均智商为 100，日本孩子为 111，其中重要原因是日本孩子学习母语时学习近两千个汉字。

学习汉字，不但能发展孩子的注意力、记忆力和观察力，而且能发展孩子的思维能力、想象力，促进语言能力的发展。

关键期阶段的识字即幼儿识字与小学生识字有明显区别。小学生识字是义务教育的一部分，按照严格的教学计划进行，主要任务是达到识字数量和要求，而幼儿识字的灵活性很强，主要任务是培养孩子的学习兴趣和习惯，开发大脑潜能。小学生识字是正规化课堂教学，有固定的模式，幼儿识字则从婴幼儿"形成敏感""印象记忆""情境领悟"和"本能模仿"等认识特点出发，采用"环境濡染""生活渗透"和"游戏活动"识字法，教在有心，学在无意，玩中有学，学中有玩。

幼儿识字每天时间不能太长，以 10 分钟左右为宜，要防止片面追求识字的数量。要防止机械呆板地教幼儿识字，甚至强迫幼儿识字而导致幼儿厌烦识字，要想方设法把识字变成幼儿的乐趣。

三、学习外语

我们说 0～8 岁是学习口头语言的关键期，这不仅是学习母语的关键期，也是学习外语的关键期。

美国康乃尔大学的研究发现,大脑中负责学习语言的部位是"布洛卡区",幼年时期非常发达,随着年龄的增长该区域的灵敏性下降。而且,幼儿学习外语储存在"布洛卡区",与母语相同,而成人学习外语只能在大脑的另一部位重新建立记忆结构,使用时需与"布洛卡区"建立联系。因此,成人学外语的速度远没有幼儿迅速,而且无法以一种完整的形式吸收外语。

幼儿学外语不会与母语相混,幼儿会区别细微的差别。只有从婴幼儿时期学习外语,才能学到地道的外语。

在日本,有一个叫永田益夫的人,他让自己的儿子和女儿从小就通过收音机学习英、西、意、法、德五国语言,结果他们很小就能用这5国语言会话。这在日本曾轰动一时。永田益夫说:"孩子们仍能分辨得很清楚。"而且孩子们的身心健康没有受到任何影响。

教婴幼儿学外语有以下三种模式,长亲可根据自身情况确定采用哪一种模式。

(一)全情境教学法

就是像教母语那样教孩子说外语。使用这种方法的前提是,长亲中起码有一人有很高的外语水平。在教孩子说外语过程中,固定一个与孩子完全说外语,其他人则说汉语。

(二)半情境教学法

就是在母语的辅助下学习外语。前提是长亲有一定的外语素养,但不很熟练。会外语的长亲可以经常教孩子说一些常用的外语单词和会话。

(三)共学诱导法

长亲与孩子一起学习外语,激发孩子学习外语的兴趣。在这种情况下,长亲完全不懂外语。采用这种方法,主要是与孩子一起收听收看外语节目。

学习外语,最好与学习母语同时进行。学得越早越省劲,越有效越纯正。

这里专门介绍一下德国教育家卡尔·威特教儿子小卡尔·威特学

习母语、外语的方法。

在儿子小卡尔·威特刚学会辨别事物时,父亲老卡尔·威特就开始教他说话。父亲拿各种东西给他看,同时用缓和而清晰的语调重复东西的名称。儿子稍大一点,父亲就抱着他认识饭桌上的食品、餐具、身体各个部位、院子里的草木等,非常巧妙地让儿子每天练习生活中接触到的词汇。在儿子能听懂大人说话时,父亲就天天给他讲故事,而且讲完之后让儿子复述,以此达到讲故事的最佳效果。在儿子3岁半时,父亲就开始教他认识字,但从不强迫,而是给儿子买一些有趣的画册和小人书,让儿子看或念给他听,并且告诉儿子只要认识字,他自己可以读懂书,从而激发他识字的愿望。再大一点,就用游戏的方式教他识字母。这样,在儿子6岁的时候,他就毫不费力地掌握了1万多个词汇。每当儿子发音准确时,父亲就会亲切地摸他的脑袋表扬道:"说得很好,继续努力!"

在学习母语德语的基础上,父亲教儿子学习外语。父亲的方法是用各种不同的语言去读同一个故事,而不是系统地讲授语法,学外语就像学母语一样,在生活中学。这样,6岁的儿子仅用1年就学会法语,又用6个月学会了意大利语。后来,用9个月学会了拉丁语,6个月学会了希腊语,3个月学会了英语。到小卡尔·威特8岁时,就能自如地运用德语、法语、英语、拉丁语、意大利语和希腊语等六种语言。

数学能力开发

数学能力是关于推理运算的逻辑能力,是人类智力结构中最重要的基础能力之一,不但高科技领域离不开数学,而且日常生活中也不能离开数学。数学能极大地提高人的抽象思维能力和空间想象能力,培养好奇、专注、爱钻研的性格。华罗庚说过:"数学对人的智力发展有着极其重要的意义。"中国卫生部护理中心曾对1864例0~7岁儿童进行智能普查,发现中国儿童的数学能力发展比美国、德国、法国、英国和日本的同龄儿童优秀,这与婴幼儿早期识数有关。

开发儿童的数学能力应生活化、游戏化,即在日常生活和游戏中开发儿童的数学能力。

一、抓住生活情节,启发孩子数数

做新生儿快乐体操时,一边活动孩子的胳膊、腿,一边有节奏地喊:"一二三四五六七八九十。"

给孩子吃食物时,父母有意识地数数要吃几个。

孩子会走路、说话以后,和孩子一起数数一只手有几个手指头,两只手有几个手指头,家里有几扇门和几张床等。走楼梯时,一边走,一边数。吃水果时,让孩子分配,边分边数。吃饭时,让孩子数数有几个人,再让孩子分筷子。

二、背数字歌

孩子会说话以后,教孩子背诵以下数数歌:

一二三四五,上山打老虎;老虎没打到,打到小松鼠;松鼠有几只,让我数一数;数来又数去,一二三四五。

一二三,爬上山;四五六,翻筋斗;七八九,拍皮球;伸开手,十指头。

一只青蛙一张嘴,两只眼睛四条腿;两只青蛙两张嘴,四只眼睛八条腿……

你拍一,我拍一,一个男孩坐飞机;你拍二,我拍二,两个女孩扎小辫;你拍三,我拍三,三个男孩爬高山;你拍四,我拍四,四个女孩做游戏;你拍五,我拍五,五个男孩打老鼠;你拍六,我拍六,六个女孩吃牛肉;你拍七,我拍七,七个男孩下象棋;你拍八,我拍八,八个女孩学画花;你拍九,我拍九,九个小孩手拉手;你拍十,我拍十,十个小孩爱学习。

三、做数字游戏

(一)在桌子上或地上摆围棋子、豆子

一边摆一边数。摆好后比较哪些多。孩子稍大一些,可以摆成正方形、三角形等几何图形,既数数,又认识图形。

（二）数字接龙

大人说 1，孩子说 2，大人再接 3，孩子接 4……根据孩子的年龄，逐渐增加数数的数量。

（三）倒数数

一开始从 5 开始倒数，逐渐增加至从 10 倒数，从 100 倒数。

（四）猜拳游戏

大人和孩子同时伸出手指头，数量是从 1～5 任意选择。伸手指头的同时，大人和小孩都要说出一个数字，谁说的数字正好等于大人和孩子伸出手指头数量的和，谁就赢了。如大人伸出 3 根手指头，孩子伸出 2 根。大人在伸手指的同时说"4"，孩子伸手指的同时说"5"，那么，孩子赢了，就让孩子轻轻拍 5 次大人的手心。

这个游戏既练习数数，又练习加法，还锻炼孩子的反应敏捷能力。

四、利用教具训练

◆看图数数。引导孩子数数一幅图上有几棵树，几朵花，几个男孩，几个女孩，一共有几个孩子，有几个三角形，几个圆形。比较哪棵树高，哪辆汽车大，哪一组小兔多等。

◆将棋子、饼干、糖块、玩具等作教具，寓教于乐，循序渐进，教孩子数数。在孩子对自然数掌握得比较熟练以后，可以教孩子两个两个地数，五个五个地数，还可以把一块蛋糕分成几份，让孩子感悟分数概念。

◆拨弄算盘。这里的拨弄算盘与小学生打算盘不同，主要是让孩子学习数数，开发数学能力。可以把算盘看做玩具。

◆有条件的家庭，可以买专用教具教孩子算术。

音美熏陶

发展音乐歌舞能力，能促进大脑右半球的开发，使人获得想象能力,并通过听唱捕捉到节奏和旋律。演奏乐器,又能使手指灵活,有利于智力开发。同时,发展音乐歌舞能力,可使人获得美的感受力、鉴赏力和表现力,达到爱美、审美和创造美的目的,从而使生活充实而美好。另外,还可以使人快乐、活泼、健康、优雅和美丽。

发展音乐歌舞能力,分如下四个基本步骤:

◆在胎教时就常常给胎儿听音乐,孩子出生以后天天给孩子沐"音乐浴",让孩子听格调高雅的优美音乐,使孩子对音乐由陌生到喜爱,由喜爱到领悟。

◆成人常常唱歌给孩子听,还可以拉着孩子的小手打节拍,逐渐带动孩子唱,要唱儿童歌曲和轻松美好的歌曲,不要唱狂喊乱叫的歌、忧伤歌曲和庸俗的歌曲。

◆适当让孩子欣赏一些儿童歌舞节目和戏曲节目,引导鼓励孩子模仿。

◆在激发起孩子兴趣的前提下,让他们学习乐器、舞蹈。

关于学习音乐,铃木镇一指出,只有真正懂得了音乐的本质,孩子们才可能学好音乐;只有真正感受到音乐之魂的孩子,才能从音乐中感悟出生命的意义。乐谱虽然对于学习音乐很重要,但它只是一种学习音乐的工具,学习音乐,最重要的是培养孩子的内心感觉。学好音乐,必须从训练听力开始。

与音乐歌舞一样,培养绘画、造型能力既是智育也是美育,既能促进婴幼儿大脑右半球的发达,增强想象力、思维能力和创造力,又能培养孩子对美的感受力、鉴赏力和表现力。开发美术潜能一般分为以下六个步骤:

◆经常带孩子欣赏美的自然风景、塑像、照片、工艺品、图画等,在孩子的起居室挂上美的图画、书法等。

◆创造机会让孩子看成人画画、雕塑等。

◆鼓励孩子"涂鸦"。涂鸦,就是孩子在一两岁以后最初的涂涂画画,没有目的,乱涂一气。长亲要常常鼓励孩子,如说:"画得真像!"如果孩子画了一条弯弯曲曲的线,大人就帮孩子修一修,说:"画得像蚯蚓,还在动。"如果画了一个歪斜的圆,就说:"很像鸡蛋。"这样鼓励孩子,千万不能挖苦孩子。孩子就渐渐对画画产生兴趣,并且画得越来越好。

◆教孩子多观察静止的物体和活动的物体,从不同的角度看实物,并参考简笔画,鼓励孩子大胆画简笔画。要让孩子坐正站直,正确握笔。

◆由看画讲故事、讲动物、讲人物的表情动作,到讲故事画画,使孩子逐步进行想象画和意愿画。如果此时孩子对美术产生了浓厚兴趣,就可送孩子进美术班。

◆从孩子涂鸦开始,要与孩子一起搭积木、捏橡皮泥等,引导孩子有目的地造型。4 岁左右可以开始学习雕塑、雕刻。

关键期音乐美术教育的成果,主要不以孩子画得像不像、唱得准不准为依据,而要看孩子是否喜欢美的乐曲和事物,是否对音乐美术感兴趣,是否能够发挥想象力。因此,笔者将这一节的题目称为"音美熏陶",而不是"音美教育"。

游戏

游戏就是儿童的工作,它对于儿童的潜能开发具有重要意义。

一、玩具

玩具分为成品玩具和自制玩具。玩具的好坏不在于它的价格,也不在于自制还是成品。

购买玩具一般应由大人有目的地去挑选,多选那些细小的积木等智力玩具,少买那些价格昂贵但对开发潜能意义不大的电动车之类的玩具。买回玩具后,不要随意扔给孩子,而要先制造一种氛围,讲玩具如何好、怎样玩,在孩子有了进步或做了好事时再奖励给孩子,使孩子懂得感谢、珍惜和努力。要注意,一定不要买用劣质塑料等损害儿童健康的材料制成的玩具。

玩具不一定要买。有些现成的用品,可以充分利用,当作或制作成玩具。例如,和孩子一起玩泥巴,造山脉、河流;和孩子一起观看蚂蚁搬家;和孩子一起在盆中捉泥鳅或小鱼等;还可以让孩子将不用的瓶子拧上盖,再拧下,或者用废品包装盒建房子等。

玩具不宜太多。要根据孩子的年龄和教育需要购买或制作玩具。

0～1岁：以感知触摸玩具为宜，最好是色彩鲜艳、声音悦耳、便于手抓的，如铃铛、布娃娃、小动物玩具、皮球等。不要让孩子玩太小的玩具，以免吞入口中。

1～2岁：以走动玩具和发展双手细小动作的玩具为宜，如牵着走的小狗、推着跑的汽车、套盒、画片等。

2～3岁：以模仿玩具为主，以发展孩子的想象力，如小家具、小电话等，继续玩运动玩具，还可玩建筑玩具如积木、插塑等。

3～4岁：逐步增加智力玩具，如七巧板、识字积木、小算盘、拼音玩具、几何图形玩具、美术图片和美术邮票等。体育玩具可增加小羽毛球拍、旱冰鞋和玩具枪等。

4岁以后，除增加部分体育玩具、建筑玩具和一般智力玩具外，还可添置放大镜、磁铁、指南针、电子琴和卷尺等。另外，可让孩子适当学下象棋、围棋、军棋等。

二、制作玩具

和孩子一起制作一件玩具，胜过到商店买10件玩具。在制作玩具的过程中，孩子不但可以愉快地玩，而且在玩中培养了动手能力和创造能力。

自己可以制作的玩具多种多样，如：

◆将一个鸡蛋壳洗净，灌进一些沙子和熔化蜡，凝固后，在蛋壳外面画个小丑，就制成一个不倒翁。

◆拿一枚铜钱，在钱眼里固定一个轴，就成了会旋转的陀螺。

◆拿两个冰淇淋软杯，杯底戳个洞，再牵一根线，就制成了土电话。

◆用废旧纸张折叠成纸旋风卡，跟孩子比赛。

◆还可以扎风筝、风车和大灯笼等。

科学小实验是一种特殊的高级的玩具，长亲可以和孩子一起做，以启发孩子热爱科学。例如，做水的浮力实验，将一块铁和一块木块同时放入水中，让孩子观察有什么不同，然后解答孩子的提问。又如，和孩子一起做光的折射实验，用凸透镜在太阳光下做聚光实验。

三、到大自然中嬉戏

大自然是伟大的，是一部内容极其丰富的教科书。在大自然中，儿童不但可以尽情嬉戏玩耍，而且还能从中学到许多书本上学不到的知识，能够愉悦心情，陶冶情操，增强体质。大自然是智育、美育、体育的大课堂。

因此，要尽最大可能带孩子到大自然中去，近距离感受山川、森林、海洋、江河、草原、各种动物和植物，以接受大自然的赏赐。在大自然中，要安排一些有意义的活动，如观赏植物、拣石子、捉昆虫、认树名、观气象、听民间传说、静听溪水潺潺和追逐小动物等。在嬉戏玩耍中，要及时给孩子讲授有关知识，以激发孩子的学习兴趣。

同时，有计划地带孩子到工厂、农村、学校、部队、商场、科技馆、博物馆和名胜古迹等地，去感受那里的气氛，这对于孩子的成长是大有好处的。

四、智能游戏

长亲可以根据孩子的特点与年龄，自编一些智能游戏，开发孩子的潜能。这里介绍几种智能游戏，供参考。

一是"注意看"游戏。用手拿着五六根彩带，在孩子面前一晃，让孩子猜有几根彩带。这种游戏既锻炼了孩子的记忆力和观察力，又培养专心致志的好习惯。

二是"蒙眼睛"游戏。用一块布轻轻蒙住孩子的眼睛，然后在孩子面前摆放各种物品，让孩子去摸并且说出摸到的物品的名称，同时说出自己的感觉。这种游戏既锻炼了孩子的触觉，又培养了孩子的语言表达能力。

三是"猜谜语"游戏。长亲可以买一本猜谜语的书，与孩子一起猜谜语，以锻炼孩子的想象力，培养勤于动脑的习惯。

四是"戏剧游戏"。与孩子一起表演节目，在表演中学习唱歌，学习礼仪，培养交往能力。

五是"运动游戏"，如球类游戏，单脚站立游戏等。

六是"绕口令"游戏，如说"红凤凰，粉凤凰，红粉凤凰花凤凰"。

七是"合作"游戏。准备1个小盒子和10个乒乓球或弹子球，其中

1个球的颜色与其他球不同,是"基准球"。以盒子为目标,距盒子1.5米处弹球。一个人先弹"基准球",其他人轮流弹其他球,直到把基准球撞到盒子上为止。

关键期教育必须把握的几个问题

一、只管耕耘,不问收获

关键期教育与学校教育有着本质的区别,学校教育以学习知识为主,而关键期教育则以开发潜能为主。这好比体育锻炼与做工的区别,体育锻炼是为了提高身体素质,提高能力,而做工是为了生产产品,要看产品数量的多少。因此,不能把眼光仅仅盯在孩子背了几首诗、学会多少字等外化效果上,而要重点放在培养孩子的记忆力、思维能力和想象力等内在能力上。只要具备了能力,将来学得快、学得多是不成问题的。奉劝长亲切莫急功近利,要以开发潜能、提高素质为主,积累知识为次。

二、重育轻教

日本教育家井深大指出,早期教育将不再是让孩子拥有多少知识,而是造就具有完美人格和善良之心的人。人格、意志力、习惯等非智力因素不是教出来的,而是育出来的。比如,1+1=2,这是智力因素,一教孩子就会,但是"坚强""乐观"是非智力因素,告诉孩子要"坚强""乐观",孩子虽然懂得什么是"坚强"、什么是"乐观",但不一定就能做到"坚强"和"乐观",说上成百上千遍,很可能还是做不到。这需要在生活中不断培育,长亲做给孩子看,领着孩子做,这就是育。因此,关键期教育要少说教,多培育。

教孩子学会做人,这一点很重要。心灵的培养也有关键期。小时候缺乏爱的孩子,长大以后多数会有问题,因为他们没有被爱过,所以不能接受爱,他们没有养成爱与被爱的心理。过了关键期,人的性格和人品就难以改变了。

三、以游戏为主

婴幼儿是世界的新客人,对一切都好奇。但是,他们的有意注意、抽象思维能力极差,有意记忆水平、意志行为水平极低,他们的思维必须伴随眼前的动作和具体的形象来进行,他们只能适应随时、随地、随事和随人都可进行的游戏学习这种形式。因此,关键期教育不能小学化,不能提前学习小学课程,要适应婴幼儿的生理和心理特点进行教育,做到在游戏中学,在生活中学,在玩中学,在学中玩;坚持灵活多样,细节教育,变难为易,激发兴趣。决不能千篇一律,强压硬逼,枯燥乏味。游戏既是婴幼儿生活的主要内容,也是开发各种潜能的主要平台。

四、重视母亲的重要作用

母亲的作用是任何人都不能替代的。井深大认为,能够开发婴儿"能力"的只有母亲,而不是心理学家或教育专家。因此,在婴幼儿开发之前,首先要进行母亲开发。母亲对胎儿的发育至关重要。母亲情绪变化由血液中分泌的化学物质通过脐带对胎儿产生巨大影响,胎儿的感情来源于母亲。胎儿通过右脑能够非常准确地判断出母亲的态度和感情等微妙变化,胎儿与母亲同喜同悲。因此,要正确理解胎儿的超能力,把胎儿当成"具有心的存在"来对待。

孩子出生以后,要用心去体会孩子的感觉。母亲具有了解孩子特殊本能的感觉。要建立良好的母子关系,充满爱意地与孩子进行肌肤接触、说话等。要珍视婴儿的每一天,虽然婴儿肉体方面尚未成熟,但感觉方面和智能方面已经具有高度能力。对婴儿而言,最重要的是心的创造。

五、在快乐的氛围中重复

对婴儿而言,记忆的事物没有难易之分,只要不断重复,婴儿就不觉得费力。婴儿对被重复的"材料"如乐曲、语言等具有非凡的"记忆力"。不用对教育内容进行解释说明,婴儿的"学习"和"记忆"没有道理可言。

对"材料"进行重复,必须在快乐的氛围中进行,或者是在"不知不觉"中进行。教在有心,学在无意。如重复乐曲时,不一定非得让孩子坐下来专门听不可,而是可以让孩子在玩中欣赏乐曲。

六、生活即教材

在关键期,生活中的每一个细节都可作为教育孩子的"一堂课",处处都可以进行知识、能力、兴趣和性格的培养。从婴儿一出生开始,就进行"逗引教育",逗婴儿学动作、发音,从而训练五官。

半岁以后,可抱着孩子走走玩玩,指认接触到的人和物。

1岁以后,逐渐利用衣、食、住、行、洗、睡等细节对孩子进行"生活教育"。有时候,可以通过一件事、一件物品展开想象,介绍相关知识;也可以与孩子一起讨论问题,互问互答。生活是知识万花筒,是品德和能力的训练场,是一本很好的教材。

6

不容忽视的
青春期

青春期是心理断乳期,第二个反抗期,也是人生的第二个关键期,即预防问题发生的关键期。人生在这个时期叉路较多,容易出现反复无常、叛逆、性烦恼和交往焦虑等典型心理现象,有的孩子还可能出现抑郁症、自卑症等心理障碍。

对孩子的早恋、追星、交友,既要理解,又要给予正确引导。

沉溺于网络与电视,负面作用很大,不但影响孩子身体健康和心理健康,而且影响潜能开发和情感培养,影响学业。特别是沉溺于网络,不知害了多少孩子!必须引起全社会特别是孩子长亲的高度警觉。救救孩子!

在孩子成长过程中,有两个特殊的发育期,一个是生理断乳期,即第一反抗期,一般出现在 3～4 岁,另一个是心理断乳期,即第二反抗期,也是我们常说的青春期,一般出现在 12～18 岁。生理断乳期出现的问题,一般说来比较容易解决,这里不作专门研究。而青春期出现的问题,有的比较复杂,有的比较危险,因此,很有必要专门作一介绍。

青春期典型心理现象

一、反复无常

青春期是人生中充满活力、好奇、信心和幻想的美好时期,但也是一个多变、躁动、迷茫、恐惧、不知所措和捉摸不定的时期,也是一个面临很多危机的时期。青少年情绪特别容易激动,常常会为一件小事达到兴奋的顶峰,也能为一件小事跌落到低谷。他们有了独立的思维能力和自我意识,在心理上和行动上对父母的依赖性逐渐减小,但言行还带有很大的幼稚性。

青少年有一个明显的特点,就是闭锁性。他们开始寻找自己心灵的空间,想摆脱长亲对自己过多的管教,容易把心事藏起来。但这种闭锁又具有方向性和选择性,对自己喜欢的朋友会敞开心扉,谈自己的烦恼、自己的心事。

青少年还有一个特点,就是生活中遭遇的困难常常会让他们变得孤僻、脆弱,出现心理障碍和过激行为。青春期是岔路较多的时期,是人生的第二个关键期。第一个关键期,是潜能开发的关键期,而第二个关键期是预防问题的关键期。

二、叛逆

进入青春期的孩子,很在意自己的独立行为。随着与社会交往的广泛,与家庭的联系逐渐疏远,对父母的权威产生怀疑,甚至发生反抗行为和叛逆行为。他们的价值标准和自我评价受同辈和社会的影响逐

渐大于长亲的影响。新的交往关系和社会关系的产生,使青少年扩大了自我活动、自我探索的空间,开阔了眼界,思维方式由童年时期的形象思维进入到抽象思维,开始看问题的实质,具有批判精神。独立意识增强,认同自我价值,重视自己在别人眼中的形象,有时对外界的批评很反感、不接受。

青春期既是令长亲烦恼的时期,也是令孩子自己烦恼的时期。事实上,青少年只是追求自己的独立人格而已,大多数情况下并非故意跟长亲和教师作对。所以,教育青少年不能采取专制的态度,动辄对孩子大吼大叫,而要设身处地为孩子着想,用平和的口吻同孩子讲道理,运用技巧拉近与孩子的心灵距离,做到互相理解、互相信任、互相交流。对孩子出现的问题,要细心观察,了解原因,不要盲目责怪孩子。在弄清问题的原委后,与孩子一起商量解决的办法,并且要抓住重点,抓主要矛盾。

还有一点需要强调,对待孩子既不能专制也不能放纵,而要实施权威教育,就是在充分考虑孩子的意见和情况后,有理有力地发表自己的意见,让孩子从心里感觉长亲的意见是为孩子好,是合理的,因而口服心服,尊重长亲的意见。比如,孩子要去找同学玩,放纵型的长亲什么也不管,专制型的长亲则不让去,而权威型的长亲会对孩子说:"去不去由你自己根据情况决定,但去了不能上网吧,而且要在饭前赶回来。"

三、性烦恼

青春期是一个性无知、性神秘、性探索和性躁动的时期。青少年进入青春期,身体出现第二性征,男孩喉结突出,长出胡须,遗精,女孩出现月经,乳房逐渐丰满。这些现象在让青少年产生一种兴奋感的同时,也产生一种强烈的恐惧感和神秘感。男孩对遗精、自慰、性梦的错误认识,女孩对月经、性幻想和自身体像的消极认知,偷看黄色书刊音像制品,早恋,过早的性行为等,是青春期较为突出的心理行为问题。

青少年进入青春期,性内分泌腺发育成熟并开始大量分泌性激素。当性激素在血液中的含量达到一定程度时,就会产生性的需要,从而引起性内驱动力。孟子说:"性如水也。"性是人成长过程中必然会产生的正常现象。一般说来,青少年的性意识有一个"生疏—向往—接近—狂热"的过程。

但是，生理上的成熟并不代表心理上的成熟，青少年的早熟其实是一种很肤浅的早熟，是表面的成熟，实际上是无知的。在性心理和性行为方面，他们往往不能正确理解性现象，不能控制性内驱动力。由于对月经、遗精的不甚了解和恐惧，导致情绪不安，又因为羞于启齿而带来精神上的压抑郁闷，进一步发展为头痛、失眠、记忆力下降、注意力不集中等。有的则偷尝禁果，少女怀孕，造成生理上和心理上的损害。一些妇女婚后的性心理障碍与青少年时期的性行为，特别是怀孕行为有很大关系。

作为长亲和教师，应想方设法帮助青少年摆脱性烦恼，采取健康开明的态度和巧妙的方法，大方、自然和轻松地与孩子谈论性方面的问题，介绍有关知识，特别要讲明性是一种自然现象，每个人都要面对，不必过于担心焦虑，但必须正确对待，过早的性行为不但影响学习，而且影响以后的生活质量。自慰，又称手淫，在青少年中发生率较高，有的资料说达到85％，且女孩的人数要比男孩多，频率也高。对此，我们要正确引导，讲明自慰不是犯罪，但频繁自慰会带来生理和心理上的负面影响，特别是由于心理上的恐惧而造成危害。

四、交往焦虑

青少年对外界环境很敏感，容易受到外界环境的鼓动和感染，随着年龄的增长，独立意识不断增强，希望走出家庭，摆脱父母的束缚，与同龄人进行交往，建立伙伴关系。另一方面，他们又缺乏信心，害怕挫折，担心是否被同学和朋友接纳，对同学或朋友的言行很敏感，易产生嫉妒或争夺别人关心的现象。尤其是那些性格内向、心理承受能力较弱而自尊心又极强的青少年，更容易在交往中产生压抑感和孤独感，甚至长期不能自拔。

对此，我们要帮助青少年改变一些不恰当的认识和态度，引导他们客观分析自己的现状，多发现自己的优点，树立自信心，学会接纳自己，人无完人，谁都有缺点，要有追求，但不要太苛求。

几种常见的心理障碍

前面介绍的几种心理现象，发生人数多，程度轻，只是青春期比较典型的现象。本节中将要介绍的几种现象，发生人数少，程度重，是严重的心理障碍，或者说是心理疾病。

一、抑郁症

抑郁症就是消极悲观，看问题不能一分为二，只看到或者夸大消极的一面。主要症状有，在较长一段时间内烦闷，感到生活乏味，失去了学习动力，脑子变迟钝、注意力不集中，记忆力减退，失眠，食欲不振和全身乏力，甚至感到活着没意义，产生轻生的念头。

据统计，世界上有近 1000 万人患有抑郁症，且青少年患有抑郁症的人数呈逐年增加的态势。生活在城市的青少年更容易患抑郁症。

发现孩子有抑郁症苗头时，应给予高度关爱，用亲情融化孩子心中的坚冰，从各个方面引导鼓励孩子理性地、一分为二地、积极地和辩证地思考问题、处理事情，带孩子欣赏高山、大海，缓解压力，感受大自然的宽广、伟大和美丽。如果症状比较严重，应咨询心理医生。

二、恐惧症

由于环境变化等原因，青少年感到恐惧害怕，好像有一种大难临头的感觉。恐惧症常见的表现有见到异性不自然、脸红，怕跟人目光对视，怕与人交往等。

对此，长亲要有足够的关心和警觉，用适当的方法如放松法、转变思维角度等引导孩子提高自我强化的能力，培养他们积极的心态。

三、自卑症

自卑症就是对自我的怀疑、贬低甚至否定，总觉得自己不如别人，别人都看不起自己，都在背后嘲笑自己。患自卑症的孩子往往只看到或夸大自己的弱点、缺点，且常常以自责的方式惩罚自己。自卑容易形成恶性循环。主观的自卑导致语言表达和行为的欠缺，言行的不如意又反过来加重主观上的自卑感。

自卑症的早期征兆是：常年情绪低落；过度怕羞；拒绝交朋友；注意力难以集中；经常疑神疑鬼；过分追求表扬；贬低、嫉妒他人；自暴自弃；回避竞争、竞赛；语言表达较差；对挫折或疾病难以承受。

对患自卑感的孩子，应多尊重和鼓励，帮助孩子看到自身的优点，正确评价自己，鼓励他们建立自信心，避免当众嘲笑孩子，引导孩子与其他孩子玩，要逐渐引导，不要操之过急。

四、孤独症

患有孤独症的人主观地认为整个世界的人都不在乎自己，没人能够与自己交流，甚至身边的人都在排斥自己，从而形成了交往上的惰性和畏惧感。这样的人遇到问题不愿和别人交流，有一种悲观情绪和排斥外界的心理。严重的孤独症可能导致自杀。

对此，长亲应丰富孩子的生活，鼓励、带领孩子多参加集体活动，多结交朋友，有意识地锻炼孩子的受挫心理，培养他们的自信心。

抑郁症、恐惧症、自卑症和孤独症都有一定的内隐性，长亲一定要和孩子交朋友，及时发现心理障碍苗头，及时设法解决。重要的是在日常生活中多用赏识教育，帮助孩子树立自信和乐观的心态，学会辩证地看待问题，切忌动辄训斥孩子，使他们不健康的心理"雪上加霜"。

早恋

一、早恋的含义

一般来讲，是指从青少年的生理和心理发育年龄与实际情况看，早于一般水平的恋爱，或者说，是在不具备恋爱的心理条件、社会条件的情况下而进行的恋爱。不具备恋爱的心理条件，是指不能正确理解和把握恋爱的内涵。不具备恋爱的社会条件，是指正在读中学、没有独立生活的能力等不适宜恋爱的情况。

当然，称"早恋"并不意味着恋爱本身是错误的，也不意味着对恋爱的批评。

二、早恋的表现

突然爱打扮；

爱说话的孩子在长亲面前沉默起来；

接电话的时候神秘兮兮；

周末找借口外出；

总是很高兴；

对男女之间的事很感兴趣。

三、早恋的类型

◆爱慕型。对异性的外表、特长、性格、气质等欣赏和爱慕。

◆愉悦型。为爱而爱，没有功利目的，只是为了和对方在一起很快乐、很开心。

◆补偿型。通过与异性交往摆脱在家庭、学业等方面的痛苦，获得感情方面的补偿。

◆逆反型。青少年在两性正常交往过程中受到长亲、教师的不恰当干预，促使其早恋。

◆从众型。身边的同龄人有早恋现象，怕自己没有恋爱而遭人嘲笑，从而早恋。

四、早恋的后果

早恋具有情感的不稳定性和结局的不确定性两个特点。青少年没有独立生活能力，不能承担起伴随恋爱而来的责任和义务，而且青少年在以后的生活中变数很多，早恋的成功率很小。

早恋最直接的危害就是干扰学习，分散精力，影响学业。当恋爱结束的时候，需要很长时间去修复感情的伤口，有的一辈子在心中都有阴影，特别是少女怀孕，会给少女带来沉重的生理、经济和心理负担。美国康奈尔大学与北卡罗莱纳大学历经 4 年的联合研究表明，在 17 岁以前便谈情说爱的少年人容易患上精神病，因为他们无法应付早恋带来的情绪困扰，而且女孩比男孩更容易被伤害，感情纠葛使女孩发展成抑郁症的机会增加 1/3。所以说，早恋是一朵带刺的玫瑰，当青少年被它的芬芳吸引而情不自禁地触摸时，很容易被它的刺伤害。

五、正确对待早恋

早恋的负面影响是客观存在的。但是，长亲和教师不应采取极端做法，禁止孩子与异性的正常交往，而要正确对待早恋，科学引导孩子的行为。

其实，从科学的角度讲，青春期的青少年对异性的渴望就像吃饭、睡觉一样普通，是一个人生理和心智发育正常的标志。哲学家歌德曾经说："哪个少女不怀春，哪个少男不钟情！"与异性交往不是错误的，更不是下流的，而是少男少女的正常行为。

所以，在对待孩子与异性交往的问题上，长亲既不能放手不管，纵容孩子早恋，也不能强堵硬拆、压制惩罚，而是要在理解孩子感情的前提下，进行引导。要告诉孩子，做任何事情，过了一定的限度就会发生质的变化，与异性交往可以，但不能早恋。早恋就像早摘的柿子，是苦涩的。只有到了成熟的季节采摘的柿子才是甜蜜的。爱情就像柿子，早摘苦涩，适时摘才甜蜜。

为了把问题阐释清楚，这里介绍一下禁果效应。

"禁果"一词源于《圣经》，讲的是一名叫夏娃的年轻人原本对智慧树上的果实熟视无睹，但上帝强调不准任何人偷摘果实，这引起了夏娃的注意和兴趣，最终偷吃了"禁果"，被上帝贬到人间。后来，人们把这种被禁果所吸引的心理现象称为"禁果效应"。

心理学的研究发现，越是难以得到的东西，在人们心目中的地位越高，价值越大，对人们越有吸引力，而轻易得到的东西或者已经得到的东西，其价值往往被忽视。

在孩子早恋的问题上，也往往出现禁果效应，越不让他们谈恋爱，他们越想与异性交往，本来关系一般，经长亲禁止后反而变得更加密切，因为他们是"难哥难妹"，有共同的感受、共同的语言。德比和艾丽斯都是 13 岁的中学生，青春期情感的萌动使他们相互吸引走到了一起。一开始，教师和父母竭力干涉，但越干涉他们越接近，俨然一对棒打不散的鸳鸯。后来，校长改变了策略，告诉他们可以正常交往，互相帮助。但没过多久，他们就因为缺乏共同语言而渐渐疏远，最终分道扬镳。

对待孩子早恋，正确而有效的做法是巧妙地疏导。有一位父亲的做法就值得借鉴。一天，儿子跟父亲说："爸，我看上了一个女生，她聪明漂亮，学习成绩也很棒，我能跟她谈恋爱吗？"

父亲轻松回答："好啊，你能看上她，她看上你了吗？"

儿子很自豪地说："她也看上我了。"

父亲又说："那很好。你能被这么好的女生看中，说明你很了不起。你能看中一个女生，说明你的眼界开阔了。如果你想将来在我们这里发展，你就跟她继续交往下去；如果你想到省城去发展，你应该到省城解决这个问题；如果你想到北京发展，你应该到北京考虑这个问题；如果你想在世界发展，你应该出国解决这个问题。"

儿子听后说："以后在哪里发展，我还没考虑呢，那就等等再说吧。"

这位聪明的父亲用幽默而又不失理性的方式，告诉了孩子一个道理：在哪里发展就在哪里恋爱，有效地疏导了孩子心中的青春情结。

六、性教育的艺术

儿童对性问题比较敏感，但又不愿求教父母。很多少年儿童的性知识不是来自长亲和教师，而是从同伴或书刊影视中得来的。从这些渠道得来的性知识往往是片面的，甚至是错误的。

心理学家强调，要根据孩子的年龄特点对孩子进行不同内容的性教育。5岁以前的孩子，性教育主要是解决性别认同问题。长亲应在洗澡时和睡觉前很自然地让孩子认识自己的身体，不要有意地让孩子女扮男装或男扮女装，以免孩子从小对自己和他人形成性朦胧意识，从而影响孩子的性取向。

5～7岁的孩子，在求知欲驱使下常对男孩与女孩的差异感到迷惑不解，会向长亲提出各种问题。此时，长亲应根据自然现象，简单明了地回答，一般不宜详细讲述性、生殖等情节，以免因讲不透而使孩子的好奇心得不到满足，反而更觉得神秘。

对于7～14岁的孩子，应对其进行较系统的性知识教育。可借助植物和动物的生殖活动，给孩子讲解有关知识。在进行性知识教育的同时，必须进行性道德教育，让青少年控制自己萌发中的性冲动，防止造成不必要的身心伤害。

对于14～18岁的孩子，要讲一些与他们年龄、理解能力相符合的性知识,如月经、遗精、手淫等;要进行性心理、性法律、性道德和性美学教育,并主动关心孩子的性困惑,帮助孩子解脱性烦恼。

对孩子进行性教育,要讲究艺术。父母不要谈性色变,要以平常心对待性。父母如果无力给孩子讲解性知识,可在家中备一本科学的性知识书,让孩子容易看到就行了。

七、同性恋

我国同性恋专家李银河教授对同性恋的界定是:"同性恋就是指恋爱的对象是相同性别的人。同性恋这个词就是对这种性倾向的描述,就像异性恋一样,既不是褒义词,也不是贬义词。"

同性恋的成因是多方面的,有的是家庭环境的影响,如单亲家庭对异性的成见;有的是因为受了某种刺激,如被强奸;有的则是受性格的影响,等等。但不管哪种情况,大都是因为没有正常的异性交往而只是局限在同性之间引起的。对于同性恋,大多数人持反对态度,相当数量的人持敌视态度。现在,理解同性恋的声音越来越强。笔者认为,异性相吸,这是正常的生理和心理现象,是符合大自然规律的。但是,人的心理情感是很复杂的,不像磁铁的 N 极和 S 极那样,同性必定是排斥的。由于复杂的社会原因,有时同性之间产生好感也应给予理解,只要不伤害别人、不损害社会利益就可。这就像有的人喜欢红色,而有的人喜欢绿色一样。我们不鼓励同性恋,尽量引导青少年有一个正确的异性恋爱观,预防同性恋。但是,当同性恋发生后,要理解他们,关心他们,起码不要横加指责,一味地责备只会使孩子更糟糕。因为青春期本来就是一个特别敏感的时期,有同性恋行为和倾向的青少年更是敏感和不安,他们很容易在外界特别是长亲和教师的指责压力面前退却、迷失和无助,甚至自我毁灭。所以,作为长亲,一定要用无私的爱和巧妙的方法去感化、帮助有同性恋行为和倾向的孩子。

上网与看电视

随着信息技术的飞速发展,电视、电脑纷纷进入家庭,并且在很大

程度上影响着人们的生活观念和生活方式,对青少年的影响则更大。

一、正面影响

电视、互联网里内容丰富,声图并茂,查找资料方便快捷,有利于孩子拓展知识面,也有助于他们发挥自己的特长。

二、负面影响

电视、电脑是两把双刃剑,在给孩子的学习带来方便的同时,也威胁到他们的身心健康,许多青少年出现了电视病和网络综合征。

(一)影响身体健康

现在,中小学生眼睛近视率大幅提高,身体素质普遍下降,与长时间看电视和使用电脑有很大关系。由于电视、电脑中节目的吸引,绝大多数青少年不能控制自己的行为,长时间盯着屏幕,极大地增加了视网膜发生病变机会,导致近视、干眼症等疾病。过度使用电视、电脑还剥夺了孩子锻炼身体的时间和睡觉的时间,致使许多青少年养成不良的生活习惯,晚上睡得很晚,早晨不吃早饭,严重影响了身体健康。

(二)影响潜能开发和情感培养

儿童的潜能是巨大的,但这种潜能如果不在关键期内(一般为 6 岁以前)及时开发,将会被浪费掉。研究结果表明,长时间看电视和上网会影响孩子潜能的开发。孩子每天看电视和上网 3 小时左右,读书效率会骤减。五彩纷呈的电视图像和电脑图像使孩子不能把注意力完全放在"听"上,抑制了想象力的发挥。孩子动手、动腿和动脑的时间被电视、电脑挤占,阻碍了孩子协调能力、创新能力的发展。长时间坐在电视、电脑前,孩子无法与长亲和小伙伴做游戏、交流感情,抑制了孩子交往能力的开发和良好情感的培育,孩子极易产生自私自利、孤独怪僻的心理障碍。

(三)影响学业

电视、电脑挤占了孩子的学习时间,削弱了他们对学习的兴趣,降低了他们的学习积极性和学习效率。

美国有一个调查研究,青少年每年上学的时间是 900 个小时,而看电视的时间却高达 1500 小时,而在华盛顿 70 家有线电视台中,一天在电视画面里出现暴力行为的场面为 2000 多个,电视节目成了青少年获取犯罪信息的重要来源。大量的看电视时间,不仅挤占了本应用来看书学习、锻炼身体和进行实验实践的时间,也挤走了许多科学家、艺术家和体育明星。所以,美国一著名的专栏作家威廉·卡尔迪呼吁,关掉电视。美国的教师联盟和未来图书馆学会号召人们在每年的 4 月 24日至 30 日这一周关掉电视,用省下的时间来从事有益活动。

（四）影响心理健康

这是更为严重的一种负面影响。电视、电脑特别是互联网上,什么乱七八糟的信息都有,色情、暴力、冷漠和欺诈等心灵的鼠疫对青少年心灵的侵蚀非常严重。

一些青少年一头扎进虚拟的世界中,一发而不可收。他们或者沉溺于网络游戏中,或者沉溺于网上聊天中·或者沉溺于网络色情中,每天离不开上网。他们一坐在电脑前,就两眼放光、满怀激情,下网后又魂不守舍、六神无主、无精打采,身心不能从幻觉中清醒过来。这就是网络综合征。网络中的游戏、色情等就像鸦片一样,使青少年上瘾,染上慢性心理幻想与强迫症,迷失前进的方向。一些青少年心理冷漠变态,形成错误的人生观、世界观,甚至走上违法犯罪的道路。还有的青少年轻信虚拟的网络世界,被骗、被抢、被拐和被杀。河南驻马店发生因网吧聊天诱发的系列特大杀人案,山西太原一名 16 岁男孩为上网而伙同自己的同学残忍地杀害了自己的爷爷等 5 口人,这样的例子不胜枚举。据中央电视台 12 频道 2007 年 8 月 14 日报道,截止到 2007 年 6月 30 日,在全国 1.62 亿网民中就有青少年学生 6000 万人;公安部统计的数字显示,犯罪的未成年人 80% 有网瘾。网吧、游戏厅不知害了多少未成年人! 长亲们、教师们,管住电视和电脑吧,救救孩子!

三、堵疏并举,趋利避害

对于未成年人来讲,看电视利弊各占一半,上网则是弊大于利,而游戏厅和网吧是有百害而无一利,这是许多不幸的青少年用牺牲自身的幸福、丧失美好的人生作代价证实的一个道理。网吧害了无数孩子!

这必须引起社会特别是孩子长亲的高度警觉。

完全禁止孩子看电视是不现实的。但是,完全可以采取有效措施,将电视、电脑的负面影响降到最低。

第一,要在孩子关键期的时候就开始给孩子养成良好的习惯,有规律、有节制地看电视,限定节目内容和观看时间。从孩子成长的角度考虑,尽量晚一些安装电脑。

第二,正视现实,引导孩子树立正确的世界观、人生观和价值观,培养他们正确鉴别真善美、假恶丑的能力,培育他们良好的心态和意志力。

第三,和孩子交朋友,注意倾听孩子的烦恼,帮助孩子排解生理、心理上的疑虑,解决他们生活和学习上的难题。要常带孩子到大自然中陶冶情操,鼓励孩子多参加一些有益的社会活动,远离不良活动,培养他们有益的爱好;常陪孩子锻炼身体,欣赏高雅艺术,让孩子在社会实践中增长才干,增强吃苦耐劳精神和社会责任感。

第四,在合适的时间用恰当的方式对孩子进行生理卫生和心理知识教育,让他们了解一些必要的性知识,淡化性的神秘感,减小性的诱惑力。

第五,长亲要以身作则。当孩子在家时特别是孩子做作业时,长亲不要看电视、玩游戏;否则,成年人都控制不住自己,还怎么去要求孩子呢?

第六,关注孩子的朋友圈。帮助孩子结交好学上进的同学,禁止孩子与社会上有恶习的人结交,使孩子的成长有一个良好的环境。

追星

追星在青少年中很普遍。在1993年初,南京两大电视台共同举办了"十大青春偶像"评选活动,近3000名青少年参加投票,结果除雷锋外其余9人都是港台歌星。青少年追星,有其生理和心理上的原因。

首先,青少年处在一个心理断乳期,很容易去寻找一个他们心目中的理想的偶像作为感情寄托。青少年与朋友的摩擦、在爱情上的慌乱心理以及生理上的烦恼等,都需要有倾诉的对象。歌星那悦耳的声音、动人心神的歌词就成了他们最好的知音和陪伴。有时候,有的青少年只从歌声里就能找到安慰和快乐,他们甚至为某一句歌词而动情。

其次,明星身上有一种平常人没有的情感爆发力,这与青少年的生理、心理在一定程度上有些合拍。

第三,明星在事业上甚至各方面的成功,给未涉世事的青少年很大的刺激作用和诱惑作用,明星腰缠万贯的物质生活和光彩耀人的精神生活对青少年有很大的吸引力。

另外,追求时尚和从众心理也是青少年追星的一个重要原因。对于时尚和美,青少年并不能正确把握,在他们眼里,明星就代表着美、时尚和潮流,明星的衣着、发型甚至用语都被认为是时尚。在青少年"追星族"中,有不少是盲目从众追星的,当身边的同学都追星时,觉得自己不追星就"落伍"了。

一般的追星,是一种社会文化现象,是青少年精神生活的一部分,本无可厚非,且只要理智地、正确地追,学习明星优秀的品质,还能丰富青少年的精神生活,增加奋发向上的动力。但是,当追到"发烧"的时候,问题就随之而来,会做出一些傻事,后果严重:有的耽误学业,有的出现心理疾病,有的甚至自杀。

1992年,歌星黎明到北京演出,黎明的"发烧友"把演出现场的栏杆都挤坏了,一个女学生的下颌撞破,到北大医院缝了好几针。这个女学生却说:"为了黎明受伤我愿意,我愿终生留下这个纪念,我一抚摸到它就会想到黎明。"

温州一个男学生是电影演员赵薇的"发烧友",他非常想见赵薇一面,就偷了家里的钱千里迢迢去找赵薇,但因为钱用完了而目的还没达到,便在途中自杀身亡。

青少年追星,具有很大的盲目性、狂热性、非理智性,把握不好度,就会有很大的消极作用,特别是当发展到"发烧"的程度时,一定会带来许多问题,"烧"出许多"疾病"。所以,作为孩子的长亲,应时刻关心青春期孩子的言行,当发现孩子追星出现"过火发烧"现象和偏差时,应及时采取有效措施给孩子"降温"。

要像朋友一样与孩子开诚布公地讨论追星问题,弄清楚孩子追星的目的和程度。在此基础上,给孩子以正确巧妙的引导,告诉孩子,在

明星耀眼的光环背后,是明星艰苦奋斗的历程;要追星,首先要学习明星的敬业精神,学习他们的优点;同时,明星也有自己的缺点,特别是个别明星道德品质恶劣,损害社会利益,要弄追星族等,这样的明星不但不值得追,反而应受到社会的谴责;每一个人都有自己的个性,不要因为追星而失去了自我;追星可以,但要追那些德艺双馨的明星,不能追那些败类式的明星;要站着崇拜,不要跪着祈求,等等。

吸烟喝酒

现在,许多中老年人都在想方设法戒烟酒,而一些青少年却在纷纷加入烟民、酒族的行列,而且颇有数量增多、年龄年轻化的趋势,实在令人担忧。

一、根源

青少年吸烟喝酒,既有内在因素,也有外部原因。从心理角度来讲,有的青少年出于好奇、爱面子或者为了解脱心中的烦恼事而吸烟喝酒,也有的是为了吸引周围人的注意,错误地认为吸烟喝酒可以展现自己。

从外部环境来讲,不少成年人确实给孩子带了个坏头,营造了一个乌烟瘴气的环境:喝酒的礼节比工作的礼节还厌琐,烟酒的作用有时比业绩的作用还大;抽烟的人吞云吐雾,自觉潇洒,却忘了公德,在孩子面前和公共场合随意抽烟;许许多多父母热衷于酒场,大众传媒推波助澜,变相的酒烟广告随时随处可见。

所有这些,都对孩子起着耳濡目染、潜移默化的反面教育作用。

二、对策

第一,长亲要以身作则,不吸烟,少喝酒,起码不要在孩子面前大吸大喝。

第二,多关心青春期的孩子,及时帮助他们解开心中烦恼之结,防止事态扩大。

第三，通过各种途径给孩子讲吸烟喝酒的危害。

吸烟喝酒的危害绝对不可低估，只不过其严重性在短时间内不会明显地暴露出来。

香烟中含有3000多种有毒物质，其中有十几种致癌物质。吸烟能加速人体衰老，缩短人的寿命，因此有人把吸烟称为"20世纪的鼠疫"。

酒精对人体肝脏的损害最大，容易引起肝硬化。当体内酒精浓度较高时，会严重刺激胃黏膜，使胃酸的分泌和胃的正常活动受到破坏。长期沉迷于喝酒还容易使人患上胃炎和十二指肠溃疡等疾病。

烟酒会影响青少年的声带以及性器官的正常发育。香烟燃烧时释放的一种叫多环芳烃的化学物质，可能会破坏甚至杀死吸烟妇女的卵子。过度酗酒，会对生殖系统产生不良影响，诱发前列腺炎、精子损伤、性功能障碍、阳痿甚至不育等。

青少年吸烟喝酒还可能诱发犯罪。

下面是一位长亲的做法，值得借鉴。这位长亲的孩子学会了吸烟，经多次教育无效后，便向一位医生朋友借了一盘关于吸烟危害身体健康的录像带，和孩子一起观看。画面上真实、生动地显示了吸烟人体与正常人体各种组织器官的区别，阐述了吸烟的严重后果。孩子看后很震惊，以后再也不吸烟了，而且还主动劝阻其他同学也不要吸烟喝酒。

另外，我国吸毒的人数呈上升趋势，而且青少年吸毒也时有发生。所以，一定要对青少年进行远离毒品的教育，讲透毒品的严重危害，防患于未然。

交友

一、交友是生理和心理的需要

1996年7月29日，40岁的意大利洞穴专家毛里奇·蒙塔尔独自到意大利中部内洛山的一个地下溶洞里，开始了一个被称为"先锋地下实验室"的生活。这个实验室设在溶洞里的一个68平方米的帐篷里，内有科学实验用的仪器设备，还有起居室、卫生间、工作间和一个小小

的植物园。蒙塔尔在这里生活了一年。一年中,他看了100部录像片,吸了380盒烟,在健身车上骑了1600多公里。1997年8月1日,当蒙塔尔重返人间时,人们发现,他的脸色苍白而瘦削。他只能单独跟一个人说话,如果两个人同时向他提问,他的大脑就会乱。他情绪变得低落,不善与人交谈。他渴望与人相处,希望热闹,可他与人交往的能力严重降低。蒙塔尔用这个代价求证了人的奥秘,他说:"在洞穴呆了一年,才知道人只有与人在一起的时候,才能享受到作为一个人的全部快乐。"

交友,是包括青少年在内的每一个人的生理需要和心理需要。特别是青少年,独立意识、探索意识都很强,他们风华正茂、血气方刚,交往的愿望更为强烈。他们尤其愿意与同龄人交往,希望得到朋友的认可与支持。

二、交友的作用

交友,不但可以锻炼青少年的人际交往能力,而且还能促使他们增强自尊心与自信心,培养良好健康的心态,培养竞争意识和团队精神,有利于孩子的成长。

三、对孩子交友进行正确引导

对孩子的交友,长亲应区别不同情况进行引导。当孩子正常交友且交的是积极上进的朋友时,长亲要给予鼓励和支持。当孩子交上了有不良行为的"坏孩子"特别是交上了在社会上游荡的孩子时,要堵疏结合,阻止他们继续交往。当孩子在交友过程中遇到障碍时,要帮助孩子分析原因,寻找对策,解决问题。常言说:"近朱者赤,近墨者黑。"长亲一定要关注孩子的朋友圈,发现不良倾向要及时纠正。

青春期教育必须把握的几个问题

一、了解孩子,与孩子沟通

预防和解决青少年闭锁性等问题,一不能靠骂,二不能靠打,越骂孩子越闭锁,越打孩子越倔强。心灵的问题,只能用"心"去解决。

与孩子沟通,用心暖心,走进孩子的心灵,是预防和解决青春期诸多问题的金钥匙。安徽一名离家出走的高中女生给《中国青年报》写了一封给父母的公开信,信中说:"我在你们眼里是一个永远长不大的孩子,而你们在我眼里,永远是一个大人,大得高不可望,大得可敬而不可亲。""我讨厌你们像控制电脑一样控制我。难道我们不能平等相待,朋友似的谈话吗?""可悲呀,我们是血缘上的亲骨肉,心灵中的陌生人。"

浙江省金华市,17岁高二学生徐力杀死了亲生母亲,被判15年徒刑。在少管所,他给《中国少年报》"知心姐姐"卢勤写信,倾诉用血换来的教训和自己的心声。我觉得现在的孩子对父母普遍存在着距离感,主要是孩子与父母沟通的时间不多,心中的一些不悦和困惑无人倾诉,再加上现在的父母只注重孩子的成绩和名次,不去了解孩子的内心世界。这种过高的要求会使孩子的压力越来越大,并且在一定程度上造成心理上的畸形,这对于孩子的成长将构成严重的影响。所以我希望全世界的父母能够多关心孩子,不仅表现在物质上,更重要的是心理上的抚慰,让孩子真正拥有一个倾诉的对象,在孩子与父母之间建起一座沟通的桥梁。我就是没找到与父母沟通的正确途径,所以才造成今天的悲剧。我真不想让这种悲剧重演。

由此可见,沟通多么重要。让我们改变一下思维方式,放下架子,与孩子交朋友,填平两代人的代沟,让长亲的心与孩子的心紧紧相连,从而时刻正确把握孩子的"脉搏",了解孩子在想什么,在做什么,及时给孩子以关心、引导和帮助。就像鲁迅说的那样:"做父母的应该宽松,第一便是理解,第二便是指导……第三便是释放……"

二、给孩子树立好的榜样

身教重于言传。父母的言行是孩子最好的教材,一流的父母造就一流的孩子。孩子是父母的影子,孩子的一切善恶品质都是从父母那儿学来的。

作为父母,要善于用榜样的力量去感染孩子,要求孩子做到的,自己首先做到,禁止孩子做的,自己首先不做。如果自己行为不端,却要求孩子堂堂正正做人;自己整天喝得晕乎乎,却要求孩子不喝酒;自己

沉迷于上网,却要求孩子不玩电脑,这只能是"缘木求鱼"。相反,教给孩子的一些规矩、规则,只要父母以身作则,即使不讲这样做的道理,孩子也能"习惯成自然"。

三、要因势利导,帮助孩子形成良好习惯

对待青春期的孩子,要疏堵并举,疏重于堵、优于堵。不应简单地采取打骂惩罚、道德约束等堵截方式,而要顺应青少年身心发展的规律因势利导。就像大禹治水一样,如果一味拦截,终有一刻,洪水会泛滥成灾;相反,根据水流加以有效引导,事情就会向着我们期望的方向发展。所以,正面引导,防患于未然,让良好的习惯战胜不良的嗜好,使孩子不走或少走弯路,是上策。而一旦出了问题再去想办法解决,不但劳神费力,而且给孩子造成的伤害会影响孩子的成长,是下策。

7

愉快学习

给儿童以劳动的快乐,取得学习成绩的快乐,呼唤隐藏在他们心中的自豪感、自尊感,这就是教育工作的一条金科玉律。

在孩子学习中要着力解决好四个问题:动力、方法、习惯、心态。逼孩子学习是下策,让孩子机械地学习是中策,引导孩子自觉学、科学学和快乐学是上策。

使孩子在快乐中认识书。善于从孩子感兴趣的东西入手,将孩子的注意力引导到学习上来。

帮助孩子养成观察的习惯、思考的习惯、专心听讲的习惯、张弛有度的习惯和随时记忆的习惯。

积极预防孩子的学习疲劳和学习障碍。孩子遇到学习困难时,需要的是帮助,而不是批评。要分析原因,对症下药,帮助孩子渡过难关。

学习,是每一个孩子都必须面临的重要课题,也是每一位长亲都十分关注的大事。

对于如何学习,古今中外百家争鸣。我们的祖先给我们留下了许多名言,其中主流的见解就是勤学苦练,如"书山有路勤为径,学海无涯苦作舟""梅花香自苦寒来""吃得苦中苦,方为人上人"等等。这就形成了一种惯性思维,似乎学习与苦有不解之缘,要学习,就必须吃苦。在这样的观念指导下,孩子可真的吃苦了,作业一天比一天多,书包一月比一月重,眼镜度数一个学期比一个学期高。据卫生部、教育部的联合调查,到 2004 年,中国视力不良率分别是:小学生 28%,初中生 60%,高中生 85%,并呈不断上升的趋势。目前,我国学生近视率居世界第二,人数居世界之首。现实生活中,许多父母仅仅从自己的主观意愿出发,对孩子提出这样或那样过高的、不切实际的要求。父母向学校要成绩,学校向教师要成绩,教师又向学生要成绩。社会、学校、家庭所有的压力都集中压到了学生身上,负荷之大远远超出了学生尚未发育成熟的生理和心理承受能力。长期处于高压手段和强迫学习的氛围里,孩子身心疲惫,一步步失去了对学习的兴趣,失去了对大人的尊重,性格变得内向、反叛和古怪;有的孩子还因为学习压力太大而逃学,甚至做出极端行为:自杀或杀害自己的亲生父母。英国哲学家穆勒少年时期就被父亲无情地催逼,没有假日,没有丝毫自由,事无巨细地被严格管教,导致他青年时期经常精神抑郁,抱憾终生。

面对严峻的现状,我们不得不反思,到底应该让孩子怎样学习?

英国教育家斯宾塞早就批评过传统的教育方式,他说:"长期以来的教育误区,就是把教育仅仅看成是在严肃教室中进行的苦行僧的生活,而忽视了对孩子来说更有意义的自然教育和自助教育。""教育应该是快乐的,当一个孩子处于不快乐的情绪中时,他的智力和潜能就会大大降低。呵斥和指责不会带来好的结果。教育的目的是让孩子成为一个快乐的人,因此教育的目的和方法也应该是快乐的,就像一根细小的芦苇管,你从这一头输进去的如果是苦涩的汁水,在另一端流出来的绝不会是甘甜的蜜汁。"长亲的教育应该是在儿童的生活和学习中给他带来一种愉快的教育。"在正常情况下,健康的活动是愉快的,引起痛苦的活动是不健康的。"有的孩子讨厌这种或那种学习,长亲和教师都很着急,但往往又束手无策,其实这些厌恶不是天生的,而是不良教育的

结果。孩子对学习不感兴趣，心智就会倦怠并会对学习后果感到恐惧，害怕自己成绩不好，而恐惧又会分散注意力，很难取得好的学习成绩。因此，在儿童学习中，应尽可能带给他们一种愉悦和兴奋，让他快乐地学习。

斯宾塞积极实践自己的教育理论。有一年夏天，斯宾塞给儿子买了一架脚踏风琴，他告诉儿子："这是一架有魔力的风琴，只要你不断用脚踩踏板，同时用手按上面的黑白琴键，它就会唱歌，如果你懂得了由7个数字组成的魔法，它就会唱出美妙的歌来。"这话激起了儿子的兴趣，风琴刚安好，儿子就急不可待地坐上去，按出音律来。他快乐得不得了。

可是，斯宾塞家的仆人总是在背地里高声指责小斯宾塞："他可能在音乐上一点天赋也没有，一支简单的曲子，学了一百遍还不会。"小斯宾塞受到了打击，学习兴趣一扫而光，不喜欢练风琴了。斯宾塞对仆人说："不要因为不恰当的方法扼杀了孩子的天赋。如果弹风琴变成了一件紧张而痛苦的事情，那么音乐是学不好的。"接下来，他鼓励儿子："亲爱的，我特别喜欢你弹的那首小曲子，叫什么来着？"孩子眼睛一亮，说出了自己最喜欢弹的曲目。于是，小斯宾塞又轻松地弹起风琴。

斯宾塞指出："在一个家庭里，如果没有孩子的笑声和学习的声音，这个家庭是没有希望的。"日本教育家多湖辉说："没有笑声的家庭，培养不出聪明的孩子。"苏联教育家苏霍姆林斯基也说："给儿童以劳动的快乐，取得学习成绩的快乐，呼唤隐藏在他们心中的自豪感、自尊感，这就是教育工作的一条金科玉律。"所以说，父母必须转变思维方式，努力做一个快乐的教育者，并给孩子营造一个快乐学习的氛围，激发他们的学习兴趣，培养他们良好的学习习惯和引导他们掌握正确的学习方法，使他们愉快地学习。就是说，在孩子学习过程中要着力解决好四个问题：一是动力——我要学；二是方法——会学习；三是习惯——自觉学；四是心态——快乐学。

在快乐中认识书

犹太人给我们提供了一个堪称经典的做法。在犹太家庭里，当孩子开始懂事时,母亲就会翻开《圣经》,在上面滴上一点蜂蜜,让孩子去吻《圣经》书上的蜂蜜,使他们形成一种意识——书是甜的。在此基础上,引领孩子与书亲密接触。当孩子会读书的时候,父母将自己积累的书和笔记本搬出来,展示给孩子看,由此激发孩子强烈的读书欲望。全家人经常坐在一起,阅读一些孩子喜爱的书刊,讨论孩子所关心的话题;长亲定期带孩子去博物馆、图书馆,培养孩子的阅读兴趣。长亲还经常做孩子的"伴读",或细心指点,或轻声鼓励。

孩子入学的第一天,要穿上新衣服,由拉比(犹太学校的负责人与职业教师)或赫里姆(有智慧的人)带到教室。教师发给每个新生一块干净的石板,石板上用蜂蜜写着希伯来字母和简单的《圣经》文句,孩子们一边诵读字母,一边舔掉石板上的蜂蜜。然后,分给孩子蜜糕、核桃和苹果。这样,孩子在学习上一开始就尝到了甜头,从而把学习与甜蜜联系起来。

兴趣是最好的老师

一、从感兴趣的东西入手

只有兴趣,才会引导孩子全身心地投入到学习中,从而取得丰硕的成果。年幼的孩子之所以能很快掌握一种技能,完全是因为他们觉得学习不是件苦差事,而是有趣的、快乐的、轻松的事情。

要让孩子喜欢学习,就必须引导他们从小把学习与快乐、兴趣、甜蜜联系起来,从孩子感兴趣的东西入手引导他们学习。如果你的孩子喜欢听故事书,那么,你就买几本故事书,读给他听。当孩子还想继续听时,停下来启发孩子:"妈妈(爸爸)认识很多字,所以知道很多很多故事。"这时候,孩子会说:"我想知道很多很多故事,我要认识很多很多字。"如果你的孩子喜欢汽车,你就买几辆小汽车玩具,让孩子学习数数,并告诉孩子,学习数数,长大后自己能造很多很多漂亮的汽车,从而使孩子对学习数学产生浓厚兴趣。

二、激发孩子的好奇心

提高孩子兴趣的最佳方法是激发和唤起孩子的好奇心。在孩子的眼里，世界上的一切都是新奇的，他们总是怀着好奇心追问事情的原委。我们要保护好儿童这种可贵的好奇心，并将其向着积极的方向引导。要全面激发孩子的有益兴趣，使他们因熟悉产生好感，因快乐提高兴致，因新奇吸引注意。日本教育家铃木镇一在教育孩子过程中，总是不厌其烦地回答孩子提出的各种问题，并且十分注意引导孩子去发现答案，而不是脱口而出地直接告诉答案。他认为，对孩子的智能发展而言，思考的过程比思考的结果更重要。即使知道答案，也不要急于告诉孩子，尽量给孩子留下思考和讨论的空间。就是说，对孩子的问题最好的反应方式是和他们一起探索。孩子亲身经历的东西，远比别人告诉和书本上得来的知识印象更深。铃木镇一还告诉长亲，买回家的书不要放在外面任由孩子翻阅，在每天读书结束后，书要由大人保管，让孩子对读书充满期待和好奇。如果把书交给孩子任意翻阅，他会很快失去新鲜感，这样就很难使他们产生学习兴趣。因此，只有当孩子觉得学习是快乐的，才让他们开始学习，并且一定要在孩子还想学更多的时候结束，因为孩子的注意力只能集中一小段时间，所以学习时间不宜过长，这样就能保持孩子的学习兴趣，收到良好的学习效果。

一次，安娜到普林斯顿大学参观。在喷水池边，她看见一个男人站在那儿，聚精会神地盯着水珠下落，头一会儿偏向左边，一会儿偏向右边。好奇的安娜走近他，察觉到背后有人，观测者转身问道："小姑娘，从一片大瀑布中看出一个个水点来，你做得到吗?"然后，他继续观察。安娜学着他的样子，在喷出的水流前伸出自己的手指晃动，顿时，水流仿佛凝固成千万个小水滴。他们开心地看着，交流着。最后，那位观测者要走了，他望着安娜的眼睛叮嘱道："孩子，别忘了，科学就像这样子去探索、去寻找乐趣!"这位观测者就是大名鼎鼎的阿尔伯特·爱因斯坦，他告诉孩子:只要感兴趣，学习和探索就是快乐。

三、利用孩子的兴趣，运用诱导的方式开启和培养孩子的智力

第一，当孩子对某件事物表现出兴趣时，不要简单地因自己认为

"没用"而指责和否定孩子。

第二,利用兴趣可能给孩子带来的快乐和专注,获得与这一兴趣相关的知识,鼓励和引导孩子学习。

第三,引导孩子通过自己查阅和请教别人的方式获得知识。

第四,尽量不使用"任务""作业"这类词,而代之以有趣的开头。

四、让孩子愉快地树立学习目标

教育孩子不应该首先确定是要把他们培养成科学家还是音乐家,不能先入为主地确定教育目标,而要激发他们自发的干劲与兴趣,让他们以愉快的方式树立学习目标。不能把长亲的意志强加在孩子身上,要引导孩子根据自己的特点和爱好确立学习的远期目标和近期目标。

五、兴趣来源

(一)熟悉产生好感

孩子对在无意识中熟悉的事物往往会产生一种特别情感。让孩子在无意识中重复感受一件事物,孩子很可能产生兴趣。

(二)快乐提高兴致

要让孩子做一件事时感到快乐,从而感兴趣。

(三)新奇吸引注意

好奇心促使孩子对新事物感兴趣。应充分利用孩子的好奇心引导孩子对学习感兴趣。

(四)爱屋及乌

因为喜欢一件事,导致喜欢与这件事有关的事。要善于发现和利用孩子喜欢的事,诱发他们的学习兴趣。

习惯成就学业

关于习惯，第三章第二部分和第四章中的"路径依赖原理""鲸鱼原理"从不同侧面作了介绍。本部分专门介绍一下学习习惯。

习惯影响人的一生，甚至决定人的命运。学习习惯在很大程度上影响着一个人的学业成就。养成了良好的习惯，学习就成功了一大半。好习惯很多，下面介绍几个比较重要的习惯。

一、观察习惯

观察是有目的、有计划的知觉，是感知的高级形式。著名生理学家和心理学家巴甫洛夫把"观察，观察，再观察"作为自己的座右铭。

在儿童的日常生活中，应大力培养他们观察的习惯和能力。爱看爱问，能闻的尽量闻一闻，能尝的尽量尝一尝，能摸的尽量摸一摸，对新奇的事物一点儿也不放过。对动态事物如小蝌蚪变青蛙要连续观察，并按时间作好纪录，对重要的事物作观察日记，对仔细观察的事物要从整体到局部、从上到下地观察，并突出重点。

二、思考习惯

人只用感觉器官去感知和观察世界是远远不够的，还必须对感知进行思考。孩子只有善于思考，才能对所学的知识有较深刻的理解，并做到触类旁通。

其实，孩子天生就是观察家和思考家，对一些成人习以为常的事物，孩子往往会津津有味地去观察并提出许多问题。作为孩子的长亲，一方面要呵护孩子的好奇心，另一方面要善于引导孩子去观察、去思考。例如，可以通过以下对话引导孩子思考：

长亲：为什么说猪、牛、羊是动物？

孩子：因为它们会叫唤。

长亲：鱼、虾不会叫唤，也是动物，为什么？

孩子：它们会游泳。

长亲:鸟不会游泳,会飞,是不是动物?

孩子:鸟也是动物。会动的都是动物。

长亲:汽车也会动,它是不是动物?

孩子:汽车自己不会跑,是人开动的,不是动物。

长亲:对。汽车没有生命。凡是自己活动的生物都是动物。

培养孩子思考习惯,除培养思维的准确、深刻、敏捷等品质外,还应注意培养创造性思维,克服思维定式的消极影响,培养发散性思维(多方面、多途径、多角度地进行思考)和逆向思维(从相反方向进行思考)。例如,用 6 根火柴摆出 4 个等边三角形,又不允许把火柴折断。许多人习惯于平面思维,无法解决这个问题。如具打破这个思维定式,从立体角度进行思考,先用 3 根火柴摆个三角形,再用剩下的 3 根火柴立起来摆,就能摆出 4 个三角形。

日本教育家多湖辉在教育实践中提出了激发创造思维的二十五原则,请参阅第三章第十三部分。

三、专心听讲的习惯

现在,学生的作业很多。有的学生为了应付教师检查,在课堂上做作业,影响了听讲的效果。要引导孩子专心听讲,使自己的思路跟着老师的思路走,即使有的问题不明白,也不要念念不忘,可做记号,等课后再请教老师。在课堂上思路要活跃,多回答老师的提问,不要怕回答错了;即使回答错了,也正是学习的好机会,老师给纠正了,记忆会更深刻。听讲过程中,对一些重要知识要做好笔记。

四、张弛有度的习惯

一张一弛是文武之道。要教育孩子养成科学用脑的习惯,该学习的时候,集中精力好好学习,该玩的时候尽情玩,该锻炼身体的时候积极锻炼身体。45 分钟一节课,符合用脑科学,要充分利用课余时间休息大脑。做作业时,也应以 45 分钟为限,到了 45 分钟,就活动活动,做做眼睛保健操,到院里跑跑步,或者做做俯卧撑、仰卧起坐等。要防止孩子做完作业紧接着看电视,看完电视又做作业,这样不仅大脑得不到休息眼睛也始终得不到休息,容易形成近视眼。

五、随时记忆的习惯

对一些重要的知识如重要的时间、地点、人物、公式、名言和诗句等，要求孩子随时记住。一开始可能做不到，但只要坚持做了，养成了习惯，就会大大增强记忆能力和听讲时的专注力。

六、阅读的习惯

不同年龄段的儿童，阅读的方式是不同的。对小学里的儿童，要教会孩子在阅读的同时思考，在思考的同时阅读。要达到一种自动化的程度，即用视觉和意识来感知所读材料。良好的阅读能力能够促进智力发展，千万不要让儿童死记硬背。

实践出真知

现代生活的一个显著特点是，城市化进程越来越快，城市中孩子与大自然接触的机会越来越少，孩子从小生活在钢筋混凝土构筑的空间里，不间断地学习、学习、学习，学习几乎剥夺了他们做游戏的时间、动手做实验的时间和到大自然中体验的时间，这样不但使孩子觉得累，喊"苦"，还限制了他们的全面发展。

"用记忆来代替思考，用背诵来代替鲜明的感知和对现象本质的观察，这是使儿童变得愚笨，以致最终丧失学习愿望的一大弊病。"（苏霍姆林斯基语）"纸上得来终觉浅，绝知此事要躬行。"（陆游诗句）"要知道李子的味道，就得亲口尝一尝。"（毛泽东语）在实践中学，不但理解得快、记忆得牢，而且学习能力提高得快。当孩子用自己的眼睛看到每一个平凡的奇迹时，实际上他正在将自己变成另一个牛顿。

一、大自然是孩子的良师益友

世界上没有比大自然更好的老师了，它能教给人无穷无尽的知识。只要有心，自然界的一草一木都可以随时成为教育的素材，因此长亲应经常以大自然为主题对孩子进行教育，让孩子直接面对大自然中的各种事物和变化。孩子理解事物的速度会比成人快 20 倍。大自然是一部包罗万象的教科书,可以让孩子观察动物和植物,了解太阳和地球的关系,等等。例如,可以让孩子注意看一小块景观,然后闭上眼睛,回忆看到的画面。这样,能够有效地锻炼孩子的观察力、专注力、逻辑能力、记忆力等,而且孩子会兴致勃勃感到非常快乐。

德国教育家卡尔·威特就经常以大自然为主题对儿子小卡尔进行教育。他经常带儿子到大自然中边欣赏边讨论。小卡尔三四岁时,卡尔·威特每天都要带他散步一两个小时,一边走,一边摘野花解剖,或者捡块石头说点地质知识。有一次,小卡尔从塞肯得罗夫那儿看到了流星雨,激动万分地说:"我一定要努力学习,长大以后去探索更多的大自然的奥秘。"小卡尔的学习都是在充满无穷乐趣的状态中进行的。

为了向大自然学习,英国教育家梅森建议:

◆对儿童最有价值的知识是在成人指导下儿童用自己的感官在实践中获得的知识。

◆如有可能,应带儿童去剧院、公园、海滨等地,增加儿童的实际知识。

◆允许儿童按照自己的爱好和方式学习知识。

因此,要定期带领孩子到大自然中,在大自然中以玩为主,边玩边学,玩中有学,寓教于乐,充分运用大自然这本生动的教材,锻炼孩子的视觉、触觉、听觉、嗅觉和味觉。

二、把学习变成孩子喜欢的游戏

所有动物都喜欢游戏,小猫喜欢弄老猫的尾巴,小狗和老狗互相咬架,这都是为了发展捕捉老鼠和咬死野兽的能力。动物训练下一代的技能都是在游戏中进行的。同样,游戏也是唤起孩子兴趣的最好办法。

游戏是儿童主动的、自愿的活动,是适应儿童内部的需要而产生的。游戏不在于外部的目的,而在于本身的过程。游戏不是模仿,而是通过想象去反映现实生活。具有这些基本特征的语言、计算、音乐、美术、身体运动等都可视作游戏。

对孩子来说,学习和玩耍是没有区别的。长亲要善于把学习变成孩子最喜欢的游戏。许多厌学的孩子认为学习是一件痛苦的事情,这与他们认为学习没意思有关。现在的孩子,普遍缺少"有意义的玩"这一课。孩子放学后,被"关"在钢筋混凝土的大楼上,外加一扇防盗门。

孩子整天面对着暮气沉沉的祖父母、老气横秋的父母,"与世隔绝"的孩子除了学习,只能透过窗户仰望星空。他们那些应该在玩中得到发展的想象意识慢慢萎缩,应该在玩中得到养成的道德习惯难以实现,应该在玩中得到磨砺的社交能力成为泡影。治疗孩子厌学的秘方是把学习变成有趣的游戏。在孩子娱乐的时候,只要稍微动脑想办法,做一些努力,把理论知识融入娱乐之中,单纯的玩耍会变成使大脑变聪明的工具。意大利教育家蒙台梭利在实践中发明创造了 340 多种教具、玩具,如让孩子认识物的大小的粉红塔、认识粗细的棕色梯、辨别声音强弱的听筒、学习四则运算的银行游戏等,来训练孩子的视觉、听觉、触觉、味觉等感官的敏锐度,让孩子在简单的操作中领悟十进位、连续数、分数、二项式等深奥的数学原理,发展孩子的抽象逻辑思维,并学会认知世界的基本方法,同时,激发了孩子学习知识、探索知识的无限兴趣。

日本教育家铃木镇一在教学中引入了游戏,发明了"抽签学习法"。

有一个孩子叫寅次,聪明灵巧,很有演奏小提琴的天赋。因为他学得快,所以经常在练习完之后做鬼脸、发出怪叫声,严重扰乱了课堂纪律和学习气氛。铃木发现后,让他在自己身边练习,罚他长时间练。但寅次反复练习同一首曲子,时间长了,养成松懈、应付的坏习惯且不愿意继续学习了。经过沟通,铃木明白了寅次不想上学并不是因为他不喜欢学习,而是枯燥的练习使他失去了好奇心。铃木一直在思考如何提高孩子们练习同一首曲子的兴趣。有一天,他受商店"抽签中奖"促销活动的启发,发明了"抽签学习法"。他把写好曲目的竹签放进竹筒,让孩子们抽。寅次首先抽。他抽到了《巴赫的波尔卡舞曲》。铃木说:"寅次同学,这是你抽的结果,你是否同意今天就学习这支曲子?"寅次说:"同意,抽签的结果哪能随便改呢。"接着,每个孩子都争着抽签。寅次无比热情地投入了练习,不再捣乱。后来证明,这种方法非常有效,极大调动了孩子们的学习积极性。

方法就是效率

掌握有效的学习方法是快乐学习、提高学习兴趣和学习效率的重要途径。"授之以鱼,莫如授之以渔。"要引寻孩子总结和探索适合自己的学习方法,提高学习效率和学习质量,增强学习快乐感。这里介绍几种基本的、通用的学习方法,供参考。

一、注重基础

不管学习什么,都要练习好基本功,如体育项目的基本动作、书法里的基本笔画、数学里的基本概念和基本公式等。在老师讲完课后,做作业前,要用 10 分钟左右的时间思考老师讲了些什么,重点是什么,从而形成良好的思维定式。

二、善于模仿

由自己想学习到思考怎样学再到模仿,这是学习起步阶段的必经过程。主要模仿优美的语言、解题的思路和运动的动作等。模仿熟练以后,再去创新。

三、积累典型

就是将一些重要的、典型的概念和题型等记在一个笔记本上积累起来,便于掌握。

四、构建网络

将所有的知识进行梳理,按照一定的内在联系进行归类,形成一个体系。例如,将英语中有关时态的知识归纳起来进行对比记忆,这样,在复习时就能够纲举目张,一带就带出一大串知识来。

五、勤思善问

养成勤思多问的习惯,学习一个知识点时能够发散思维,联想到有关的若干个知识,而且思考之后仍然不会时就问别人,便会使孩子的学习不断深化。在做练习时,要使孩子明白题不在多而在精,善于用多种方法解决同一个问题,可以培养敏捷的思维能力。

六、"题不二错"

要引导孩子善于把错误当成进步的阶梯,做到"题不二错",就是这

次做错了,要汲取教训,下次就不再做错类似的题了,做到"会做的题永远会做,错过的题再也不错"。

"题不二错"的具体做法是:当看到错题时,就逐个环节追查,找出造成错误的那个具体环节。然后,分析造成这个环节错误的原因,包括基本知识、运算、解题方法和思路等。找到原因以后,再复习书本中的相关知识,在更深层次上理解所学知识。

七、去粗取精,把握要点

爱因斯坦创造了一种"高效率定向选学法",又称"淘金式学习法",就是找出把自己的知识引导到更深处的东西,抛弃使自己头脑负担过重和使自己远离要点的一切东西,然后集中全部智慧和力量攻克选定的目标,把主要精力放在对重点知识的理解上,放在记忆实质性问题上,放在独立思考和创新上。用爱因斯坦的话说就是:"我读书只抓住书的骨头,而对于它的皮毛我会抛掉。"

八、投入式学习方法

这是犹太人常用的一种学习方法,就是在学习的时候,充分运用全身各个器官,将眼睛看、口读、耳朵听和动作结合起来,除了抑扬顿挫地朗读,还按一定的节律左右摇摆,一边用手按着课本,一边动用所有能想到的身体器官予以配合,将自己完全投入进去。

帮孩子渡过难关

每个孩子在学习中都会面临这样那样或大或小的难关,或者不适应新学校的生活,或者不喜欢某位老师,或者记忆不好,或者学习兴致不高,或者考试成绩不理想,等等。这时候,许多长亲往往不分青红皂白责怪孩子,使孩子雪上加霜,对学习的反感程度增加,使本来不愉快的心情更加不愉快。请记住,此时孩子需要的不是训斥,而是鼓励和帮助。为此,长亲需要做以下工作。

一、关注孩子的心理健康，培育孩子承受挫折的能力

相关内容请参阅本书第三章第七部分。

二、教育孩子不怕困难，树立必胜信心

孩子终归是孩子，往往会在困难面前退缩。每当遇到这种情况，长亲一方面要表现出自己不怕困难，感染孩子树立信心；另一方面，给孩子讲道理，讲述名人在走向成功的路上是怎样克服困难的，并且让孩子明白，不只他自己会遇到困难，每个人都会遇到困难，名人也会遇到困难。有一个很好的例子，不但对孩子启发很大，而且笔者本人也受益匪浅，这里介绍给大家，希望大家再介绍给孩子，启发孩子树立信心、战胜困难、走向成功。

1983年，伯森·汉姆徒手攀登纽约帝国大厦，在创造了吉尼斯纪录的同时，也赢得了"蜘蛛人"的称号。

美国恐高症康复协会得知这一消息后，致电伯森·汉姆，打算聘请他做康复协会的心理顾问。因为在美国，有数万名恐高症患者，他们被这一疾病困扰着，有的甚至不敢站在椅子上换一只灯泡。

伯森·汉姆接到聘书，马上打电话给协会主席诺曼斯，让他查一查协会里第1042号会员情况。1042号会员的资料很快被调出来，他的名字叫伯森·汉姆。原来，"蜘蛛人"本身就是一位恐高症患者。诺曼斯大为惊讶，一个站在一楼阳台上都会心跳加快的人，竟然能徒手攀上一座400多米高的大楼，这确实是个令人费解的谜。他决定亲自去拜访伯森·汉姆。

诺曼斯来到费城郊外汉姆的住所，正赶上这里举行庆祝会，十几名记者正围着一位老太太拍照采访。原来，汉姆94岁的曾祖母听说汉姆创造了吉尼斯纪录，便专程从100公里外的葛拉斯堡徒步赶来，她想以这一行动，为汉姆的纪录添彩增辉。谁知这一异想天开的想法竟无意间创造了一个百岁老人徒步百里的世界纪录。

《纽约时报》的一位记者问：当你打算徒步而来的时候，你是否因年龄大而动摇过？老太太朗朗地笑着说："小伙子，打算一气跑100公里也许需要勇气，但是走一步路是不需要勇气的，只要你走一步，接着再走一步，然后一步又一步，100公里也就走完了。"

诺曼斯紧接着问汉姆:你的诀窍是什么？汉姆看着自己的曾祖母说:"我和她老人家一样,虽然我害怕 400 多米高的大厦,但我并不恐惧一步的高度。所以,我战胜的只是无数个'一步'而已。"

这个故事给我们的启示是:走一步路并不困难,若干个"一步"加起来就会走向成功。愉快地、踏实地走好每一步,成功在等待着你。

三、分析原因,对症下药

当孩子遇到困难时,长亲不能急躁,要静下心来和孩子一起分析造成困难的原因,看是主观方面的原因还是客观方面的原因,应如何解决。

笔者的儿子上小学的时候,曾遇到一个比较大的难题。新任语文课的老师脾气很急,经常在课堂上对学生发火,许多学生很不喜欢她,由此导致了讨厌上语文课,不愿意学语文,笔者的儿子也是其中的一个。笔者告诉儿子:语文老师和语文课不是一会儿事,学习不是给老师学的,要是给老师学,就没必要上学了,老师早就会所教的知识了。老师虽然脾气急,方法不恰当,但她是为了学生好。儿子初步明白了道理,但还是不乐意学习语文,有时一边做语文作业,一边说"要是给老师学的,我就不做作业了"。在儿子做他比较喜欢的数学作业时,笔者故意问:"儿子,要做好数学题,首先要弄清什么?"儿子回答:"题意。"笔者趁势说:"对。要弄清题意,就必须学好语文。语文是各门功课的基础,学不好语文,连题都看不懂,怎么能够做对?"经过耐心引导,儿子渡过了语文学习上的难关。

四、积极预防学习疲劳

学习疲劳在中学生中比较普遍,是指学生在连续学习之后出现的一种生理和心理异常现象,主要表现为大脑反应迟钝、头麻木或疼痛、注意力分散、思维滞缓、情绪沮丧或烦躁、对什么都不感兴趣。学习疲劳有暂时性学习疲劳和慢性学习疲劳两种。暂时性学习疲劳通过休息可以消除,慢性学习疲劳的消除需要花较大力气,如不采取措施,发展下去,对孩子成长发育十分不利。

造成学习疲劳的原因既有学校方面的,也有家庭方面的,还有孩子个人方面的。学校方面的原因,主要是学生在校时间过长、教师教学方法不科学,如"填鸭式"授课、搞"题海战术"。家庭方面的原因,主要是给孩子报的各种辅导班太多,给孩子的压力太大。学生方面的原因有死记硬背,照猫画虎,不讲究学习方法;学习没有一定之规,忙忙乱乱,一次学习时间太长,超过脑力限度,经常"开夜车",造成睡眠不足,脑子得不到充分休息;对某一科或者某几科不感兴趣,强硬着头皮听课、做作业,造成身心疲劳,学习无愉快可言。

预防和解决学习疲劳问题,必须综合治理。首先,家庭与学校密切配合,切实转变教育理念,改进教学方法,在培育孩子学习兴趣和学习习惯、探求学习方法和提高学习效率上下工夫,坚决把重复的、过滥的作业和辅导班减下来;其次,培养孩子良好的学习习惯,做到科学用脑、劳逸结合,每学习一段时间,就休息10～15分钟,休息时,可以做眼睛保健操和广播体操、跑跑步、跳跳绳、听听歌曲等。对一门学科的学习也不宜"连续作战",可以几门学科交叉学习。

正确对待考试

现在,大多数长亲和孩子本人都过分关注考试分数,使得一部分孩子惧怕考试,逃避考试,还有一部分孩子把考试当成了自己学习的唯一目标。每当考试前,许多长亲总是唠叨个没完,千叮咛,万嘱咐,一定要好好考,千万别粗心。有的父母给孩子制定了目标,一定要考进前几名。还有的长亲制定了奖惩办法,考多少分奖多少钱。当考试成绩公布后,长亲的情绪随着分数由高到低而由喜到怒,就像有的学生形容的那样:"80分以下女子单打,70分以下男子单打,60分以下混合双打。"就是说,考不到80分,母亲打孩子,考不到70分,父亲打孩子,成绩不及格,父母一齐打孩子。这些做法,主观上是为了孩子,而客观上却起了相反作用,一是容易给孩子一种错误的信号,学习是为父母学的;二是容易激发孩子考试时的紧张情绪,久而久之,有的孩子就形成考试恐惧心理,影响正常水平的发挥。

考试就意味着竞争。人的一生中,竞争正如呼吸一样,是非常自然的事情,也是很必要的。但作为长亲要认识到,孩子的生活是多姿多彩的,要用平和的心态,辩证地看待孩子的考试成绩,并引导他们正确地

对待考试,不能为考试而考试。

首先,正确评价自己的孩子,鼓励其发挥出最高的水平,而不要强其所难,提出孩子力所不及的要求。

其次,从总体上把握孩子的成绩,不要对一次、两次考试成绩斤斤计较。世界上没有常胜将军,要允许孩子有失误的时候。特别是小学和初中阶段,要给孩子宽松的学习氛围,让他们把精力集中到提高学习能力上,而不是分数上。

第三,考试之前,不能反复唠叨考试成绩;考试之后,要理智对待考试成绩。笔者的儿子每次考试之后,总是主动汇报考试情况。对于考试中出现的错误,笔者不是简单地批评,而是和儿子一起分析出错的原因。如果属于试题本身的原因和孩子的理解力达不到,笔者不但不训儿子,反而指出这种错误可以理解,从侧面给孩子树立信心。如果属于粗心大意,就问儿子:"这道题应该不应该错?是什么原因造成的?"儿子说:"不应该错,是粗心造成的。"这时,笔者强调考试不是目的,只是学习的一种手段,通过考试,发现自己的薄弱环节,进行重点复习巩固,错一道题,吸取一方面的教训,力争以后不再犯类似错误。这样,学习就会越来越好。

对儿子的考试分数,笔者总能辩证地对待。有时考得好照样挨批,考不好反而受表扬。儿子上五年级时,有一次数学得了99分,班里第1名,却挨了一顿训,因为他把做对了的题写错了,掉了一个"一"号。而在六年级第一学期期末考试时,虽然只考了班里第20名,却受到了表扬,因为他这学期腿部骨折,没上一天学,能考出这样的成绩就不简单了。

最后,要善于给孩子减轻压力,考试前尽量避开考试话题,并保证孩子有足够的睡眠和适量的运动。

给孩子愉快的学习环境

环境具有强大的影响力,给孩子耳濡目染、潜移默化的力量。在家庭中,应努力为孩子的生活和学习营造愉快的环境。

（一）营造民主、平等、和睦、欢快的人际环境

家庭成员之间互相关爱，分工劳动，商量办事，共同享受生活的快乐，互相赞美好的行为表现，运用礼貌和幽默语言。

（二）营造丰富、整洁、优美、爱提问、爱操作的智慧环境

家庭中有书桌、书橱、大地图、地球仪、小实验器具，有条件的家庭种植植物、饲养小动物。成人可以经常与孩子一起读书、讨论、做小实验。

（三）按时起居、规律生活、自我控制的意志环境

长亲与孩子制定作息时间表，坚持动静结合、科学用脑。

（四）愉快的教育环境

不要在自己情绪很糟时教育孩子，这时容易把这种情绪发泄到孩子身上；不要在孩子情绪低落时或者刚刚哭闹之后教育孩子，这时教育往往收不到好的效果；努力营造快乐的氛围，让孩子有成就感和幸福感。

家庭教育
三十九技

8

对孩子的教育，要像孩子学习母语那样，在潜移默化与不知不觉中发挥环境作用，运用生活中最容易上手的具体活动，开发孩子的潜能，培育孩子的心智。

他山之石，可以攻玉。巧借外力教育孩子，能收到意想不到的效果。

对于儿童的偏差，其改善之道，并非要求儿童立即改正，而是采取渐进方式，分阶段逐步要求孩子递减不当行为的发生次数，直到最后完全消失。

当孩子在行为上发生过失或者犯了错误时，长亲不给孩子过多指责和直接处罚，而是让孩子自己承受过失或者错误直接造成的后果，使孩子在承受后果的同时感受心情的不愉快甚至痛苦，从而引起孩子的自我反省，自觉弥补过失、纠正错误。

养育孩子是一种把理智、情感、智慧和能力融合在一起的复杂劳动。苏霍姆林斯基说过："没什么比父母教育孩子更需要智慧的了。"因此,掌握科学的教育方法和教育技巧显得十分重要。本章专门介绍家庭教育的一些技巧,掌握了这些技巧,可收到事半功倍的效果。

技一　母语模式

母语模式教育法是由日本著名教育家铃木镇一提出来的,是指对孩子的教育要像孩子学习母语那样,在潜移默化与不知不觉中,发挥环境作用,运用生活中最容易上手的具体活动,开发孩子的潜能,培育孩子的心智。

儿童在学习母语方面,能够轻而易举地学会许多成年人很难学会的东西,表现出优越的能力。无论母语多么复杂和困难,儿童都能学会它。教孩子学母语的方法是人间最好的学习方法,也是最能使孩子发挥出全部能力的最佳方法,所有孩子在学习本国语方面表现出来的优越能力,充分证明了每个孩子在其他方面也具备发展优越能力的可能。儿童会以学习母语的方式,通过观察、模仿和重复,逐渐掌握许多知识和技能,悄悄"克隆"父母的行为作风、文化品位、为人处世的态度等。

在母语学习中,人们毫不费力地引导孩子学习,从来不担心孩子学不好,也不会为孩子说不好话而骂他,更没有一个孩子因为厌烦说话而中途停下来。"母语模式"教育法是富有生命力的教育方法,值得推广到家庭教育的所有方面。

技二　快乐教育

英国教育家斯宾塞认为,孩子在快乐的状态下学习任何东西都比较容易;相反,如果处于情绪低落、精神紧张的状态,孩子的信心会减弱。因此,教育者不要在自己情绪很糟时教育孩子,不要在孩子情绪低

落时或刚刚哭闹之后教育孩子,要在家庭教育中营造快乐的气氛,让孩子有成就感和幸福感,教育者自身也要做一个快乐、乐观、积极向上的人。

因此,长亲要善于寓教于乐,把学习和教育寓于孩子喜欢的游戏之中,以调动孩子的积极性。

技三 自然奖励

对孩子应该做的事情,用行为取得的良好效果本身奖励孩子,使孩子产生心理上的愉悦,享受通过自己努力带来的成就感和快乐感,形成良性循环,进而养成良好习惯。

苏联著名教育家苏霍姆林斯基说:"你在任何时候都不要给学生打不及格的分数,请记住:成功的欢乐是一种巨大的情绪力量,它可以促进学生好好学习的愿望。""给儿童以劳动的快乐,取得学习成绩的快乐,呼唤隐藏在他们心中的自豪感、自尊感,这就是教育工作的一条金科玉律。"

对于孩子的学习,许多长亲用大量的物质奖励激发孩子学习的积极性,虽然有时能起到作用,但这是暂时的、脆弱的和不堪一击的,一旦没有了物质奖励,孩子就不会认真学习。而且,人的欲望是不断膨胀的,如果物质奖励不增加,孩子的积极性就会下降,久而久之,在孩子的头脑中就形成为父母而学、为物质奖励而学的概念。

笔者对孩子的学习,一直采用自然奖励和精神奖励的方法,当孩子取得好成绩时,首先向他祝贺,为他而高兴,然后告诉他这是应该的,从未进行过物质奖励,包括取得级部第一名的好成绩。因此,儿子就形成了这样的意识:为自己而学,学得好是应该的,学不好不应该,由此,养成了自觉学习、主动学习的习惯。

采用自然奖励法,要让孩子及时充分体验到取得成绩时的喜悦,如果长期得不到体验,孩子就会失去兴趣;如果孩子的良好行为过了好几天才得到褒奖,这种褒奖对孩子的激励作用会大大减小。

技四 牵牛鼻子

从孩子感兴趣的事情入手,引导孩子把精力转移到长亲所希望孩子做的事情上来。牵着牛鼻子走比拉牛尾巴、推牛身子要省力得多,效果也好得多。

笔者的儿子喜欢听故事,我们就充分利用这一点,在给儿子讲完故事后告诉他:"你要是认识字就好了,自己可以看更多更多的故事。"儿子怀着对识字的美好向往,快乐地学习语文。这样,儿子由喜欢听故事到喜欢学语文,再到喜欢学习所有课程。

再举一个例子。

皮奈特只爱看电视、玩游戏,对书本不感兴趣。一天,他的父亲拿着一个沙漏,告诉他这是古时候的钟表,里面的沙子全部漏下去时,正好 3 分钟。皮奈特很想玩玩这个沙漏。这时,父亲提出以沙漏为计量器,和皮奈特一起看故事书,每次以 3 分钟为限。皮奈特很高兴地答应了,他静静地坐下来听爸爸讲故事。但事实上,他根本没留意看书,而是一直看着那个沙漏,3 分钟一到,便跑去玩了。

父亲没有气馁,他决定多试几次。渐渐地,皮奈特的视线由沙漏转移到故事书上。虽说约定 3 分钟,但 3 分钟过后,皮奈特仍被故事情节吸引,要求延长时间,但父亲坚持"3 分钟"的约定,不肯继续讲。皮奈特为了早点知道故事情节,就自己主动阅读了。

技五 送金钥匙

这种方法用于开发孩子的智力,就是送给孩子打开知识之门的方法——金钥匙,善于点拨孩子的思路,引导孩子自己进行探讨,自己去推论,而不是直接告诉孩子答案。长亲给孩子讲的尽量少些,引导孩子去发现的尽量多些。英国教育家斯宾塞称这种方法为"自助教育"。

日本儿童教育专家铃木镇一认为,对孩子的智能发展来说,思考的过程比思考的结果更重要。即使知道答案,也不要急于告诉孩子,尽量给孩子留下思考和讨论的空间。也就是说,对孩子的问题最好的反应方式是和他们一起去探索。孩子亲身经历的东西,远比别人告诉的和从书本上得来的知识印象更深。因此,铃木镇一在培养女儿的过程中,十分注意引导她去发现答案,而不是直接告诉她答案。

德国伟大诗人歌德的母亲是法兰克福市市长的女儿,知书达理,富有涵养。她为了培养歌德凡事多动脑、勤思考的习惯,在给歌德讲故事的时候,每到关键处都故意停下来,让小歌德自己设想下面发生的事。歌德兴趣正浓,母亲不讲了,很着急,自然努力地猜想后面的故事。有时歌德说的不合逻辑,母亲便让他重新想,直到有合理的答案为止。这种方法丰富了歌德的想象力和构思力。

技六　暗示教育

暗示教育就是通过语言、手势、表情和暗号等对孩子施加影响,改变孩子心境、情绪、意志和兴趣的教育。在某些情况下,暗示教育比说服教育更为有效。

在孩子的学习活动中,要坚持积极暗示,防止消极暗示。例如,常常愉快地对孩子说:"真好玩!""真有意思!""进步真快!""以后学得还要好!"等,而不要说"累了吧?""太慢了!""又坐不住了!""真不专心!""还记不住!""真笨!"之类的话。

研究发现,当一个人不断从心理上积极暗示自己时,他的反应能力、兴奋程度和判断力、想象力、记忆力都会提高。在品质、道德和智力方面有杰出表现的人,有90%在自己的童年时期都受到过来自亲人的积极暗示,最多的是母亲,其次是父亲和祖父母。

所以,如果我们不能给孩子财富,那就给他寻找财富的信心;如果不能给孩子智慧,那就给他获得智慧的信心;如果不能代替孩子生活,那就给他生活的信心。

进行积极暗示,一要看到孩子各方面的长处和闪光点;二要常常鼓励和帮助孩子;三要善于使用侧面赞美的方法,如在客人面前表扬孩子等;四要善用表情动作,如亲吻、抚摸。

技七　阅读启蒙

这一技巧是美国教育家杰姆·特米里斯发明的。就是从孩子很小的时候就养成为孩子朗读的习惯,每天 20 分钟,持之以恒,孩子会在父母抑扬顿挫的朗读声中对阅读渐渐产生兴趣,逐渐领悟语句结构和词意神韵,产生想读书的愿望。这样,不但可以扩大孩子的词汇量,而且可以使他们集中注意力,激发想象力,丰富情感。

阅读启蒙越早越好。长亲朗读的内容应生动有趣,长亲要有耐心。

看电视不能代替为孩子朗读,因为五彩纷呈的图像会使孩子不能把注意力完全放在"听"上,而且会抑制孩子的想象力。有研究资料表明,孩子每天看电视 3 小时左右,读书效率骤减,大量看电视将影响孩子智力的开发。

耐心地、富有情感地为孩子朗读一首儿歌、一个故事,比一味地督促、强制孩子阅读要有效得多。

技八　他山之石

在教育孩子过程中,经常会遇到这样的困惑:对同一个问题,长亲左叮咛右嘱咐,孩子就是听不进去,仍然我行我素。许多长亲对此束手无策。

他山之石,可以攻玉。在这种情况下,巧妙地借助外力如报刊、孩子信任的人等,可以使问题圆满解决。笔者的儿子小时候很喜欢看电视,且每次看得时间很长。笔者多次讲看电视时间长了容易造成近视眼,要少看电视,但毫无效果。这时,笔者收集了报刊上关于看电视造成的危害的资料,带回家读给儿子听,儿子很相信报刊上的话,以后就

很少看电视了。

另外,笔者还有意识地带着儿子到比较优秀的孩子家中,让儿子与他们交流,从中受到启发。

此技巧既可用于纠正孩子的不良习惯,也可用于引导孩子做好某件事情。

技九　反客为主

当我们想让孩子强化某种意识、某种知识的时候,可以进行角色互换,故意假装自己不懂,向孩子请教,让孩子教大人、管大人。

在英国学校,孩子有一门课程就是如何当父母,内容包括如何应付婚姻冲突、如何适当地"惩罚"孩子和如何考虑孩子的花费等生活技能。在武汉市有的中学给学生布置了特殊的寒假作业,让孩子当"父母",亲身体验洗衣、洗碗、拖地和做饭等家务活的艰辛,从而体会做父母的责任、义务,增进对父母的理解,也培养劳动意识、吃苦耐劳精神,形成良好的习惯和性格。

笔者的儿子刚开始学英语时,很不感兴趣。笔者就采用了反客为主的方法,对儿子学过的英语单词,向儿子请教怎么读,让儿子当老师,儿子一看爸爸都向自己请教了,就很神气地告诉笔者怎么读。这时,笔者再乘机夸奖儿子读得非常好,比爸爸妈妈读得都好,儿子的信心和兴趣大增,久而久之,儿子对英语越学越好,上小学四年级时,还得过全国英语奥林匹克比赛的一等奖。

技十　亲子比赛

亲子比赛又称长幼比赛,就是长亲和孩子进行某个方面的比赛,以激发和强化孩子在这方面的兴趣。

英国教育家斯宾塞就常用这种技巧。他常带着儿子从镇上跑步到河边,在那里大喊大叫一阵,然后用石块在河中打水漂,两人比赛看谁打得多;或者用泥沙堆城堡,看谁堆得快。

在儿子上幼儿园和小学的时候,笔者也常用这种方法。我们在家庭内开展了做好事比赛。笔者让儿子专门用一个本子记录比赛情况,谁做了一件好事就给谁记上一颗红五星,而每做一件不好的事就记一个黑三角,结果是儿子稍占上风。这种方法,很好地调动了儿子做好事的积极性。笔者写这本书时,儿子又跟笔者赛上了。他写小说《人兽传说》,经常跟笔者比较写作字数,看谁写得多。此技巧可用于培养孩子积极向上的心态。

技十一 以色列技

1999 年 10 月,来自世界各地的 208 名教师和 202 名学生在日本东京参加一场联欢活动,其中一项内容是评选最受欢迎的教育方式。主持人设计了一道题,要求各国的教师回答:杰克兄弟俩是正在学校读书的学生,他们家离学校较远,需要开车上学。兄弟俩贪玩经常迟到,经多次批评仍然我行我素。有一天上午考试,虽然老师强调不许迟到,但他们还是因在路上玩而迟到了 30 分钟。老师问原因,他们谎称汽车在路上爆胎,因补胎耽误了时间。老师让他俩进教室后便悄悄到车库检查他们的汽车,发现四个轮胎都蒙着厚厚的灰尘,没有被拆卸的痕迹。很明显,补胎是他们编出来的谎话。请问,假设你是杰克兄弟俩的老师,你将怎样处理?

208 名教师分别写出了自己的答案。主持人经过分析整理,归纳出 25 种处理方式,其中主要的方式是:

中国式 一是当面进行严肃批评,责令写出检讨;二是取消他们参加当年各种先进评比的资格;三是报告父母。

日本式 把兄弟俩分开询问,对坦白者给予赞扬奖励,对坚持谎言者严厉处罚。

韩国式 把真相告诉父母和全体学生,请父母对孩子严加监督,让全班学生讨论,引以为戒。

新加坡式 让他们自己打自己的嘴巴 10 下。

美国式 对兄弟俩说："假设今天上午不是考试而是吃冰淇淋和热狗,你们的车就不会在路上爆胎。"

英国式 小事一件,置之不理。

俄罗斯式 给兄弟俩讲一个关于说谎有害的故事,然后再问他们:近来有没有说过谎?

埃及式 让他们向真主写信,向真主叙述事情的真相。

巴西式 半年内不准他们在学校踢足球。

以色列式 提出 3 个问题,让兄弟俩分别在两个地方同时作答:

◆你们的汽车爆的哪个胎?

◆你们在哪个维修店补胎?

◆你们付了多少补胎费?

主持人让 202 名学生从 25 种处理方式中选出自己最喜欢的处理方式,结果 91% 的学生选择了**以色列式**。

以色列式之所以受到大多数学生喜欢,是因为它的批评教育带有游戏性,适合孩子的心理特点,他们不觉得难堪、容易接受,给了他们自动改正错误的机会。

技十二　书信妙技

北京市清北育英素质教育发展中心将清华大学和北京大学的学生的成功习惯按照渐进的顺序进行系统归纳,整理成 10 封信,让中学生夹在自己的书里,每封信读 21 天,每天读 3 次,读完第一封再读第二封,依次类推。在读完信的同时,做好记录,读一次得 3 分。通过这种方法,培养学生良好的习惯,改掉不良的习惯。

美国教育家斯特娜为了使女儿养成良好的品行,特地给女儿绘制了品行表,一周一张,内容有 13 项:礼节、服从、宽容、亲切、勇敢、忍耐、诚实、快活、清洁、勤奋、克己、好学、善行。斯特娜注意在日常生活细节中有意识地培养女儿的这些品德。

长亲可以参照上述做法,根据孩子的实际情况,编写几封信,让孩子阅读。信的内容要生动形象,操作性强,能够吸引孩子。因为习惯的养成一般需要 21 天,所以,要求孩子每封信读 3～4 个星期,而且必须是读完第一封再读第二封,以增加孩子的好奇心和探索欲,达到增强效果的目的。

2007 年 2 月 7 日,笔者给上初中的儿子写了一封信,放在儿子的写字台上,儿子每天看一遍。信的内容如下:

行动养成习惯,习惯形成性格,性格决定命运。良好的习惯使人受益终生。

你已经养成了很多良好习惯,如坚持锻炼身体、礼貌待人、学习时坐姿端正、主动劳动等。

今年寒假期间重点养成以下两个习惯:

◆吃饭时坐直,不靠在桌上。

◆写作业时聚精会神,写字争取一次写准确,尽量不划掉重写,把字写工整大方。

经过一个假期,儿子在这两方面都有明显进步。

技十三　以物喻人

常言说,人物是一理。通过和孩子一起讨论动物、植物和其他自然现象,启发孩子的思维,用形象生动的事实阐释人生规律,能够收到很好的教育效果。

笔者的儿子在室外活动时间少,笔者多次催促让他到室外活动,但总变不成他的自觉行为。笔者养了两盆长青藤,一盆置于阳台上,既见光,又经风;另一盆则放在不见阳光的卧室里。经过一段时间后,阳台上的那盆长青藤长得又旺又绿,而卧室里的那盆长青藤不但黄了叶,而且奄奄一息。笔者就带着儿子观察两盆长青藤的不同,让儿子分析原因,儿子给出的答案正是笔者要告诉儿子的道理:生命需要阳光,需要经受风吹雨打。

潍坊一中的一个学生,在学习中有不良习惯。他爸爸教育他时没有直接说教,而是先问:"你知道小树是怎样长成参天大树的吗?"孩子

望着爸爸,很想得到答案。爸爸告诉孩子:"小树在成长过程中,要分出一些树杈,只有把这些树杈剪掉,才能长成参天大树。"孩子点点头。他们父子俩一起研究改掉不良习惯的方案。

有一个小学生,学习成绩一直排在全班二十多名,而他的同桌每次都是第一名。小学生问妈妈是不是自己太笨了。妈妈没有训斥儿子,也没有空洞地讲大道理,而是带着儿子来到了大海边。

母子俩坐在沙滩上,看着海边许多争食的小鸟。当海浪打来的时候,小灰雀总是能迅速起飞,拍打两三下翅膀就升入了天空;而海鸥总显得非常笨拙,它们从沙滩飞入天空总要很长时间,然而,真正能飞越大海横过大洋的还是它们。

儿子得到了启发。后来,他以全校第一名的成绩考入了清华大学。

技十四　巧用反问

命令孩子如何做,不如反问孩子如何做。对孩子的一些缺点,不是当头一棍大声呵斥,而是巧用反问句,给孩子考虑的空间,让他们自己教育自己。对孩子提出的问题,也可予以反问,引导孩子自己找出答案,以培养他们的思考能力。

所有的孩子都会出现这样的问题,当遇到不如意的事情时就会哭闹。笔者的儿子出现这种情况时,笔者就问儿子:"儿子,哭管用吗？如果管用,爸爸和你一起哭;如果不管用,就不要哭了。"儿子一想也是,哭也不管用,自然就不哭了。从此以后,儿子很少哭。

此技巧可用于纠正孩子无理取闹的毛病。

还有一种情况,就是对孩子无意识的提问,不要立即直接回答,而是通过反问启发孩子自己找到答案,以扩大孩子的思考天地。例如,孩子问:"为什么晚上必须睡觉？"长亲可以反问:"你想想,如果不睡觉,会怎么样？"于是,孩子就从各个方面考虑如果不睡觉可能出现的情况。这种反问,对提高孩子的思考力大有帮助。

技十五　单项选择

我们经常会遇到这样的情况,孩子的物质欲望很强,无休止地要这要那,许多长亲出于对孩子的疼爱,你要我就买,渐渐地使孩子养成了不良的习惯。

笔者的做法是给孩子限制性地满足与自由,列出几个选项,让孩子选择其中的一项,培养孩子的克制与节约。例如,带儿子去商店以前,先跟儿子讲清楚,要么自己在家里玩,要么到了商店只买一样东西。儿子自然选择后者。经过几次强化,再到商店时,儿子自动提出只买一样东西,对其他玩具等物品即使非常喜欢,也不再要了,只是站在柜台前多看几眼。由此,儿子养成了节约的好习惯,他还经常提醒大人要节约。

这种技巧,也可用在教育孩子的其他方面。让孩子在一定范围内自我做主,既培养了孩子的意志力,又培养了他们的独立意识和自我处理事情的能力。

技十六　创设情景

根据需要,创设一个情景,用事实教育孩子。

一天,我国杰出的教育家、政治家黄炎培来到自己家的楼上,见鸡毛掸子放在一边,突然灵机一动,故意把掸子扔在地上,然后冲着正在楼下玩的几个孩子喊:"孩子们,赶快过来,爸爸有事要跟你们说。"

孩子们以为是好事,便争先恐后往楼上跑。大女儿怕踩坏了地上的掸子,绕了一个弯跑过去,小儿子一个单腿跳了过去,小女儿干脆一脚把掸子踢开了。孩子的妈妈不知底细,也跟上楼。当她看见地上的掸子时,弯下腰轻轻地把它捡起来,放回原处。

孩子们问:"爸爸,找我们有什么事?"

黄炎培严肃地说："就是掸子的事。你们过来时掸子在什么地方？"

"在地上。"

"是谁捡起来的？"

"是妈妈。"

"你们几个孩子太不懂事了，看到东西乱扔也不知收拾一下，而你们的妈妈却能毫不犹豫地把它捡起来。她长期操持家务，养成了勤劳的习惯，而你们却什么事情都依赖大人，这样下去将来如何独立？从现在起，你们就学着做家务，学会自己照顾自己，长大了才能踏踏实实做些事。"从此，孩子们争着帮妈妈做家务，学习、生活都进步得很快。

有一个男孩喜欢看电视，看起来没有节制。为了帮他改掉这个不良习惯，他爸爸有一天专门请了假，在家里看电视。儿子放学后觉得很奇怪，就问："爸爸，你今天怎么没去上班？在家里看电视，不怕领导批评吗？"爸爸故意说："怕什么，有好节目看就行了，还工作干什么？明天你也别上学了，陪我在家里看电视。"儿子一听生气了，拉上他妈妈一块批评爸爸。这时，爸爸、妈妈一起因势利导，教育孩子看电视要有节制。儿子知道自己上当了，但还是欣然接受了爸爸妈妈的意见。

技十七　制造悬念

在印度，有一座寺庙叫加娜庙。它地方不大，庙门宽敞，庙里的景致一览无余。因此，购票进庙的人很少，加娜庙被迫关闭。关闭后的加娜庙反而激起了行人的兴趣，纷纷扒着门缝向里窥探。受此启发，和尚们刻意为加娜庙制造悬念，提供了供游客窥探用的加了锁的房间，新请来了一个只说半句话的和尚，并重新开放。

加娜庙的大门里面是一道影壁，挡住了人们的视线。和尚有意锁上了几间房，房里放了屏障，窥探起来很费劲。但游人一定要伸着头努力去看，能看到一张老床、一只老柜、一双旧鞋、一个小泥菩萨……游人乐此不疲。看不清的加娜庙被来访者赋予许多神秘的想象，编出许多故事，越来越多的人慕名而来。而庙里只说半句话的和尚，也只是从远方来的一个知识一般的和尚，他说半句话，纯粹是因为口齿不清，说话能短则短。但就是因为这，前来讨教的人倍加推崇，传言和尚很灵。

重新开放后的加娜庙香火旺盛，游人如织，一派繁荣景象。

教育孩子，在一些事情上也要像加娜庙的门那样半掩着，以勾起孩子的好奇心和求知欲，从而使眼前的事情变得其乐无穷。日本教育家铃木镇一告诉父母，买回家的书不要放在外面任由孩子翻阅，在每天读书时间结束后，由父母保管好书，让孩子对读书充满期待和好奇。

有一个父亲从单位借来了一把钢卷尺，在孩子面前玩了起来，把钢卷尺抽出来，弹回去，又抽出来，又弹回去。这样一表演，激起了4岁孩子的好奇心，孩子跑过来抢着要玩。父亲说："别抢，别抢，这是件宝贝！它能长能短，能知道我们家的房子有多长多宽，还能知道你长高了没有呢！"说着，给孩子量了量身高。这神秘的表情和举动，感染着孩子。孩子得到卷尺后，不住地量家具、量布娃娃多高。这样，孩子在愉快的氛围中很快认识了厘米、分米、十进制，强化了长、宽、高、面积、体积等空间概念，增强了活动能力。

技十八　易子而育

长亲往往对自己的孩子爱得过分，把孩子的失败当作自己的失败，不免以情绪化的方式对待孩子。而孩子也学会了以情绪化的方式对待长亲，导致双方关系紧张。

古人云，易子而教。意思是说，如果将自己的孩子与别人的孩子交换来教育，效果会好得多。因为不是自己的孩子，总有心理上的距离，这种距离恰恰是教育孩子所需要的。易子而育，让自己孩子到另外一个家庭"留学"，特别是到生活条件艰苦、文化氛围浓厚的家庭"留学"，取长补短，有利于孩子的成长。

近年来，杭州兴起了城市孩子到农村"认家"，组织12～14岁的城市孩子到淳安、武义两县的农村，住进农家，学习农活，照"全家福"，体验农村生活，取得了很好的效果，得到了城市孩子父母的赞赏。

与易子而育相似的还有一个联合家庭教育，就是说，几个年龄相近的孩子的家庭联合起来，由每个家庭根据自己的特长定期对孩子进行

有针对性的教育。在这种方式中,长亲所教育的不仅是自己的孩子,而是联合体家庭中的所有孩子。教育的内容既有文化知识,又有性格、习惯等非智力品质。这种方式,拓展了孩子的学习空间,使孩子有机会接触其他家庭的生活、教育模式;而且孩子有了学友与玩伴儿,有利于克服"娇、骄"二气;同时,还有助于消除独生子女的孤独感,使孩子在"同龄人社会"中成长,提高待人接物、与人相处的社交能力。

联合家庭教育能够发挥每个家庭中蕴含的天然教育优势,充分利用各个家庭的教育资源,使长亲能够在教育理念、教育方法上取长补短,也能够在几个孩子集体活动中更加客观、公正地评价自己的孩子,因此是一种值得提倡的教育方式。

技十九　生动具体

在表扬孩子时,要抓住要点,进行细致周到的评价和鼓励,切忌抽象地夸奖孩子,说一大堆空话、套话。

比如,表扬孩子画画好,不能抽象地说:"你画得真好!比毕加索画得还好!"正确的方法是,评价画中令人感动的地方:"这树的叶子画得很细致。这张脸画得很像爸爸。天空的颜色很有意思。你比以前画得更好了。"

无论对什么事,表扬一定要真诚,如果让孩子感觉表扬是虚伪的、抽象的,不但不会起到鼓励的作用,反而有可能使孩子对长亲失去信任。

技二十　就事论事

中国人有一种习惯思维,对人不对事,对同一件事情的态度因人而异。这种思维不但严重阻碍了依法治国的进程,而且不利于对孩子的教育。

　　许多父母在孩子犯错误时,往往上升到孩子的品质和能力的高度,如"你真笨,连这么简单的题都做错了""你真是个坏孩子,弄得满屋子都是泥"。这样做容易给孩子消极的心理暗示,不利于他们的成长。

　　正确的做法是,把人和行为分开,就事论事,或者只对事不对人。比如,对上述两件事,可以这样教育孩子:"你很聪明,但有时粗心。你看,这道题很简单,是因为你粗心才做错了。""我很喜欢你,但是我不喜欢你弄得满屋子都是泥。"

技二十一　以史为鉴

　　就是利用孩子的亲身经历教育孩子本人,这样的教育说服力最强。

　　为此,要建立孩子的成长档案,将一些重要的、有意义的事情记录下来,如身体发育状况、第一次学会做的事和特别好的表现、成功和失败的情况及其原因、上学或参加比赛等重大事件、做好事的情况等。在必要的时候,将这些资料拿出来,说服教育孩子,同样的错误不能老犯,好的习惯要坚持。

　　英国教育家斯宾塞的儿子小斯宾塞提出这样一个问题:"爸爸,我希望成为一个有教养的人,一个大家都尊重和喜爱的人,但我不知道该怎么做,你能帮我吗?"斯宾塞想了一个办法,把小斯宾塞所做的每一件好事都记录下来,且隔一段时间就念给他听。这样,小斯宾塞感到非常快乐,增加了自信,成为人见人爱的好孩子。

　　笔者的儿子上小学的时候,对他的语文老师很反感,由此不喜欢学语文,甚至抵触学语文。笔者苦口婆心地讲道理:"儿子,你很喜欢学数学,但要学好数学,做对题,首先要理解题意,而要正确理解题意,就必须借助语文知识。连字都不认识,能理解题意吗?"儿子说:"不能"。笔者接着引导:"对。再说了,咱学习不是给老师学的,你想想,对不对?"儿子回答:"对。"笔者说:"所以呀,不管老师怎样,都要学好语文。"这样,儿子的语文学习没有落下。以后,再遇到类似的问题,笔者就用这件事启发孩子,孩子也学会了以史为鉴,主动避免了因对老师反感而引起的偏科现象。

技二十二　家庭诱导

这是英国教育家梅森提出来的。她认为,孩子天生就是博物学家,每个孩子都对周围的事物感兴趣,父母的任务就是鼓励孩子的这种探索精神,诱导他们进行发现和探索,从而培养他们自主学习和深入探究的能力。相反,如果孩子觉得自己感兴趣的东西父母并不关心或者漠视,他们内在的兴趣就会逐渐消失。所以,培养儿童早期的天才潜质,家庭诱导具有十分重要的意义。

"家庭诱导"用于强化孩子感兴趣的事情,而"牵牛鼻子"用于引导孩子对不感兴趣的事情逐渐感兴趣。

技二十三　设身处地

先讲一个真实的故事。

在一个贫寒的家庭里,爸爸辛辛苦苦地工作。儿子很懂事,从不向父母提要求。有一天,儿子眉头紧锁,细心的父亲关切地问儿子怎么了,儿子开始什么都不肯说,后来经不起父亲的一再追问,才吞吞吐吐地说:"同学们都有自行车,只有我没有……"父亲沉默了,因为家里实在没有多余的钱。

过了几天,儿子欣喜地跑回家:"爸爸,给我两块钱吧。我要玩转盘游戏,奖品有自行车。"父亲看着儿子渴望的眼神,马上掏出了两块钱。一会儿,儿子垂头丧气地回来了:"我是世界上最不幸的人。"父亲又一次沉默了。

第二天,父亲让儿子再去试一试运气。儿子有点迟疑不决,但在父亲的鼓励下,还是拿着钱去了。这次,儿子蹦蹦跳跳跑回家:"我中了自行车,我是世界上最幸运的人,再大的困难也难不倒我了……"

若干年后,儿子事业有成,拥有了不薄的家产,仍然一直保存着那辆自行车。每当他受到挫折时,他都会想起那辆自行车,想起他是世界上最幸运的人。

父亲临终前,把儿子叫到床前:"你知道那辆自行车是怎样中的吗?"儿子困惑地看着父亲。"其实,那辆自行车是爸爸买的,我从亲戚朋友那里借钱买下了那辆自行车。因为我不想破坏你的感觉,不让你觉得自己是世界上最不幸的人。为此,我整整花了 10 年时间才把钱还清……"父亲的白发在儿子的泪眼中模糊了。

儿子就是日本著名的心理学家、教育家多湖辉。

有着如此设身处地为自己考虑的父亲,多湖辉是幸运的。但是,很多孩子并不像多湖辉这样幸运。他们的父母虽然不辞劳苦地教育孩子,但往往不能以一个实践者的心态来教育孩子,不会从孩子的角度看待问题,往往从自己的主观意愿出发,对孩子提出不切实际的要求,致使孩子身心疲惫,无法承受压力,进而一步步失去对学习的兴趣,甚至失去了对大人的尊重,父母的一片好心很难被孩子感受到,孩子并不领情。所以,多湖辉指出"勿以成人的标准要求孩子",必须设身处地地从孩子的角度考虑问题,承认孩子有孩子的逻辑、孩子的特点和需求。如果不了解孩子,就多想想自己小时候的样子,多去了解孩子。如果每个大人在教育孩子时都能设身处地为孩子想想,那么,孩子要比现在幸福得多。让孩子觉得他是最幸运的人,那么他就一定能成为最成功的人!

这就是设身处地教育法。

技二十四　爬山摘果

许多长亲对孩子的要求有求必应,由此造成了两方面问题。一方面欲求的满足度与等待实现的心理程度成正比,等待的时间越长,满足的程度越大。好不容易得到的喜悦与立刻到手的喜悦有天壤之别。孩子的所有欲求马上满足,使孩子的喜悦感大大降低,并导致孩子对生活缺乏激情,引发出心理疾病。另一方面,人一旦得到想要的一切,精神会松懈,丧失思考欲望和动手欲望。例如,对孩子有求必应的后果是,

许多孩子没有人给倒水便喝不上水，没有人给拿筷子和碗便吃不上饭。

因此，对孩子的一些日常玩乐、享受方面的要求，应适当延迟满足，最好是做出适度努力后再满足。如果有可能孩子要苹果吃时，让他爬到山上自己摘下来，经过自己劳动而获得的果实特别甜。

爬山摘果，有利于培养孩子的自控能力、节约习惯、正确的幸福观和乐观向上的态度。

技二十五　杀猪教子

曾参是孔子的学生。一天，他的妻子要上街买东西，儿子又哭又闹要跟着去。妻子哄儿子说："你听话，在家里等着，我回来就杀猪给你吃。"儿子听了母亲的话，没跟母亲上街。等曾参的妻子从街上回家后，看见曾参正和几个人准备杀猪，便急忙上前制止："我刚才只是哄孩子的，不是真的要杀猪。"曾参对妻子说："做父母的说话要算数。孩子小，什么都不懂，只会拿父母做榜样，听父母的教训。今天你说话不算数，骗了孩子，就等于在教孩子说假话。"曾参说服了妻子，把猪杀掉。

"杀猪教子"的故事告诉我们这样一个道理：教育孩子关键不在说的如何，而在于长亲要以身作则，要让事实说话。"杀猪"一件事胜过千言万语。有的长亲老埋怨孩子不学习、不听话，其实不是长亲没说，关键是长亲没做。所以，在教育孩子过程中，更多的应是"杀猪教子"。

技二十六　区别强化

区别强化用于改善儿童偏差行为，形成正确行为，其理论依据是斯金纳的白鼠实验。

斯金纳设计了一个类似箱子的装置，在箱子旁边有根杆子。箱内的白鼠如果压下了这根杆子，一粒食物就会落入离杆子不远的食物盒内，白鼠就可以吃到食物。一只饿鼠在箱内停了很久，仍然没有压杆的迹象。这时，为了让白鼠有趋向正确的动作，最后学会压杆，斯金纳把所期待的行为分成若干阶段，使白鼠逐步达到各个阶段所设定的标准。一开始，白鼠的许多动作都不是斯金纳所期望的。但只要白鼠的头朝向杆子，立即就有食物落入食物盒，这种奖励强化了白鼠朝向杆子的反应动作，其他动作逐渐减少。接下来，逐渐提高奖励的要求，依次奖励白鼠更接近杆子的反应，再奖励碰到杆子的动作，最后，只有压杆的行为，才获得食物的奖励。这个实验表明，行为的塑造可以达到所期望的程度。

由此可以得出，对于孩子的偏差行为，其改善之道，并非立即要求他们改正，而是采取渐进方式，分阶段逐步要求他们递减不当行为的发生次数，直到最后减到可以接受的程度，甚至完全消失。这种策略就是区别强化。

儿童的不良行为，若属于初犯，可以运用忽视、不直接作反应的方法来削弱。但事实上，真正初犯就被注意到的不良行为很少，多数是出现好多次才被发现。此时，不良行为已成习惯。一般情况下，长亲和教师往往忽略这项关键因素，恨不得让孩子马上改善。因此，把儿童所要改善的不良行为的标准定得很高、很严格，形成了双方对立的尖锐形势。冰冻三尺，非一日之寒。我们不能希望儿童的不良行为在一夜之间踪影皆无。长亲要有耐心，采用区别强化的策略，使儿童的不良行为逐渐得到纠正。

采用区别强化方法时，要选儿童非常喜欢的东西作为强化物（斯金纳实验中的食物就是强化物），并且最好要专一。

技二十七　明退暗进

一个行为，表面上是不做某件事，是往后退，而实际上是为了更好地做这件事，是往前进。在孩子对某件好事不理解、不接受甚至反感的时候，用此技巧可收到意想不到的效果。

比如，孩子 10 岁以后，有时排斥长亲的教育。在这种情况下，就可用"明退暗进"的方法。笔者的儿子 12 岁那年，笔者多次让儿子注意坐

姿,但效果不明显。有一天,笔者对儿子说:"儿子,爸爸真不想管你了。管你的话,爸爸要操心,你还不一定高兴。要是不管你,爸爸省心,你也高兴。"儿子听后,连忙说:"不行。爸爸。求求你,别不管我。"笔者顺势提出了对坐姿的要求,达到了理想的效果。当然,光这一次还不行,还需要不断巩固。

技二十八   自我教育

在家庭教育中,也要教育与自我教育相结合。孩子自我教育的效果比长亲教育的效果要好得多。

一个阳光明媚的春天,美国著名作家马克·吐温夫妇计划带着孩子乘坐堆满干草的大车到附近农庄旅行。但在出发前,大女儿苏西打哭了妹妹。事后,苏西主动向母亲承认错误,请求原谅。但按照马克·吐温制定的家规,苏西必须受到应有的惩罚。

至于惩罚方式,要苏西自己提出来,母亲同意后,就可以实施了。苏西犹豫了半天,最后终于下定决心对母亲说:"今天我不坐干草车去旅行了,这能让我永远记住这次过失。"马克·吐温夫妇同意了苏西的自我教育方式。

技二十九   触发内因

马克思主义哲学告诉我们,外因是变化的条件,内因是变化的根据,外因通过内因而起作用。

教育孩子也是这样。长亲的管教无论多么高明,观点多么正确,都要通过变成孩子的思想才能起作用。因此,我们要善于把大人的思想变成孩子的思想,不但让孩子口服,更重要的是让孩子心服。正如古人所说:攻城为下,攻心为上。

事实证明,受委屈的孩子很少去反省自己有什么过错,因为愤怒和不平占据了他的心灵；而被感动的孩子则常常反省自己，因为感动增加了他内心的勇气和智慧。

马尼拉勒是世界名人圣雄·甘地的二儿子。有一次，他让16岁的儿子阿仁开车送自己到几十公里以外的地方去会客。到达目的地后，父子二人约好碰头时间和地点，然后，阿仁把车子开到修车厂检修，自己跑到电影院看电影去了。

影片情节引人入胜，阿仁看入了迷，把接父亲这件事忘了。影片放完后，阿仁才发现比约定时间晚了半个多小时，便一路小跑到了修车厂，取了车子，迅速开到约定地点。马尼拉勒早已等在那里。阿仁怕父亲责怪，便撒谎说是修车耽误了时间。哪知马尼拉勒早已与修车厂打电话联系过，阿仁的谎言当即被戳穿。

出乎意料的是，马尼拉勒没有大声斥责阿仁，而是心平气和地说："你做错了事，缺乏讲真话的勇气，这是我平时管教无方的结果，所以，我决定自己走路回去，也好边走边反省。"

这时，天已黑了。马尼拉勒默默地在前面走，阿仁只好开着车子慢慢地跟在父亲后面，用车灯为父亲照路。父子二人就这样在路上走了五六个小时。

看着父亲艰难行进的背影，阿仁心中十分难过，他知道是自己撒谎惹的祸，便下决心以后再也不说谎了。

如果马尼拉勒当时只是简单粗暴地把阿仁责骂一番，这样不但容易激起阿仁的抵触情绪，而且阿仁会想办法使以后的撒谎更高明些。马尼拉勒通过反省自责，深深地触动了阿仁的心灵，使对阿仁的教育由让他改的外因变成了阿仁自己想改的内因，由被动变主动，改起来也就彻底。

技三十　自然惩罚

这是法国教育家卢梭提出的一种教育方法，为英国教育家斯宾塞等所推崇。就是当孩子在行为上发生过失或者犯了错误时，长亲不给孩子过多指责和直接处罚，而是让他们自己承受行为过失或错误直接

造成的后果,使他们在承受后果的同时感受心情的不愉快甚至是痛苦,给他们以心理惩罚,从而引起他们的自我反省,使他们自觉弥补过失、纠正错误。

自然惩罚的关键是让孩子感到受惩罚是自作自受,是应该受惩罚的。就是把行为结果直接作用于孩子,展现给孩子。自然惩罚比人为惩罚更有效、更公正,有利于孩子形成正确的因果观念。经过多次体验,孩子逐渐明白哪些该做,哪些不该做。

斯特娜夫人和女儿约好一起去看电影,女儿的同学又约女儿一起去玩,斯特娜夫人同意了,并告诉女儿必须在12点半以前回来,女儿答应了。但是,当女儿回到家时,晚了10分钟。斯特娜夫人没有批评女儿,只是指了指手表。女儿知道错了,向妈妈道歉。吃完饭,女儿赶紧换衣服,要去看电影,斯特娜夫人又指了指表,说"今天看不成电影了,因为时间来不及了"。女儿哭了。斯特娜夫人没有采取补救办法,只是说:"我也很遗憾。"

家庭教育专家孙云晓的女儿上四年级的时候,爱睡懒觉,每次叫她起床,她总要"再待一会儿"。真要是晚了,她还埋怨大人:"都是你们让我迟到了,怎么办啊?"后来,孙云晓给她一个闹钟,让她自己上好闹钟,自己叫醒自己。刚开始,闹钟一响,她用手一按就又睡了,上学迟到了。后来,她自己就想办法,放上两个闹钟,且放在手够不到的地方。从此,她再也没迟到过。

运用自然惩罚法,要注意以下几点:

◆让孩子对自己的行为负责。

◆可以提醒孩子,但不要教训孩子。

◆态度要坚决,同时又要充满爱心。

◆只有当过失后果不会损害孩子身心健康时,才可以用这种方法。

◆不适用于太小的婴儿。

技三十一　以褒代贬

在某些情况下,对孩子本应批评的行为不予批评,而是寻找一个可以表扬的方面,诱导孩子改正不好的做法。

笔者的外甥女上小学二年级的时候,有一天给她妈妈出了一道题"妈妈,我的一个同学回家后急着想喝水,但水很热,她就哭了。要是让你管,你怎么管?"笔者的妹妹故意说:"我就打。"外甥女就告诉她妈妈"我同学的爸爸没有打,对我的同学说:'你很聪明,想想看用什么办法可以让水很快变凉?'我的同学不哭了,想了一个办法,将水从一个杯里倒进另一个杯里,来回倒水就变凉了。"

在这个例子里,那位聪明的父亲以表扬孩子聪明代替批评孩子爱哭,不但达到了制止孩子哭的目的,而且还鼓励了孩子动脑筋,一举两得。

还有一个例子。6岁的詹姆士一人在家的时候想喝牛奶,就搬来一把椅子,踩上去,左手扶墙,伸出右手到冰箱中拿大罐牛奶,却没拿稳,手一松,整罐牛奶都打翻在地,几乎整个厨房的地面都是牛奶。詹姆士吓坏了。

妈妈回来后,却没发火,而是对詹姆士说:"好漂亮的牛奶海洋啊!但是,这样地板上很脏。你愿意不愿意跟妈妈一起把牛奶扫干净?"詹姆士当然愿意干了。打扫完后,妈妈又教詹姆士怎样拿才不会把罐子打翻。

这个例子中,妈妈没有粗暴地呵斥孩子:"你那么笨啊,连牛奶都不会拿!"也没有轻描淡写地说:"没关系,让妈妈来收拾。"而是先让孩子一起来收拾,然后再教育该怎样做,这样孩子容易接受。

技三十二　糖衣良药

孩子身体生了病,大人喜欢给孩子吃糖衣裹着的药,这样孩子容易接受。对孩子行为上的"病",使用"糖衣良药",效果同样好。就是说,在批评孩子的同时,要表扬孩子的优点,在肯定成绩的基础上对孩子进行适当的诚恳的批评,以防孩子丧失自信心。美国著名企业家玫琳凯将这种方法称为"三明治策略"。

比如,对孩子做错了题进行批评时可以这样说:"你最近表现不错,

进步挺大,老师说你上课认真听讲,作业能按时完成,要是你能把作业的出错率降低一些就更完美了。爸爸妈妈相信你能做到。"

技三十三　先发制人

就是在孩子可能要发生不良行为时,事前给孩子以正面引导和鼓励,以强化其正性行为。

比如说,我们常常见到这样的情景,当孩子哭闹时,长亲就进行哄劝:"别哭了,小宝宝,妈妈给你买糖吃。"这句话很有效,孩子立刻不哭了。但是,这却形成了"奖励"孩子不良行为的事实,孩子认为自己的哭闹换来了"奖励",以后想达到什么目的,首先想到的方法是哭闹。所以,用给好吃的、好玩的等办法制止孩子不良行为的做法是错误的。

正确的做法是先发制人,在孩子还没有开始落泪时就给他鼓励,鼓励他跟长亲合作,去克服困难。孩子会在潜意识里形成这样的概念:不哭闹,跟长亲合作,就有奖励,从而强化了孩子的正确行为。

技三十四　沉默是金

对希望孩子做到而孩子又一时做不到的事情,不可反复唠叨,应适当保持沉默,给孩子制定目标,让他们自己管理自己,长亲在关键时候再提醒、督促或强调。对孩子故意做出的某些不良行为,采取置之不理的方法,进行"冷处理",让其行为自动消失,效果会更好。

一位母亲望子成龙心切,整天催促儿子好好学习,结果适得其反,儿子不但没学好,反而不想上学了。无奈之下,这位母亲向董进宇博士请教。董进宇出一妙计,就是"闭嘴"。儿子在家20多天还不上学,母亲实在憋不住了,就给董进宇打电话。董进宇告诉这位母亲要坚持住。结果又过了20天,儿子开始说话了:"妈妈,我要上学。"儿子发现,整天一人在家里太无聊了,还是上学好。母亲的沉默,换来了儿子发自内心想上学。

凯伦夫妇6岁的儿子安脾气暴躁,稍不如意就大喊大叫,在地上打滚。凯伦夫妇想尽办法,骂他,打他,罚他站墙角,给他讲道理,这些都不管用。

有一天晚上,安突然想起要吃冰淇淋。凯伦夫妇跟他解释,天很晚了,商店都关门了,明天再买。安全然听不进去,倒在地上大喊,用头撞地,用脚踹东西。这次,凯伦夫妇努力克制着火气,坐在一边静静地看着儿子"表演"。安"表演"了半天,发现爸爸妈妈没有任何表示,觉得没意思,就自己爬起来回房间睡觉去了。从此,安乱发脾气的行为因为没有得到关注和强化而自然消失了。

"五四"新文化运动的领头人之一胡适小时候既聪明又调皮。在他做错了事的时候,胡母从来不在公共场合责备他,而只用严厉的眼光一瞅,胡适就被吓住了。

一个深秋的晚上,胡适身上穿着单薄的衣裳,站在院子里仰望繁星点点的星空。胡母关切地说:"天凉了,快进屋把夹衣换上。"胡适看星星正在兴头上,竟与母亲顶嘴:"不要管我,我顾不上。"这句话大大刺伤了胡母的心,她什么话也没说,扭头回到屋里。后来,胡适意识到自己犯了错误,跪在母亲面前直哭,请求原谅。

运用该技巧,要在不影响孩子安全和成长的前提下进行,一定要注意耐心。

技三十五　声东击西

"声东击西"是用兵之计,指表面上攻打东方,实际上却攻打西方。用于家庭教育,是指当孩子出现错误或有错误倾向时,表面上针对此事批评别人,而实际上是教育孩子。

中国人民解放军军乐团团长于海的女儿于乐拉写作业时粗心大意,于海就给学校写了一封信,说教师教得不好,让自己的女儿写错别字,把"眼睛"写成了"眼晴",要求校长给女儿换老师,并返还学费。于海把信写好后,并未寄给校长,而是有意让女儿看见。于乐拉看信后,

改正了粗心的毛病。

笔者在家庭教育实践中，当发现儿子有某种不良倾向时，就和儿子一起讨论批评有类似错误的人，包括电视上的人物、儿子熟悉的小朋友等。儿子跟爸爸一起批评了别人，自己自然也就不去做这种不好的事了。

技三十六　转移情绪

在长亲和孩子之间产生比较激烈的矛盾冲突的时候，或者孩子陷于某种矛盾或困难的时候，长亲往往容易激动，感情用事，导致处理问题不当，产生负面效果。因此，在处理孩子问题时，要掌握两条原则：一是先处理情绪，后处理问题，二是要向孩子表达尊重和关怀。而处理情绪的技巧之一就是转移情绪，包括以下两种情况。

第一种情况，当亲子之间的矛盾很激烈、互不相让时，应果断"休战"，过上一段时间如几个小时、几天或更长时间，各自在冷静状态下进行反省，矛盾就会缓和，也可能就得到解决。即使得不到解决，再解决起来也会理智得多。

第二种情况，当孩子陷于某种困难时，要引导孩子暂时离开这种困难的情景，把注意力转移到轻松乐观的情景上，使脑子得到休息，情绪得以平静，以利于困难的解决。

这里需要注意的是，此技巧只适用于亲子之间矛盾比较激烈的情况，如果亲子间没有形成对峙的状态，就应该及时对孩子进行教育，而不要"秋后算账"。

技三十七　以掐治掐

有一句成语，叫做"以眼还眼，以牙还牙"，意思是说：人若用怒目瞪我，则我也用怒目瞪他；人若用牙咬我，我也一定要用牙咬他，比喻对方怎样来,我就用同样的办法对付他。

以掐治掐,同"以眼还眼,以牙还牙"有相似的意思,但不完全一样。前者是用对方的办法来教育对方,后者则是用对方的办法打击对方,出发点不同,性质也不同。以掐治掐这一技巧,来源于家庭教育专家周弘的教育实例。

有个小男孩有掐人的毛病,其母亲向周弘求助。见面后,周弘对孩子的活泼可爱赏识了一番,但马上就遭到了攻击,被孩子掐了一下。周弘抓过他的小胳膊,笑眯眯地说:"你这样爱伯伯,伯伯也决定这样爱你。"边说边在男孩的胳膊上使劲掐了一下。孩子的眼里立刻冒出了泪水。周弘抱起孩子,问:"疼吗?"孩子嘴一咧:"疼。""那你掐伯伯、爸爸、妈妈的时候,我们疼不疼?""疼。""宝贝,那你希望爸爸、妈妈、伯伯怎样爱你呢?""抱我,亲我。""对呀,那你应该怎样爱伯伯呢?""这样。"孩子在周弘脸上亲了一口。从此以后,这个小男孩很少掐人,每当他举起手来想掐人时,大人就做个掐他的动作,他马上就明白过来了。这种方法比打和骂效果要好得多。

德国教育家卡尔·威特也使用过"以掐治掐"的方法。小卡尔·威特3岁时,有一天正在院里玩耍,一条狗跑了过来,他就学着其他孩子的样子,一把拽住了狗的尾巴。正在这时,他的父亲老卡尔·威特走来,看见儿子的举动他非常生气,一把抓住儿子的头发。儿子被父亲的举动吓了一跳,赶忙把拽着狗尾巴的手松开。这时,父亲才把手放开,对儿子说:"威特,你喜欢别人这样拽你的头发吗?"儿子红着脸说:"不喜欢。"父亲严肃地说:"你不喜欢这样,狗也不喜欢。"在父亲的教导之下,儿子成了一个感情丰富、心地善良、情趣高雅的人。

技三十八 一鼓作气

《左传》中有一篇著名的文章《曹刿论战》,该文记叙了春秋时期鲁国与齐国之间发生的长勺之战,这是我国古代以弱胜强的著名战例。当时,齐强鲁弱,齐国违背盟约侵犯鲁国。鲁庄公接纳曹刿的意见,采取了正确的战略战术,终于取得了这场战争的胜利。文中,曹刿有一段

著名的对话,说"一鼓作气,再而衰,三而竭。"意思是作战时,第一次击鼓能士气大振;第二次击鼓,士气开始衰退;第三次击鼓,锐气丧失尽了。后来就用"一鼓作气"比喻趁劲头大的时候一下子把事情做完。

教育孩子也要一鼓作气。特别是批评孩子时,要在孩子犯错误后,一次教育透彻,把道理讲清楚,使孩子在内心深处引起重视。切不可批评的时间过长,更不能对同一件错误反复批评,唠叨个没完,引起孩子的反感,结果事与愿违。

技三十九　以柔克刚

有些时候,孩子故意做出某种不好的举动以引起大人的注意或想达到某种目的,这时,可以利用这个时机,以柔克刚,巧妙地对孩子进行教育,避免"硬碰硬",直接"交火"。教育界一直流传着前苏联诗人米哈依尔·斯维特洛夫将计就计教育孩子的故事。

一天,斯维特洛夫回到家里,发现儿子舒拉坐在沙发上得意地吐着黑黑的舌头,家里人正慌作一团。原来,舒拉别出心裁地喝了半瓶墨水。诗人明白,舒拉一定是想以此成为全家关注的中心,而喝下的墨水不至于中毒,所以用不着惊慌。现在正是教育舒拉的好时机,可以将计就计。

诗人问:"你真的喝了墨水?"

舒拉没回答,仍旧坐在那里伸着黑舌头。

诗人没发火,而是从屋里拿出一沓吸墨水的纸,对舒拉说:"现在没有办法,只有请你把这些纸使劲嚼碎咽下去。"

一场虚惊被诗人一句话冲淡了。舒拉没有达到目的,从此以后再没犯类似出风头的错误。

此技巧只适用于孩子故意做出某些行为时的教育。

国内外
著名家庭
教育理论

9

母亲的素质决定着人类和中华民族的未来。

健康的婴幼儿个个是神童,每个孩子都能成为天才。世界上根本没有所谓的笨人,只有许多没有充分训练而低能的人。教育比天赋更重要。天才来自于良好的早期教育。

有益的玩就是学,有趣的学就是玩。

向孩子学习,与孩子一起成长。

大自然是孩子的良师益友。都市小家庭生活方式会导致学习障碍。应重视孩子的户外活动,让孩子亲近大自然。

伟大始于家庭。

无论您在生产岗位上的责任多么重大,无论您的工作多么复杂、多么重要,您都要记住:在您家里,还有更重要、更复杂、更细致的工作在等着您,这就是教育孩子。您的职业首先是做父母。

如果父母缺乏抚养教育子女的科学知识,那么对子女身体发育、道德训练和智慧培养会造成极大危害。

王东华:母亲的素质决定着
人类和中华民族的未来

王东华,男,1963 年出生,安徽芜湖人,教育学家和社会心理学家。

王东华的贡献,在于"发现"了母亲。他发现的是母亲的伟大,是母亲在教育孩子方面不可替代的重要作用,发现的是母亲的可敬、可叹、可怜之处。

以下为王东华家庭教育理论的四大论点。

一、为人父母的四个基本意识

(一)早期教育至关重要

孩子在 0～3 岁完成大脑组装,此时 1 年的学习能力相当于成人 10 年的学习能力。"0～3 岁是孩子大脑'硬件'发展的关键期,它将决定孩子的大脑'芯片'是 286 级别还是奔腾 486 级别。"

尽量不要把孩子寄养在别处,尽量不要让小孩住校。

不要把照顾小孩和教育小孩这么重要的任务交给保姆。

(二)教育要重视孩子的自主性

"抽好陀螺的第一鞭,让孩子自己'转动'起来,省时省力。"带领小孩入门是最重要的,让他自己"转动"起来,必要的时候才抽一鞭,省时省力。

父母和孩子的关系是太阳和向日葵的关系。在大的方面,父母是太阳,要把握方向,绝不含糊,小孩自然向着父母转;在小的方面,在方式方法上,小孩是太阳,父母要遵循儿童的心理规律,使良药不苦口。

（三）人的气概和胸怀是最重要的

人的智力无疑是重要的，但人的一生是否成功，智力只占很小的部分。

比智力更重要的是意志力，意志坚强、百折不挠的人，能够成气候，做老板，高智商的人要给他打工；比意志力重要的是品格；而更高层次的是人的气概和胸怀。

（四）孩子的问题与家长自身修养密切相关

当孩子有问题的时候，父母首先要从自己身上找原因。因为孩子的问题，父母往往是直接或间接的制造者。

孩子的成长，尤其是品德方面的成长，和父母的成长往往是连在一起的。

孩子越小，母亲越重要；孩子越大，父亲越重要。

二、关于母亲的十个发现

（一）早期的外界刺激对于人脑的完善具有重要意义

出生时人脑的大部分还是空白，还要在出生后继续形成，还要经过第二次诞生，也就是在接受外界信号的刺激下，人脑才最终变得聪明和完善。

（二）早期教育至关重要

教育孩子 1 年等于成人 10 年。在人生的头 3 年存在着一个镜像期，孩子的大脑像海绵一样全盘吸收他所感受到的一切。

（三）母乳喂养

母乳喂养对孩子的身体和精神发育都极为重要。

（四）气概是纲，纲举目张

在人的成长过程中，气概位于首位，其次是品德，再次是意志，最后才是智力。在孩子 3 岁以前可以进行早期智力教育，6 岁以后应重点进行气概教育,让孩子了解伟人,以感受伟人博大的胸怀。

(五)重视"潜教育"

以往的教育学是"教"的教育学,以后将是"做"的教育学。目前人类的教育已陷入困境,再好的教育都无法拯救道德水平的下降,其原因是教育的观念和方法走到了尽头。应更加重视"潜教育",即行为的学习和精神的学习。

(六)母亲是孩子的总设计师

教育孩子是世界上最大最深的学问,尤其是在孩子生命最初的几年里,生命中最本质最重要的东西是母亲给予的,这种教育不仅影响着孩子自己的一生,而且以遗传的方式影响着孩子的下一代的成长。没有哪一种教育比母教的影响更为深远和永久。"推动世界的手是摇摇篮的手,母亲的素质决定人类和中华民族的未来"。

(七)母亲的工作必将获得丰厚的回报

母亲在走出家庭、参与社会工作的同时,还需要回归母性。

(八)母亲在育儿方面有着本能的优越,不应本末倒置

女性的特点适合于人口再生产。现代社会母亲普遍感到太累,原因在于放弃育儿主职而到社会上从事其他生产,这是本末倒置。

(九)母亲是第一生产力

"母亲,只有母亲才是创造历史的真正动力。"

(十)母婴必须规划

育儿工程必须是全优工程,教育必须从娃娃抓起。计划生育不过是解放妇女、控制人口,而母婴规划才是让母亲成其为母亲。要重视优识、优体、优恋、优婚、优孕、优娩、优养、优育、优教、优境的母婴工程。孩子不是某个人的,而是全社会的财富,因此,全社会都要关心孩子和母亲。

三、对影响家庭教育行为的批判

◆减肥。减肥不仅损害了自身健康,而且为未来孩子的健康埋下隐患。

◆性解放。贞节不只是男性对女性的压迫所致,也是大自然内在规律性的要求,是为了给孩子提供一个良好的不受污染的母体。

◆堕胎。堕胎不仅是伤害母体健康的第一杀手,也给未来孩子的健康造成巨大伤害。

◆剖腹产。剖腹产要承担产妇出血多、术后易感染等风险,婴儿也易诱发肺炎,免疫力会大大降低。

◆拒哺。母乳是婴儿最好的生理食物和精神食物。

◆轻识字。早期识字对人的一生意义重大。

◆寄养。"亲生后母"现象在许多家庭出现。寄养可能使母亲获得了一时的解脱或者一时的事业成功,但将换来一辈子也挣脱不掉的精神枷锁。母亲的笑容是孩子成长的最好环境。

◆寄宿。将孩子送进寄宿制机构无异于送进了孤儿院,这表明父母的无知。

◆跳级。培养孩子不能一手硬一手软,智力的发展必须同社会能力的强化结合起来。如果跳级的同时缺乏同步的社会能力的锻炼,孩子很容易成为社会生活中的"弱智"。

◆离婚。婚姻的结果是孩子,孩子在婚姻中占有极重要的分量。离婚固然可以让处于婚姻和感情冰点的夫妻获得解脱,但是这种解脱是用孩子作为代价的,离婚让孩子承受了最严重的心灵创伤。

◆否定妇德。

◆唯我。孩子不是父母的私有财产,是独立的个体,要平等待他。

四、家庭教育十优工程

(一)优识

就是让青年首先在精神上、思想上、认识上做一个合格的父母。

（二）优体

就是让青年在身体上为做健康的父母奠定基础。束腰、束胸是对女性身体的摧残。没有母亲的健壮就没有孩子的健壮，就没有民族的健壮。

（三）优恋

就是让青年发出最好的父母意识，并在这种思想指导下去寻找最合适的配偶。杰出人物的双亲年龄大多相差较大，且多在 10 岁以上。男性的心理成熟步幅比女性慢，生育能力年限比女性长 20 多年。男大女十几岁，正好合乎生理和心理规律。

（四）优婚

是指找到合适的人结婚。婚前检查是优婚的重要内容。婚检除了近亲、疾病检查外，还应增加血型检查和遗传诊断。当双方血型不匹配时，很可能导致孩子血液病的发生，这是科学。对遗传病史、习惯性流产、怀孕早期接触化学、物理辐射物质等，应进行遗传咨询。

（五）优孕

就是选择最佳时机受孕并让母亲和胎儿得到最好的养护，孕育出最美最好的孩子。慎重试行婚后试婚，提倡早结婚晚生育。婚后 3 年受孕比较合适。倡导孕前检查，孕检比婚检还重要。婚检的重点在于双方能否结合，孕检的重点在于能否立即要孩子。孕检主要是对女方情绪、疾病、服药、流产、吸烟饮酒的检查。忌人工流产。

（六）优娩

就是让母亲和胎儿得到最安全合理的生产。将产科从医院中分离出来，建立诞院。

（七）优养

就是让孩子获得一个最强健的身体。

（八）优育

就是让孩子获得最完美的精神，使孩子有一个良好的非智力品质。

（九）优教

就是让孩子获得最卓越的智慧。人生的头 3 年是心理发展的关键期，对人的成长具有决定作用。母亲必须用 3 年时间专师教育，像男性服兵役那样服 3 年"母役"。

（十）优境

就是让孩子能够和谐幸福地成长。全社会树立"母亲第一，孩子优先"的观念。

卢勤：告诉孩子，你真棒

卢勤，女，1948 年出生，北京人。先后任《中国少年报》"知心姐姐"栏目主持、中国少年儿童新闻出版总社副总编辑、中国家庭教育学会常务理事。

卢勤在辛勤耕耘 20 多年的基础上，面对信息社会这个全新的文明体系进行了深度思考，提出了"观念一变，孩子就变"这个家庭的根本性问题和精髓，提出了快乐人生三句话：

面对生活，要微笑说："太好了！"

面对逆境，要敢于说："我能行！"

与人相处，要主动说："你有困难吗？我来帮助你！"

这三句话，成就了很多父母，挽救和激励了无数孩子。卢勤的思想，带来了一场家庭教育观念的变革。

一、"太好了！"——改变心情就改变了世界

父母要培养孩子无论遇到什么困难都能面对世界的良好心态，与

孩子一起发扬乐观主义精神,用"太好了"的心态去对待自己,对待孩子,对待学习和对待生活。

二、"我能行!"——改变态度就改变了命运

要让孩子取得真正的成功,就要让孩子大胆喊出"我能行"!"我能行"是一种人生态度,拥有积极的人生态度,才能品味到人生的快乐;"我能行"是一种勇气,有勇气的人,能够抓住机会获得成功。

培养"我能行"的孩子,首先要有"我能行"的父母和教师。妨碍孩子实现"我能行"的主要原因是父母在家庭教育中存在的心理误区。

一是平常心变成补偿心,把自己没有实现的梦想赋予孩子。

二是正常心变成反常心,经常拿自己的孩子和别人的孩子比。

三是责任心变成虚荣心,为了自己的面子,不尊重孩子。

四是保护心变成惧怕心,将爱变成了过度的保护,从而束缚了孩子的手脚。

三、"你有困难吗? 我来帮助你!"——改变情感就改变了生活

人生最大的快乐就是帮助有困难的人,体验帮助他人的过程会使孩子内心的情感世界发生巨大变化,从而改变孩子的生活世界。

四、亲子沟通的方法

◆倾听孩子的诉说。孩子在受委屈、遇到挫折时,第一需要不是父母的教训与帮助,而是有人倾听他的诉说。

◆蹲下来和孩子平视。

◆尊重孩子,与孩子商量。

◆让孩子自己作决定。

◆给孩子写信。对于那些比较敏感的问题,更适合用书信表达。

◆替孩子着想。

◆放孩子出去认识社会。

◆向孩子道歉。大人做错事主动向孩子认错,不但不会损坏大人在孩子心目中的形象,反而使大人在孩子眼中很有分量。

◆向孩子学习。

冯德全:健康的婴幼儿个个是神童

冯德全,男,1935年出生,浙江人。历任湖北省实验小学教师,业务校长,中学教导主任,武汉市教委、市教科所教研员,湖北大学儿童发展研究中心主任,武汉儿童早教学校校长、国家计划生育委员会人口管理培训中心优生优育培训部主任、客座教授等职。设计完成了"0～6岁优教工程及实施方案"(0岁方案),培养出大批早慧儿童。

冯德全被誉为中国当代早教之父,他开辟了儿童早期教育的新天地,推动了人类文明的新觉醒,给无数孩子带来了金色童年,给无数父母带来幸福的晚年,为成千上万家庭送去了比金子还贵重的东西,避免了无法弥补的遗憾,为中华民族作出了重大贡献,为我们国家和社会孕育了一个充满希望的明天。他提出的人有生理生命和心理生命"两个生命"、听觉语言和视觉语言"两种语言"的理论,具有划时代的意义。

冯德全的价值,远远大于身价480亿美元的世界首富比尔·盖茨,《0岁方案》的意义,不亚于电的发明,因为冯德全的理论将会培养出无数个比尔·盖茨,无数个科学家。

一、早期教育可以促进人脑健全、发达

人脑在0～6岁处于迅速生长期,6岁基本成熟,但成熟不等于发达。只有在生长期给予充分全面的食品营养和精神营养,大脑才能形成庞大的神经网络,拥有高超、完善、健全的脑功能。精神营养(各种有益有趣的信息刺激、激发孩子用脑)尤为重要。人脑遵循"用则进,废则退"的自然规律。

二、人类无穷潜能亟待开发

人的遗传素质分两种,一是父母长辈的近亲遗传,二是人类亿万年

进化的积淀,即人类潜能。近亲遗传在人类潜能面前是微不足道的,早期教育是开发人类潜能使之充分释放的教育。

三、人类要重新认识胎、婴幼儿

婴幼儿不但能学习,会学习,而且善于学习,是无意识学习的能手。他们有惊人的探求力、接受力、模仿力和记忆力,许多方面连成年人都望尘莫及。成熟的脑不能获得的素质他们可以获得,成人永远办不到的事,孩子从小培养就可能办到。

四、"视语"和"听语"同步发展

孩子可以像认人、认物、说话、走路和听音乐一样,自然而然、不知不觉、毫无压力和负担地初识汉字。

早期识字的重要性不在于识字的多少,通过识字,可以发展孩子的注意力、记忆力、观察力,在阅读中发展思维能力、想象能力。

婴幼儿识字和小学生识字有重要区别。婴幼儿识字是生活游戏的一部分,没有指标要求,以培养识字阅读的兴趣和习惯为目的,不要求会写、懂意。可以随时随地随事而教,也不必先学习拼音。

区慕洁:有益的玩就是学,有趣的学就是玩

区慕洁,女,我国著名的婴幼儿哺育、教养专家,1925年生,1951年毕业于北京协和医院师资班,先后任239职工医院小儿科副主任医师、中国优生科学协会理事和北京东城区计划生育协会理事等职。

区慕洁作为"婴幼儿早教泰斗"之一,对婴幼儿的护理与教育有独到的见解,使许许多多年轻的父母受益匪浅。

一、早期教育重在提高孩子的综合素质

早期教育要给孩子自主自由活动的时间和空间;年轻父母要满足

孩子探索、模仿和学习的需要,提供给孩子提高综合素质的机会。

早期教育特别要重视情商、情感、情绪的教育,同时,性格和习惯的培养也相当重要。

二、每个孩子都有自己独特的智能组合,不应该有笨孩子的概念

孩子的智能是多元化的,所有的宝宝都隐藏着天才的智能,关键在于有没有开发的环境。父母要做的事情就是尽早从日常生活中去认识孩子、观察孩子的发展状况,并且在宝宝进入正式教育前就发现他的闪光点。观察孩子最喜欢的玩具和游戏往往能找出其兴趣所在。

不存在一个幼儿有多聪明的问题,只存在一个幼儿在哪些方面聪明和怎样聪明的问题。每个幼儿都有自己的智力特点,有优势智力领域和弱势智力领域,有自己的学习类型和方法。

每个宝宝在音乐节奏、自知内省、数理逻辑、身体运动、语言发展、视觉空间、交流交往和自然观察八个智能方面都会有一个或多个自己独特的智能组合。

三、在游戏中培养孩子的情商和智商

◆多到户外参加集体活动,可以和比自己年龄稍大的孩子玩过家家,在游戏中扮演不同角色,也可以和邻居小朋友一起玩丢手绢、捉迷藏等,培养孩子的合作精神。

◆让孩子有成就感,如把要学的字写在卡片上,孩子认对一个就获得一张卡片。

◆让孩子自由发挥,试着改变或丰富游戏的内容。

四、学会与宝宝轻松"对话"

（一）眼光交流

宝宝一出生就具有与人交往的能力。妈妈可利用一切机会与宝宝交流,妈妈喂奶、换尿布或抱起宝宝,要经常和他说话并对他微笑。

（二）语言交流

啼哭是宝宝与生俱来的本能,也是宝宝表达需求、同外界沟通的主

要语言方式之一。宝宝哭时,最好尽快予以安抚。有时宝宝哭个不停,仅仅是他为弄不懂陌生的世界而闷闷不乐,这时候的啼哭实际上是一种感情宣泄,只要给其浑身检查一遍找不到问题时就不要担心。如果宝宝的哭声高尖、短促、沙哑或微弱,一定要及时就医检查。

每个宝宝都有那么一段时间,嘴里煞有介事地咿咿呀呀不停,大人都猜不出他们在嘟囔什么。这种呀呀学语的情况实际上是婴儿在学习说话。对此,父母应做出积极的反应并加以鼓励,如亲切地回应一声或报以鼓掌、微笑等。这样,可以培养孩子对话能力。

（三）手语交流

在婴儿8个月大小的时候,可借助手势与其交流。会使用手语表达自己需要的孩子,不容易有挫折感,学会说话的年龄也更早,而且以后的智商比其他孩子要高一些。

（四）心灵交流

父母应耐心当好宝宝的听众,即使不明白他们说什么,也不要打断他们说话。这样,不但能促进孩子的思维和表达能力,还能培养孩子的自信心及开朗的性格。

五、育儿的几个典型问题

（一）添加辅食

添加辅食的最佳时间在生后4个月。添加过早,食物中所含的淀粉不易吸收;添加过晚,不能保证小儿的合理营养。

添加辅食必须从少量开始,逐渐增加,由稀到稠,由淡到浓,由细到粗,由一种到多种。

（二）睡眠

充足的睡眠时间,不仅有利于婴儿生长,而且也有利于智力发育。婴儿6个月时应睡16～18小时,1岁时应睡14～16小时,2岁时应睡12～14小时。随着月龄年龄的增长,睡眠时间逐渐缩短。

每个婴儿所需睡眠时间的个体差异较大,只要睡得踏实,醒后精神

饱满,食欲正常,体重按月增长,就不必担心。

(三)预防佝偻病

佝偻病主要是由于婴儿的钙和维生素 D 摄入不足造成的。

婴儿每天在有阳光的树荫下活动和睡眠两个小时,就不必补充维生素 D 了。尽量母乳喂养,不可过早添加米糊,不可用鲜奶喂养,多晒太阳。

(四)吃零食

孩子吃零食本身不是坏事,零食里有许多营养成分,可以补充正常饮食里的不足。但若吃零食方法不当,如想吃就吃,食量又过大,特别是吃饭前吃糕点、糖果之类,结果不想吃饭,引起食欲下降就不好了。

科学的吃零食方法是尽量做到定时定量,食物要少而精。吃零食的最佳时间应在两顿饭之间,约饭前两小时。

(五)左撇子

人脑分左半脑和右半脑。左半脑是语言、逻辑思维的神经中枢,控制着右侧肢体的活动;右半脑是感知觉、形象思维的中枢,控制着左肢活动。左手或右手并不影响宝宝智力的发展,只可能会让宝宝以后有不同的资质。左撇子一般形象思维强,在绘画、雕塑等方面有所擅长。宝宝用左手还是右手不需严加限制,最好是左右手都发展,使大脑左右半球都得到发展。

孙云晓:向孩子学习,与孩子一起成长

孙云晓,男,1955 年生,山东青岛人。先后当过电工、教师、编辑等,现任中国青少年研究中心副主任、研究员,中国青少年研究会副会长,中国少先队工作学会副会长,《少年儿童研究》杂志总编辑。

1993年,孙云晓发表了报告文学《夏令营中的较量》,通过记叙中国和日本儿童的显著差距,尖锐地揭示了我国在教育思想、教育观念等方面存在的一些问题,在一定程度上推动了我国基础教育的改革。

一、教育的秘诀是真爱

(一)真爱

就是把孩子当作真正的人,尊重其人格,满足其需要,引导其发展,而不求私欲之利,是纯粹的、理智的、科学的爱。

有的父母将自己未实现的理想强加于孩子身上或强迫孩子接受自己的关怀,有的父母给孩子的爱是有条件的,要用孩子好的成绩来交换。这些爱,都不是真爱。

(二)要了解孩子

现实生活中,父母的社会地位和文化水平,与其教育孩子的水平不完全是一回事。有的父母虽然学历很高、地位很高,但教育孩子一败涂地,根本原因是不了解自己的孩子。

要了解孩子,首先要提高自己的素质,多看一些书,多听一些讲座;其次要找到与孩子交流的共同语言,关心孩子的心事,及时帮助孩子排忧解难;第三要做孩子的律师,在评判孩子的是非前,先为孩子辩护。

(三)要尊重孩子

当前,父母不尊重孩子的表现为:一是打骂孩子;二是软暴力,常说伤害孩子心的话;三是强迫孩子学习各种特长;四是不尊重孩子的情感,主要是对孩子的朋友缺乏起码的尊重,偷听孩子的电话等;五是用自己小时候的行为来判断孩子的行为。

二、向孩子学习,与孩子一起成长

在信息时代,孩子走在了父母前面,父母不再是知识的权威。现代社会是两代人共同成长的社会,现代教育是两代人之间相互影响的教育,向孩子学习是成年人真正成熟与睿智的标志。

要向孩子学习童真和原生命形态中尚未受到污染的美好品质,学

习乐于接受新事物新思想的精神,学习较强的平等意识、法律意识和环保意识等,学习开放宽容的思维方式。

三、培养良好习惯的具体方法

(一)关键在第一个月

(二)习惯养成的方法和步骤

◆认识习惯的重要。

◆与孩子及相关人员一起讨论制定适当的行为规范。

◆进行形象感人的榜样教育。

◆持之以恒地练习。

◆及时而科学地评估引导。

◆逐步培养良好的集体风气。

小学阶段是道德行为习惯培养的最佳期。

(三)培养好习惯用加法,矫正坏习惯用减法

父母不能希望好习惯一夜养成,坏习惯一夜无踪,要循序渐进。

四、未成年人的十个好习惯

◆热爱祖国,升国旗奏国歌时自觉肃立。

◆文明礼貌,微笑待人。

◆尊重他人,耐心听他人说话。

◆保护隐私,别人的东西不乱动。

◆利人利己,用过的东西放回原处。

◆诚实守信,说了就要努力做。

◆待人友善,观看比赛文明喝彩。

◆遵守规则,上下楼梯靠右行。

◆勤奋自强,坚持每天锻炼身体。

◆环保卫生,干干净净迎接每一天。

刘卫华 张欣武：教育比天赋更重要

刘卫华、张欣武是刘亦婷的母亲和继父，四川人，分别担任成都两家省级杂志的编辑。他们潜心研究家庭教育，边学习实践，边研究总结，博采众家之长，指导育儿实践。经过18年的不懈努力，终于结出了丰硕成果，不但培养出了品学兼优的好女儿刘亦婷，而且写出了两本家庭素质教育专著：《哈佛女孩刘亦婷——素质培养纪实》和《刘亦婷的学习方法和培养细节》。

刘卫华和张欣武的成功，在于他们突出了素质教育这个主题，探索出了"亲情互动＋理性导航＝顺利施教＋健康成长"的教育模式，其先进的理念和科学系统的教育方法如一缕春风，吹遍了千千万万个家庭。

一、教育比天赋更重要

孩子能否培养成功，决定因素不在于天赋高低，而在于孩子成长的小环境和大环境。正常人的天赋潜能在早期不存在够用不够用的问题，只存在被闲置、衰减和浪费的问题。

父母不要斤斤计较孩子的天赋，真正需要计较的是：父母是否愿意花时间去掌握教育规律？是否愿意花时间教婴幼儿观察认识身边事物？是否愿意花心思琢磨怎样在生活中教，在游戏中学？怎样帮助孩子培养有利于长远发展的各种好习惯？

刘亦婷没有数学遗传优势，但她很小就在吃喝玩乐的时候做分类概括训练，在买菜购物时学算账，上小学时又学下棋、做趣味数学题，结果她的数学智能发展得比一般人好，并在进哈佛大学时直接受益于自己的数学实力。

二、早期教育要和后继教育并重

培养孩子最好从0岁开始，但是早期教育并不具备一劳永逸的功

能；后继教育中意志力和价值观的培养不可忽视，因为意志力是自主发展的推进器，价值观是自主发展的导航仪。

刘亦婷在4~6年级中午放学回家后，放下书包就在长沙发上连做50个仰卧起坐，高中时自己增加到每天100个。寒假坚持晨跑，暑假坚持晨泳。

三、家庭教育要和学校教育互补

家庭要主动和学校形成"互动互补"的关系，学校能做到的依靠学校，学校做不到的要依靠家庭，用量体裁衣的方法培养孩子，针对孩子特点进行个性化的家庭教育。

应试教育的负面影响是客观存在的。学校偏重于智育，家庭就强化德育、体育、美育、劳动和各种课外活动；学校重视灌输知识，家庭就补充探索性学习方法和自学能力；学校没有性教育，家庭就主动提前进行；学校的某些观念和家庭有冲突，就让孩子学会"既要有主见，又要与外界保持协调"；孩子和老师发生矛盾，家庭及时进行心理疏导。

四、孩子的十大必备素质

◆身体好。

◆头脑灵。

◆性格优。

◆兴趣多。

◆情感美。

◆知识广。

◆品德正。

◆能力强。

◆后劲足。

◆发挥佳。

以上10项素质，前5项是0~6岁培养重点，后5项是6~18岁培养重点。

徐国静：保护孩子的心灵生态

　　徐国静，女，1957年出生，吉林人。中国作家协会会员，《星星河》创始人，现任中国少年儿童新闻出版总社研究部主任、主任记者。

　　徐国静主张，让家长感悟家庭教育真谛，给孩子伙伴，让孩子走进生活，走进自然，用自己的眼睛、耳朵、嘴巴、心灵、头脑、手脚等所有生命器官切实感受来自四面八方的信息。

　　徐国静认为，孩子的身心本来是敞开的、全息的，他们的思想象他们的呼吸一样自由奔放。然而，由于生活居所的限制和成人人为的限制，孩子的心灵日渐暗淡、失衡。

徐国静呼吁，放开束缚，解放孩子，让孩子自由飞翔，让他们的心灵重新充满活力、率真和灵性。

一、给孩子什么样的空间，孩子就长成什么样子

（一）让孩子成为独立的人

孩子很小的时候就出现独立的欲望。在学习爬行和走路时，总是想挣脱大人的呵护；他们尝试做一件事情，无视家长伸出援助的手；孩子要求有一张带锁的桌子，等等。是家长限制了孩子独立。孩子各方面的能力都需要通过自身实践才能获得，不放手让孩子做他力所能及的事情，他永远不会长大。要让孩子从参与家务劳动开始，给他们更多机会、时间去独立操作家务和课余各项劳动，使他们的生活空间得到拓展，动手能力得以提高，从而体会到独立成功的快乐。

（二）打开家门，给孩子伙伴

孩子只有在群体中才会产生一种安全感，才会勇敢地展示自己，孩子生命的内在能量才能快速释放。对独生子女的教育，最重要的是给

他伙伴和群体成长的环境。

（三）在行动中发现和创造

独立教育是一种行为教育，不能单靠语言传递，而要通过各种独立行动的训练来完成。引导孩子，并不是利用成人的意愿对孩子进行强制指导，更不是给他们灌输成人意识，而是给孩子提供独立发现的自由环境和空间，让他们全身心沉浸在大自然中。孩子是天生的创作者，他们的思维时刻处于创造状态，随时随地都在从事创造性的活动。家长只要给孩子一点提醒或启发，孩子潜伏的创造激情就会点燃。

二、大自然是最好的老师

（一）大自然开启人类的智慧

大自然能唤醒孩子美好的感情，抚育孩子丰富的想象力和创造力。智力开发的第一步，就是让生命的信息系统快速旋转起来，让眼睛不断有新的发现，手和脚不断地创造。大自然给孩子提供了丰富的创作源泉——和泥、玩沙子、捡树叶、摘果子等。

然而，生活在都市的独生子女，单元房割断了他们与周围人的联系，都市林立的高楼又隔断了他们与大自然的联系。穿行在钢筋水泥的世界里，孩子的信息感觉系统慢慢钝化了。精神懈怠、意志薄弱、情绪易激动烦躁，几乎是生活在都市里的独生子女的通病。这一通病的病根就是失去了大自然的洗礼和哺育。都市的孩子对日出日落反应迟钝，对风雨的洗礼缺少原始的感受力。于是，孩子便失去了一种极为珍贵的学习能力，无法以生命原始的信息系统与自然进行信息交换。

家长应多带孩子走进大自然，亲近大自然。

（二）大自然启动生命的教育

如果孩子知道生命是日月星辰几十亿年的精华酝酿的作品，而人类的诞生经历了漫长的物种进化，孩子就会自觉地尊重和热爱生命；如果孩子知道自己的生命力储存着前人的精神和情感信息，今天的聪明才智是多少代人智能结晶的作品，孩子就会从中懂得尊重前人和历史才是对自己最大的尊重；如果孩子知道人类的生存离不开其他生存伙伴,人要靠其他生物群来维系自己的存在,破坏环境和残杀动物就等于为自己掘坟墓,孩子就会从保护自己生命的本能出发,知道应该怎样保护和珍爱生命。

独生子女优裕的物质生活条件使孩子躯体运动和与大自然交往的机会减少,孩子的潜能被压抑了,对大自然以及周围世界的感知迟钝了,感情也淡漠了,最严重的后果就是对生命的轻视。

爱大自然,爱小动物,是儿童的天性。

黄全愈:授人以鱼,不如授人以渔

黄全愈,广西柳州人。1982 年获文学学士学位。1988 年赴美讲学,1993 年获美国迈阿密大学"教育管理学"哲学博士学位。现为迈阿密大学教育学院兼职教授。

黄全愈长期致力于中美教育和文化交流,提出了要培养学生而不要培养考生等一系列素质教育理念,对中国现代教育的改变产生了深刻影响。

一、孩子需要宽厚的父母

对孩子来说,他们需要的不是学富五车的父亲,也不是才高八斗的母亲;不是日进斗金的父亲,也不是腰缠万贯的母亲;不是出入官场的父亲,也不是女强人似的母亲,而是宽厚的父母、宽松的家庭氛围。

当然,宽厚与宽松并不意味着无节制的满足、无原则的让步、无分寸地褒贬。

二、"望子成人"重于"望子成龙"

中国的父母望子成龙,并不量体裁衣;美国的家庭是望子成人,量体裁衣。中国的家庭教育"定向培养",目的性很强;美国的家庭教育"自由长成",随机性强。中国家长更注重结果,是理想主义;美国家长更注重过程,是现实主义。

普通人有普通的成功。不量体裁衣，会使孩子的个性丧失，内动力减退，创造力衰弱，对一个普通的孩子来说代价太大。

三、兴趣是孩子的

既然接受培养的是孩子，那么应该培养的当然是孩子的兴趣，而不是家长的兴趣，也不应该强迫孩子改变他们的兴趣。培养谁的兴趣的问题，实质是上尊重孩子独立人格、尊重孩子独立意志的问题。

四、"懂事"不等于"听话"

懂事，应该是明了事理，懂得为他人着想，而不仅仅是"听话"或"乖"。"懂事"与"听话"或"乖"不一样。孩子仅仅"懂事"远远不够，还要学会"做人"。懂事的孩子不一定是听话的孩子。美国人也很注重孩子的"懂事"教育。但他们强调孩子遵守规章制度、遵守公共道德教育，比如自觉排队、在公共汽车上不抢座位。他们经常带着孩子去干些义务工作。

对中国独生子女进行"关心他人教育"和培养他们的同情心非常迫切、非常重要。

五、允许孩子失败

孩子需要失败。如果没有失败，总是顺利，孩子脆弱的心理就会慢慢定型，当失败突然来临时，孩子往往难以承受。在生活中适当地让孩子承受一点失败的压力是有益处的。

成功可以建立孩子的自信心，失败可以锻炼孩子的心理承受能力，让孩子学会反省，学会多角度思考问题，学会汲取失败的教训。家长能容忍孩子的失败，是一种更深沉的爱。

六、怎样培养孩子的兴趣

在孩子的奋斗目标没有确定之前，应该为孩子创造一个可以展示多种兴趣、爱好的环境。要注意发现孩子的特点，因为孩子的特点可能孕育着他的成功和未来。千万不要把孩子的目标功利化。

要对孩子想做什么和能做什么，父母想让孩子做什么进行认真分析，看看哪个更符合实际。要尊重孩子的选择。在孩子的兴趣没有明显表现出来时,可以培养兴趣,因为孩子具有可塑性。

孩子的兴趣具有不稳定性,可能产生转移,家长应该表示宽容。

七、培养孩子的自理能力

"目标管理法"是培养孩子自己管理自己的能力最适当、最有效的方法之一。

◆一要明确目标。目标要适当、合理、正确。

◆二要制订计划。计划要周密,体现"多、快、好、省"。

◆三要实施计划。

◆四要及时反馈。对实施计划过程中出现的信息及时收集。

◆五要调整计划。

实施"目标管理法"中,父母只起督促和提醒作用。真正的管理者是孩子自己。适当的督促和提醒绝不应是批评,应是良性反馈,一定要耐心、耐心、再耐心,千万不能忍不住取而代之。

八、正确对待说"不"的孩子

孩子敢和长辈说"不",是个性的表露。父母不要盲目压制孩子,应该给孩子机会,让孩子把自己的想法和认识表现出来。要分辨清楚什么是"无理取闹",什么是"有理抗争"。不要强行让孩子接受自己的观点,而应心平气和地全面阐述自己的看法,给孩子思考的时间。既要鼓励孩子独立思考,又要提醒孩子说"不"的方式方法,做到有理、有力、有节,合理、坚定、有礼。

刘翔平:学习障碍儿童也能成功

刘翔平,男,博士,辽宁沈阳人。现为北京师范大学心理学系教授、北京中小学生心理教育咨询中心主任、儿童学习障碍研究会副理事长。在北京开设了两个学习障碍训练教室,专门帮助那些智力正常但在听、说、读、写、算和注意力方面落后的儿童解决学习问题。

刘翔平是中国研究学习障碍第一人。他率先在我国开设学校心理学课程，并运用心理学的原理和技术解决广大儿童遇到的学习障碍，已使近千名儿童受益。他认为学习障碍不是病，而是一个学习能力发展不平衡的问题，通过特殊教育，可以极大地缓解因先天或后天因素而导致的学习能力相对滞后。

一、学习障碍儿童也能成功

学习障碍并不可怕，可怕的是爱的丧失、自信心的丧失和进取心的丧失。对学习障碍儿童充满爱心、耐心和信心，给予科学的指导和训练，他们就能克服自身的能力缺陷，或用长处弥补短处，最终取得成功。

二、解决学习能力问题才是根本

现在绝大多数教育工作者不知道学习障碍的概念，认为学习成绩不好主要是由于家庭教育不良或品行出了问题，是学习习惯和行为习惯的问题。这是把问题简单化了，是不正确的。

三、学习障碍的类型

学习障碍是指智力正常，但因学习能力落后而导致成绩低下的现象。大约 5%～10% 的在校生属于学习障碍儿童。学习障碍主要分为以下三类：

第一类：书写障碍。

第二类：阅读障碍。

第三类：数学障碍。

遇到孩子学习表现不佳，家庭应当首先了解孩子的学习能力出了什么问题，学习障碍表现在哪个方面，严重到什么程度，然后在科学的指导下为孩子设计个别化教育方案。

四、孩子做作业马虎不是习惯，而是学习障碍

影响写作业粗心的因素有许多，但有两个最基本的，一个是视觉的注意力，另一个是注意力的分配。粗心的孩子，可能是注意力分配落后，也可能是注意力保持时间较短，不能专心投入，还可能是视知觉加

工能力落后,手和眼的协调能力不强。

绝大多数粗心马虎的孩子是无辜的,都可以通过训练来矫正。通过回忆图形、复杂连线和快速字母与数字辨认,视觉注意和加工能力会得到极大提高。

五、对注意力障碍的防治

注意力障碍虽然生理机制不甚明了,但公认与大脑前叶有关。它像感冒发烧一样,属于生理心理过程的问题。

如果对注意力障碍一味地把精力放在矫正上,就会受到挫折,因为面对的是大脑机制的缺陷,就像用语言训斥感冒发烧的孩子一样,起不到任何作用。应将目光转到孩子的学习行为上,善于将目光从注意力的破坏性症状上移开,忽视注意力不集中,把重点放在教会孩子学习策略和学习方法,提高他们的学习能力上。

对待学生心理障碍,一是矫正,即正面进攻;二是预防,包括障碍尚未形成时的预防(一级预防)和障碍形成之后的预防(二级预防)。

矫正注意力障碍的方法:

◆进行学习能力方面的训练,如回忆图形、快速记忆等;

◆时间管理方面的教育,培养孩子做事情遵守时间;

◆社会技能方面的培养,教孩子说话时用眼睛盯着别人,善于观察别人,了解别人的需要,尊重别人的需要,学会与人合作。

六、都市小家庭生活方式会导致学习障碍

学习障碍不仅与现在的孩子的课业负担过重、学习竞争激烈和难度增加有关,也与现代都市文明有关。

学习障碍按课业,可分为阅读障碍、书写障碍和数学障碍;按心理能力发展,可分为语言能力障碍、知觉障碍和注意力障碍。

生活在现代社会的儿童幸运但不幸福,因为孩子生活在小家庭中,缺少可以模仿的对象,没有其他孩子可以交流,在语言的发展、交往的发展和运动能力的发展上都有可能落后。还有一些孩子由祖父母抱大,老人由于体能的原因,很少领孩子外出运动。在这种生活方式中,孩子的感觉动作能力尤其是视觉—动作统合功能出现落后。约有 1/3 的学生学习困难是由这种原因造成的。视觉—动作统合功能落后,小

孩子就会抄错数字、记不住字、听写困难、看漏题、竖式计算中经常出错、把加号看成减号。

视觉—动作统合功能是后天学习与练习的结果。现代都市家庭住在高楼林立的小区,过去弹玻璃球的土地变成了草坪和水泥地,过去扔沙包和踢毽子的场所变成了自行车车棚和停车场,而这些活动曾是过去孩子练习视觉—动作统合最有效和直接的方式。家长要有意识地培养孩子的各种学习能力,多让孩子做手工,多练习画画儿,进行各种球类锻炼,提高手—眼协调的能力等。要多领孩子出去接触大自然,多接触不同的孩子,使孩子的生活多样化。

七、"三个不要"

◆不要与孩子发生正面冲突。无论家长对孩子身上的行为习惯和学习方式有什么不满,都不要表现出来。要从孩子的角度想问题,想一想孩子需要什么,最关心什么。孩子也想考第一,只不过他有自己克服不了的困难,再加上觉得差得太多,所以才失去了信心。在这种情况下,不要与孩子谈论学习问题,因为这是他的一块心病。家长可与孩子谈论一些他感兴趣的事。当亲子关系正常时,才有真正的教育。要记住,批评永远不等于教育,两者相差甚远。

◆不要发泄自身的情绪。不要对孩子冷嘲热讽。当家长以情绪化的方式对待孩子时,孩子也学会了以情绪化的方式对待家长。

◆不要制造相互冲突的机会。想方设法创造一种温暖的家庭气氛,这是家庭教育的生命,安全与爱的需要更为基本。

八、测试孩子学习障碍的方法

先将智商分数与学习成绩分数进行比较。如果智力高而成绩低,则可能是学习障碍。然后再进行原因分析,看看成绩低是否由于以下原因所致:老师不当教学、生理疾病如近视、弱视等,心理障碍如精神抑郁、不良的家庭环境如父母离婚等。如果是上述原因导致孩子学习成绩低,那就不是学习障碍。最后,要进行心理测评,主要考查儿童的视知觉能力、听知觉能力、阅读能力和计算能力等。

以上是学术上的判断方法,需要借助专业知识和专业工具。对一般家长而言,可通过以下三个方面进行初步判断。

（一）视—动统合是否落后

看孩子在近 6 个月内的表现，是否具有下列现象，如果超过 9 项，说明孩子可能有这方面的问题。

◆走、跑、坐的姿势不佳；
◆运动技巧差、不灵活；
◆经常打翻东西、弄脏弄坏作业本；
◆经常跌倒，撞伤自己；
◆身体或肩部不能放松；
◆对方位常常弄不清楚；
◆写字常缺一笔、多一画，部首写错；
◆仿画时经常出现错误，线条歪斜，比例位置不正确；
◆执笔姿势怪，用力太重或太轻，写字超出格子外；
◆写作业时间拖得太长；
◆不善于手工或美术；
◆写字时常偏向一侧，有时需转动纸张的角度来绘画；
◆时常忘记计算过程的进位或错位；
◆将数字抄错、遗漏或前后顺序颠倒；
◆竖式计算中，个位、十位、百位排列不正；
◆答题纸空间内时常写不下或太拥挤。

（二）语言的表达或接受方面是否有困难

在下列 6 项中，如果超过 4 项，说明孩子在这方面可能有问题。
◆说话喋喋不休，内容重复，无组织能力，对因果、次序表达欠佳；
◆语言发声、语速和轻重度与同龄儿童有异；
◆不爱说话，答非所问；
◆对口头交代的事情常弄不清楚；
◆不能专心听讲，注意力短暂；
◆记不住一连串的声音或语言。

（三）阅读能力是否有困难

在以下 7 项中，如果超过 4 项，说明孩子在这方面可能有问题。

◆长于背诵，但不甚理解；

◆朗读尚佳，但对内容一知半解，不知所云；

◆默读时不专心；

◆以手指头协助阅读，指示文字方向；

◆逐字阅读；

◆朗读时错误、遗漏、增字、前后颠倒；

◆朗读时太急或太慢。

卢梭：最自然的教育就是最好的教育

让·雅克·卢梭(1712—1778)，18世纪法国伟大的哲学家和教育家，著名的启蒙思想家，是近代资产阶级革命的进步思想家、现代儿童心理学的创始人、自然主义教育思想的代表人物，被誉为"18世纪的天才教育家"和"儿童的发现者"。他对近代社会的宗教、社会生活、文化和教育方面的改革，都作出了伟大的贡献。卢俊的教育理论，具有极高的历史价值和巨大的现实意义。

自然主义教育是卢梭教育思想的基础和核心。他主张以培养"自然人"为教育目的，强调教育要顺应儿童的天性，要符合儿童的年龄特征，适应儿童的个性发展，适应男女性别差异。主张教育内容要学以致用，反对古典主义；主张教学方法行以求知，反对教条主义。

一、最自然的教育就是最好的教育

教育要服从自然，遵循儿童身心发展的规律，并根据年龄特点和心理特点来进行。要以发展人的善良天性为己任。如果你想永远按照正确的方向前进，你就要始终遵循大自然的指引。

要使人成为自然人，即完全自由成长、身心协调发展、能自食其力、不受传统束缚的一代新人。要给予儿童自由，重视儿童生活的权利，不要为儿童确立遥不可及的目标，不要强迫孩子去做力所不能及的事。

要把儿童身体保健和锻炼当成家庭教育的主要内容，为此，孩子的生活环境要健康，最好在乡村的自然环境中，儿童的饮食要素一些，多吃水果蔬菜，衣着要宽松、舒适、朴素，睡眠要充足。人类最初的老师是手、脚、眼睛，要注意儿童的感官训练。

二、儿童不是可以任意塑造和填充的容器

教育以儿童为本位，教给儿童的知识要对儿童有用，而不是看它是否对成人有用。必须从大自然中发现儿童，并按照儿童的特殊的年龄阶段来认识儿童、发展儿童，只有这样，才能发现儿童特有的价值。

大自然希望儿童在成人以前就要像儿童的样子。要从儿童的天性出发，培养一系列自然的习惯，不要压抑儿童的个性。儿童不是白板，而是有其固定法则的"自然的存在"。

三、让孩子在"做"中学

儿童天性好动，在好动这一天性基础上发展出了好奇心和探究心。在天然好奇心的驱使下，不断探究，发现与他们息息相关的事物。在任何可能的情况下，都要让孩子从"做"中学习，避免烦琐的讲解。不在于告诉孩子真理，而在于孩子探索真理的过程。要关心儿童的游戏，允许儿童充分地进行自由活动，不应强制儿童像服苦役似的不断读书。

四、以身作则影响孩子

不要用理性的说教去教育孩子，而要用自己的行为作为孩子的榜样，以身作则影响孩子。

撒谎不是孩子的天性，而是服从的义务使他们不得不撒谎。在孩子看来，服从大人是一件很痛苦的事情，所以他们尽可能地设法不服从别人。因此，家长不应该因为儿童说谎而惩罚他们，而应该使儿童明白如果撒谎的话，种种不良后果将会自然降临到他的头上，而不是由于大人的惩罚使他害怕。比如，"狼来了"的故事就是一个极好的教育事例。

父母对孩子提要求时要慎重，不要提孩子无法做到的要求。

卡尔·威特:每个孩子都能成为天才

卡尔·威特,19世纪德国家庭教育专家,牧师,因成功培养了天才儿子而出名。著有《卡尔·威特教育》。凡是有幸读到此书并照书中方法去做的父母,都培养出了极其优秀的孩子。

卡尔·威特的儿子小卡尔·威特曾被左邻右舍认为是"傻子",卡尔也曾悲伤过,但他没有绝望,而是凭着自己先进的教育理念、科学的教育方法和坚强的毅力把小卡尔培养成为天才。小卡尔9岁就能运用6种语言,16岁就获得博士学位。

一、胎教不可忽视

"对孩子的教育必须尽早开始,开始得越早,取得的效果就越显著,孩子越有可能成为接近完美的人。孩子还在母亲身体里就要进行教育。"

母亲怀孕期间应避免洗热水澡;应讲究饮食习惯,不吃辛辣食品;应保持心情愉快,避免哭泣,否则易导致弱智儿童;母亲必须承担教育孩子的责任。

二、天才是后天教育的结果

"人刚生下来时都一样,仅仅由于环境,特别是幼小时候所处的环境不同,有的人可能成为天才或英才,有的人则变成了凡夫俗子甚至蠢材。"与遗传相比,后天教育对孩子的成才作用更大,如果教育方法不当,就会扼杀孩子的天性,即使天赋极高的儿童也不能幸免。在承认人的禀赋水平不同的基础上,施以恰当的教育方法,让人的天生禀赋充分发挥出来。

对孩子的教育不能采取"拔苗助长"的催逼方式,也不能进行填鸭式教育。填鸭式教育就像给树浇水只浇到树叶上,根本就没有浇到根部。

"孩子是否有优良的性格,在很大的程度上决定着他能否成为一个全面的人才,也决定他是否将来有所成就。而孩子性格的形成,又在很大程度上取决于父母的教育。"

三、教育孩子要耐心

人如同瓷器一样,小时候就形成了他一生的雏形。幼儿时期好比制造瓷器的黏土,给予什么样的教育就会形成什么样的雏形。一个人的品质如何,很大程度上取决于幼儿时期的教育。不论东方人的天命和宿命论,希腊人的知识主义、艺术主义和自由主义,罗马人的保守主义、黩武主义,还是犹太人的宗教主义、热情主义,都是他们在幼年时期所受教育的结果。

儿童从出生到 3 岁,"模式识别"能力特别强,在这段时期有必要"硬灌"两方面内容:

◆反复灌输语言、音乐、文字和图形等奠定智力的大脑活动基础的模式,

◆输入人生的基本准则和态度。

智力发展的关键是要让婴儿感觉到你对他的关心和爱抚,进行细小、烦琐而耐心的训练,孩子渴了给他喝水,饿了给他喂奶,尿布湿了马上更换……随时随地解除孩子的不愉快,以最敏锐的感觉去感知孩子的需要。生活中的点点滴滴细节对孩子的成长都起着一定作用。

◆保持孩子愉快的心情。在婴儿睡觉时,绝不能像裹布娃娃那样把他裹得紧紧的,要让他自然地呼吸和伸展身体。

◆要让孩子体会到:乞求得不到欢乐和别人的尊重。

◆掌握语言发展的最佳期,尽早开发孩子的记忆力、想象力和创造力。从孩子 15 天大的时候就开始向他灌输词汇,在孩子刚会辨别事物时就教给他说话。

对幼儿来说,没有比给他讲故事更重要的事了。

想象力对人的幸福很重要。如果一个人在小时候想象力得不到发展,那么,他不但不会成为诗人、小说家、雕刻家、画家,而且也成不了建筑家、科学家、数学家、法学家。凡是年幼时充分发展了想象力的人,当他遭到不幸时也会感到幸福。世界上最不幸的人就是不善于想象的

人。

对孩子用木片和纸盒建造城市、宫殿等,要给予鼓励,而不要因为收拾房子而随意给孩子毁掉。

四、正确的教养方法很重要

"不能把自己的孩子托付给他人教育。"

要用游戏的方法教育孩子。不管教什么,首先必须努力唤起孩子的兴趣,而唤起兴趣最好的方法是游戏。所有动物都喜欢游戏,小猫戏弄老猫的尾巴,小狗和老狗互相咬架等。所以,尽可能利用游戏去教育孩子,让孩子在游戏中体验快乐,不能随意中断孩子正在进行的游戏。父母应积极参与孩子的角色游戏。玩是孩子的一种天性。

在大庭广众之下训斥孩子会伤害孩子的自尊心,强化孩子的不良习惯。一个失去自尊心和荣誉感的孩子很难再接受教育。在孩子犯错误时,要以最简单的方式向他说明道理,而不要长篇大论。要尊重孩子的隐私,多与孩子沟通交流。

孩子良好习惯的养成责任在父母。要帮孩子养成专心致志学习的好习惯。学习时不能想着玩,玩时不用操心学习的事。学数学就不要考虑语文,学语文就不要想数学。

要用"耳"学外语,用不同的语言读同一个故事,弄清词源,做游戏等。小卡尔学习外语有两个秘诀,一是背不如练,二是循序渐进。让孩子多读有趣的书,在阅读中记住单词。

五、向大自然学习

世界上没有比大自然更好的老师了,它能教给人无穷无尽的知识。只要有心,自然界的一草一木都可以随时成为教育的素材。

当小卡尔三四岁时,卡尔每天都带他散步一两个小时,一边溜达,一边摘朵野花解剖一下,或者拾块石头说点地质知识。同时,还带他参观博物馆、美术馆、动物园、工厂和矿山等,以开阔眼界。3岁以后,带他去各地游览,登山、游胜、访古城。路上,小卡尔用心观察和听取介绍,回家后向家人详细汇报见闻。

小卡尔在课桌前学习时间并不多,而是在玩耍、运动中,特别是在大自然中学到了很多知识,而且学得很快。卡尔想尽一切办法,为孩子的成长创造最好的实践环境,和儿子一起做很多物理和化学实验,极大地激发了儿子学习热情。

六、和孩子平起平坐

幼儿的探究精神从两三岁起就开始萌芽了,具体的表现就是他们常常向大人询问千奇百怪的问题。对此,父母有两种错误的做法:一是对孩子提出的问题随便敷衍一下,并不耐心说明;二是认为孩子什么都不懂,以高高在上的姿态和长辈的权威武断命令孩子,甚至让孩子无条件地接受自己的观点。这两种做法就像催眠术,使孩子陷于消极的幻觉状态。

正确的做法是和孩子保持平等地位,鼓励孩子探究精神的发展,为孩子打开智慧的天窗,给孩子灌输不迷信权威、勇于追求真理的精神。

七、培养有理性的孩子

有人问卡尔教育孩子最关键的是什么,卡尔回答:"教育孩子是一件复杂的事情,它涉及的方面很多。但在我看来,教育上至关重要的一点就是不要蒙蔽孩子的理性,不破坏孩子的判断力。"

经常看到一些父母对孩子的不良表现要么当面训斥,要么拳脚相加,就是不检查一下自己的教育方法,这不利于孩子理性发展,甚至妨碍了孩子理性的成长。父母应注重对孩子理性的正确引导,不要用权威强迫孩子服从,要站在孩子立场去理解他,在弄清事实真相后再作评价。

孩子的很多问题和行为是不合逻辑的,即使这样,也不能嘲笑孩子,而应亲切、耐心地回答。提问是孩子获得知识和理性发展的向导,应充分利用它向孩子传授知识。

不要欺骗孩子。如果欺骗了孩子,孩子知道后就不再相信父母了,也就学会了欺骗父母或他人。

斯宾塞:科学教育 快乐成长

赫伯特·斯宾塞(1820—1903),英国著名哲学家、社会学

家和教育学家,剑桥大学科学博士和伦敦大学文学博士。上小学时,因身体不佳,没毕业就离开了学校。后来通过自学在哲学、生物学、心理学、伦理学和社会学等方面都有很深的造诣,被公认为是近代科学教育和家庭教育的杰出代表,被尊称为"人类历史上的第二个牛顿""一位真正的教育先锋"。曾任过爱丁堡大学校长、丹麦皇家科学院院士、英国皇家学会会员、比利时皇家科学院院士等职。

其著作《教育论》是教育史上的经典,包括《智育》《德育》《体育》和《什么知识最有价值》等四篇论著,引起了美国对大、中、小学课程设置和教育方法进行全面改革,从而奠定了美国 100 多年来的人才优势。他的思想统治美国大学达 30 年之久。其家庭教育观念主要体现在《斯宾塞的快乐教育》一书中,并在很大程度上改变了 19 世纪末的英美家庭。斯宾塞提出了"对家长进行专门教育"的主张。

一、为抚育孩子作准备

人的完满生活内容分为五项活动,按其重要程度依次排列为:
◆直接保全自己的活动;
◆从获得生活必需品而间接保全自己的活动;
◆抚养教育子女的活动;
◆与维持社会政治关系有关的活动;
◆在生活中的闲暇时间满足爱好和感情的各种活动。
与上述活动相适应,人们必须接受的五种教育是:
◆准备直接保全自己的教育;
◆准备间接保全自己的教育;
◆准备做父母的教育;
◆准备做公民的教育;
◆准备生活中各项文体活动的教育。
准备做父母的教育是每一个公民正常的和重要的生活内容。孩子一旦降生,他既属于家庭,又属于国家和社会。

"如果一个商人毫无算术和簿记知识就开始经商,我们会说那是瞎干,而且他要得到惨痛的后果。或者一个人如果没有学过解剖学就开始进行外科手术,我们也会为他的胆大包天感到惊讶,而可怜他的病人。"如果做父母的缺乏抚养教育子女的科学知识,那么对于子女身体发育、道德训练和智慧的培养就会造成极大的危害,带来极为严重的后果。

在身体发育方面,如果父母不懂得生理学的规律,不懂得儿童保健知识,那么,会经年累月地损害儿童的体质;在道德训练方面,如果不知道儿童哪些行为该管,哪些不该管,用什么办法管,那么,管往往比完全不管更有害。

在智慧的培养方面,如果"正确的不讲,而把错误的知识,用错误的办法,照着错误的次序灌输给孩子",将造成极大危害。因此,"无论是从父母本身的幸福看,或是从对子女和后代的性格和生活的影响上看,我们都必须承认,懂得对儿童进行体育、智育、德育的正确方法是非常重要的知识。这应该是每个男女所受教育中的最后课题。如果说能够生儿育女是身体上成熟的标志的话,那么能够教养这些子女就是心智上成熟的标志。"

孩子是家中的一面镜子,你快乐,他也快乐;你暴躁,他也暴躁……教育孩子的过程,也是教育自己的过程,你希望孩子怎样,你自己就应该怎样。从孩子的语言和行为中,我们常常可以听到、看到父母的言行。

要对孩子进行教育,父母首先要教育好自己。

二、教育子女需要科学方法的指导

父母对孩子多一些拥抱、抚摸,有时甚至亲昵地拍打几下,孩子在与人交往和智力、情感上都会更健康。与子女的拥抱、抚摸、牵手,也是教育的一部分。

智育的内容要注重科学和实用价值。第一,传授知识应从简单到复杂。第二,传授知识要从具体到抽象。第三,传授知识要从实验到推理。第四,引导儿童自己进行探讨和推理。

许多家长和老师不让孩子接近他感兴趣的、自己能主动吸收的事实,而是给予他一些复杂得无从了解的事实,使他觉得讨厌。硬塞给他一些不能消化的知识,就会使儿童的能力发生病态,对一切知识产生恶感,变得呆滞懒惰。向孩子传授知识要有选择地传授最有价值的知识,

一方面要出于孩子的兴趣,另一方面是为了实现人生幸福的目的。因此尽可能多地利用实物,引导他们去感觉、去观察,要利用身边的实物,利用田野、树林、大山、海洋的各种实物。

三、让孩子快乐地学习和成长

孩子在快乐的状态下学习最有效,而兴趣是孩子快乐学习最好的导师;不要在情绪很糟时教育孩子,应在家庭中营造快乐的气氛,让孩子有成就感和幸福感。

四、教育是为了有一天能够不教育

自我教育和自助学习,对于培养孩子独立思考的能力大有好处,会让他们形成因果概念,会让他们用自己的知识去寻找原因。"在教育中,应尽量鼓励个人发展的过程,引导儿童自己进行探讨,自己去推论。给他们讲的应该尽量少些,而引导他们去发现的应该尽量多些。"

家庭共聚的时间是神圣的。与孩子相互了解,可以使孩子获得灵魂的动力。要鼓励孩子适当时候请他的朋友到家里做客。

五、关爱和欣赏孩子

在亲子交往中,最为重要的是亲子共度的时光。

对孩子的智力培养,拔苗助长和放任不管都是有害的,比这两种方式更有害的是惩罚和暴力。惩罚和暴力使孩子总是在恐惧的情绪中,你不可能在一个颤抖的心灵中留下什么有用的知识,这就像你不可能在一张抖动的纸上画下什么美丽的图案一样。

对孩子来说,心智的成长和身体的成长同样重要,要保证孩子每天有一些快乐的运动。心智和身体一样,添加的材料超过一定的量就不能吸收。强制的教育方法只会使孩子对学习知识产生厌恶感。快乐的运动会带来快乐的情绪和身心状态。

六、运用积极暗示

积极暗示就像点燃孩子生命和智慧的火把,会对孩子的心理和心智方面产生良好的作用,孩子能从积极的暗示中隐约看见未来的曙光。应该教育孩子以积极乐观的态度来看待问题,形成积极的思维习惯。

当一个人不断从心理上积极暗示自己时,他的反应能力、兴奋程度和判断力、想象力、记忆力都会提高,从而有助于他解决所面临的问题。因此:

如果不能给孩子财富,那就给他寻找财富的信心;

如果不能给孩子智慧,那就给他获得智慧的信心;

如果不能代替孩子生活,那就给他生活的信心。

七、让孩子贴近大自然

大自然既可以培养孩子的美感,又可以启发孩子的悟性;既可以锻炼孩子的身心,又可以让孩子的身心得到休整。

和孩子一起去感受大自然,引导孩子发现大自然的秘密,启发孩子的好奇心。可每月确定一个自然日,和孩子一起去大自然放松。

八、尊重孩子的权利

首先要赋予孩子说话的权利。要尊重孩子的自尊心,鼓励孩子独立思索和解决问题。孩子年幼时的一些思维可能是幼稚可笑的,但作为父母,千万不要武断地否定孩子可贵的思想。对孩子自己的事情,要给孩子选择的权利,并告诉他:"你做的选择,就应该去承担这种选择给你带来的一切后果。"

对孩子无原则地给予和满足,孩子会逐渐把一切都看成是理所当然的,独立性会越来越差,以至于习惯依赖大人。放弃了自己做的事,也就永远得不到通过自己努力带来的成就感和快乐感。斯宾塞常对孩子讲:"孩子,这是你自己的事情,只有学会了自己解决问题,你才能得到成长的快乐。"斯宾塞在给孩子的信中写道:"孩子,我无法牵着手把你从这里带到那里,这条路你必须自己走。我能够真正向你承诺的,只是对你坚定不移的支持。我会给你一些指引,把我的经验告诉你,但这代替不了什么,一切得由你自己决定、作出选择并承担责任。"

九、培养终身受益的习惯

人类培养了自己的习惯,又逐渐被这种习惯所改变。教育孩子,从培养良好的习惯开始。要培养孩子专注的习惯,防止浅尝辄止、东游西荡。兴趣和诱导是培养良好习惯的关键。

一次，斯宾塞带着7岁的孩子郊游。当他们饥肠辘辘，准备野炊的时候，发现忘记带火柴。于是，斯宾塞点拨孩子利用太阳能把干草点燃。孩子赶紧把干草抱到太阳光下，等了很久，没有点燃。斯宾塞又提议用凸透镜聚光。孩子很高兴，动手聚光，干草被点燃了。孩子像发现了奇迹，专注地研究起镜片来，饭吃得格外香，快乐得不得了。

十、重视对孩子的情感教育

道德告诉人们应该怎样做；

理智告诉人们用什么方法做；

情感则告诉人们愿意怎样做。情感教育的一个重要目的，在于唤醒孩子身上沉睡的爱的情感。

只有懂得感激的人，才会赢得别人的友谊。让孩子感受到、听到、看到、触摸到爱和信任的存在，是培养孩子健康情感的一部分，这能激起孩子身上相应的情感。

十一、避免过度教育和过度学习

不要太看重孩子的考试分数，而要更多地关注孩子的思维能力、学习方法。不要用分数去判断一个孩子的优劣。

身体和精力是有限的，过于紧张的学习会给孩子的身体带来伤害。大自然是一个严格的会计师，如果在一方面你所要的比他所准备的多得多，他就只能在别的方面减掉一些来补充。如果你照他所准备的进行，分量恰当，种类适合，你最后会得到大致平衡的发展。一个人长时间思维，特别是进行机械训练，身体机能必然会下降。

很多考入名牌大学的佼佼者，在谈到他们的学习方法时，都有一套自己平时放松、娱乐、运动、调剂的方法，如游泳，打球等。他们都以身体反应为标准，成功避开了过度教育和过度学习的危害。他们通过游戏和自然发展的方式，长期积累了很多身体和心智的经验。

蒙台梭利：以儿童为本

　　玛利亚·蒙台梭利(1870—1952)，意大利人，医学博士，世界著名的幼儿教育思想家、改革家。她创立的以儿童为本的教育教学法(蒙台梭利教育法)在世界范围内广为传播。蒙台梭利教育法的精髓在于，培养幼儿自觉主动学习和探索的精神。通过丰富多彩的教具，对孩子进行日常生活教育、感官教育、数学教育、语言教育和科学文化教育。她主张解放儿童，对儿童进行自然教育，鼓励儿童动手操作，注重儿童发展敏感期。

　　蒙台梭利可以与孔子相媲美。孔子讲的是如何做人，蒙台梭利讲的是孩子如何成长为一个人。联合国教科文组织总干事加米·托里斯·博佳称："玛利亚·蒙台梭利已经成为我们期望的教育与世界和平的伟大象征。"

　　蒙台梭利到过美国、荷兰等国家讲学。有110多个国家设立了蒙台梭利学校。我国也出现了蒙台梭利学校和蒙台梭利实验班。

一、发现和解放儿童

　　0～6岁是最重要的人生阶段，成人的工作不是教，而是帮助儿童能力形成。应意识到儿童的存在，儿童的社会潜力必须得到承认。不要对儿童施以惩罚的教育手段。

二、哺育孩子是母亲的天职

　　母亲的奶是"上帝赐予婴儿"的，是"婴儿唯一的资本，他所有的财富都在于此；生活力、生长力、获得生命力都包含在母亲的乳汁的营养中"。"母乳比任何东西更滋养婴儿"。"母乳喂养是婴儿的权利，母亲的天职"。

三、选择适宜儿童的生活用品

站在儿童的角度考虑问题。儿童睡觉的床应该与儿童身体比例相配合，要简单的矮床。"不让儿童睡得超过必要的时间，应该允许儿童疲倦的时候就去睡觉，睡够了就醒过来，而想要起床时就爬起来。"

"儿童坐在桌子旁应将他的脚平放在地上或脚凳上。小腿与大腿应有一个正确的角度，大腿与躯干也要有一个正确的角度，与椅子保持一种最小的倾度……脊柱侧面没有倾度，手臂与身体两边平行，胸部不应受桌子前沿的抵触，盆骨应对称支撑，头微微有点向前弯，距桌子水平面30厘米，眼睛的中线与桌子的前沿保持平行，呈水平位置，前臂的2/3应放在桌上，是放在上面而不是靠在上面。"事实证明，儿童呈上述坐姿时，脊柱、骨盆、腹部、胸部及下肢等的神经肌肉能够处于和谐状态，有利于减轻疲劳，保护视力，使脊柱正常发育。

四、鼓励儿童动手操作

儿童必须通过手的活动才能发展自我。给儿童不必要的帮助就是对儿童的压抑。

儿童心理发展是"潜在生命力"的自然表现。人的肉体只不过是精神的一个容器，随着身体的发展，潜在生命力会逐渐分化并形成复杂的心理现象。教育应该建立在较少干预儿童主动活动的基础上，重视儿童的自我发展，帮助儿童按照自身的规律去前行，鼓励儿童自己动手操作，而不是有一种外在的力量强迫儿童脱离自己发展轨道，达到成人的目标。

五、培养儿童的良好品格

儿童品格的形成，是儿童在3～6岁间所进行的一系列长期而缓慢活动的结果。6～12岁的儿童良知才起作用，12～18岁的少年开始具备各种理想，我们能够像对待成人那样教育他们。

今天的教育是令人感到压抑的，它培养了人的自卑感，人为地降低了人的各种能力，犹如给能快步如飞的人提供拐杖。

儿童在最初的两三年里，可能受到一些将改变其整个未来的影响；若是受到伤害，或遇到严重障碍，就可能出现人格偏差。

0～3 岁所形成的缺陷,可以在 3～6 岁期间得到治愈。但如果得不到及时纠正,这些缺陷不仅会继续存在,而且会进一步恶化。每一种性格缺陷都是儿童早期经受的某种错误对待形成的。儿童经常被丢在一边,一个人孤零零地无所事事,或成人包办代替,从而阻碍了他们完成其活动周期,结果使儿童产生了被动和惰性。人是一种有智慧的动物,因而对心理食粮的需求几乎大于对物质食粮的需求。

六、对儿童进行自然教育

该孩子茁壮成长的最好办法是让他们沐浴在大自然的风霜雨露中。

(一)引导孩子观察生命现象

让孩子善待、关怀动植物,与动植物建立起类似于亲情的关系,这有利于孩子与他人建立良好的交往关系。

(二)引导孩子们通过自我教育培养责任感

当孩子们懂得所培养的生命需要依靠他们喂食、喂水,否则动植物就会死亡时,他们就像一个开始感到对生命负有重大责任的人一样。

(三)培养孩子的耐心和信心

当孩子们把一粒种子埋入土里,并且等它结果时,要耐心等待,要经过很长时间,从而逐渐获得耐心和信心。

(四)培养孩子对大自然的感情

在劳动过程中,孩子们的心灵与其照管下发展的生命之间会产生一种一致性,从而十分自然地热爱着生命的各种表现形式。最能培养对大自然感情的是栽培植物。

七、关注儿童的心理歧变

儿童心理很脆弱,常常会出现以下一些特殊情况。

◆神游。儿童的心理能量失掉了终极点而毫无目的地漫游,充满活力和不可压抑,却没有目的。刚做一件事情尚未做完就丢下不做,不

能专心。

◆依附。心理能量太弱以至于不能独立。儿童把自己依附于一个年长者,请求成人给予帮助、给他们讲故事、陪他们玩耍等,时刻不离开大人。

◆占有欲。对属于或不属于自己的物体绝对占为己有,不允许他人触碰和使用。这时,父母在爱和占有之间选择时所跨出的第一步,纵容还是禁止,就是父母为孩子做出的选择,孩子也就沿着这两条岔道中的一条走下去。禁止才能让儿童明白物品并非都能自己所有。

◆说谎。谎言可能起源于儿童对幻想的描述,也可能源于软弱和退缩,是出于害怕受到惩罚而编造谎言。说谎不是儿童天生就会的,也不会奇迹般消失,需要耐心改造和教育,让孩子对诚实的重要性怀有积极的兴趣,不应简单指责。

八、建立安全的家庭环境

◆在生活中尽量给孩子提供成功的机会,成人要以步骤清晰、放慢的动作向孩子展示每件事情的正确做法。让孩子体验成功的喜悦,增进自信。

◆多提供和其他儿童接触的机会。如果3岁以下的孩子和其他孩子在一起的机会过少,会造成长大后不主动去找朋友的社交障碍。父母应为孩子创造交朋友的机会,有条件的可带孩子参加亲子园活动。

◆儿童活动周期包括四个阶段。

第一阶段,自由选择。要把所有玩具以及孩子每天都会使用的物品放在他看得见、够得着的地方。

第二阶段,促进发展的工作。对自己选择的事物,孩子会持续地投入其中,使用手眼,进行自我发展的工作。大人往往不懂得这是孩子的自我发展,具有周期性,因而阻止孩子的活动,影响了注意力、协调性的发展。

第三阶段,专注于活动。对感兴趣的事,孩子更能聚精会神去做,特别是3岁左右的孩子,他们常常似乎独立于周围的环境而努力做一件事情。“专注是解决所有教育问题的车轮。”

第四阶段,表现出人格的成熟。父母应有意识地设计一些活动,来满足孩子从事有意义活动的需求,可以使用扣子、碗筷等孩子熟悉的日用品。一些被大人视为平淡无奇的动作,对年幼的孩子来说,却很特别,如洗碗、择菜、擦鞋等。这些活动之所以吸引孩子,是因为它们让孩子有机会模仿成人,而模仿是儿童早期的一个很强烈的意愿。这些活动看起来很简单,但可以增进孩子的协调性,帮助孩子胜任以后比较复杂难懂的知识学习。

九、倡导自由教育

这是蒙台梭利改革儿童教育的最基本原理。她认为,儿童在身体和精神方面,存在着各种积极的内在力量。现代教育必须服从儿童本性的自由发展。应尊重儿童的权利和自由,以儿童心理发展为依据,循序渐进地开展意志教育和训练。还儿童以尊严,使个性获得充分发展。要从儿童是被领导、被教育、被填充的对象,成人是儿童的创造者且由自己跟儿童的关系角度来判断儿童好坏的传统误区中走出来,真正把儿童当作活生生的、独一无二的人来对待,在教育过程中真正确立儿童的主体地位。要给儿童"尝试错误"的机会,让儿童在快乐的自由活动中发现问题、提出问题、寻找答案。

在活动过程中,要有计划、有步骤地训练儿童的意志,使他们从肌体协调的运动开始为意志锻炼做好生理准备,然后选择自己喜欢的活动,进而学会专心致志地工作。

斯特娜:伟大始于家庭

斯特娜(1881—1952),美国语言学教授,因运用"自然教育法"成功培养了自己的女儿而闻名全球。她的"伟大始于家庭"的教育观念已经深入到美国的千家万户。她指出:"所有的人都应当是教育者,至少所有的母亲应当是教育者。教育不应在学校由教师开始,而应在家里由母亲开始。"

斯特娜在上大学的时候,有幸看到了《卡尔·威特教育》这本书,因此,她的教育思想的灵魂源于卡尔·威特的教育思想,并将卡尔·威特

教育理论发扬光大。

一、母亲是教育孩子的根本所在

按照遗传法则，龙生龙，凤生凤，老鼠的孩子会钻洞。但为什么不少伟人的孩子长大后成为不肖之子呢？原因在于伟人在事业上投入时间和精力太多，放松和忽略了对孩子的教育。因此，父母无论多忙，都要亲自承担起教育孩子的责任，不要把孩子托付给别人教育。

"只有好的母亲才能教育出好的孩子，因此，每个对子女抱有较大希望的母亲，首先自己要做个合格的母亲。"理想的母亲要有爱心、责任心，永远镇定、和善，永远富有爱心地对待孩子，知道管教孩子的恰当方法，愿意花时间陪孩子共同成长，对孩子抱着必胜的信念，愿意与孩子一道讨论问题，伴随孩子一起长大，以自己积极向上的乐观心态影响和教育孩子。优秀的母亲应在不断探索与自我矫正中改善自己的教育方法，在任何情况下都要对孩子和自己充满信心。

教育孩子的根本方法，在于母亲根据自己孩子的个人特点摸索出一套有效的教育方法。

斯特娜在总结自己的育儿秘诀时说："在维妮夫雷特还没出生时，我就开始考虑将来应该怎样教育她了。每当感到她在我腹中躁动时……我就决心一定要做一个好母亲。"

二、为做母亲打好基础

未来的母亲，应该从少女时代起注意自己的身体和精神状况，优化自己的知识结构，具有身体保健、道德修养和教育孩子方面的知识，要比数学、天文学等这些知识更重要。

母亲的饮食习惯直接影响着胎儿的健康状况。斯特娜从改善自己入手对胎儿进行胎教，自己阅读好的书籍，脑中思考美好的事物，耳中聆听悦耳的音乐，与大自然对话，沉浸在天地人合一的美好境界之中。

三、不可忽视幼儿的饮食

不应强迫孩子进食，也不应硬哄着孩子吃饭。完全没必要浪费那么多时间、精力，把进食当作奖励、惩罚或威胁的手段。如果用吃喝奖惩孩子，孩子会以为人生的目的就在于吃喝，容易形成自私、狭隘的性格。不要在吃饭的时候训斥孩子。

四、实施准确完整的语言教育

斯特娜的女儿不到 1 岁半就能看书，3 岁就会写诗，4 岁能用世界语写剧本，5 岁能说 8 种语言。斯特娜的经验是，从一开始就教孩子准确完整的语言，要把听与说结合起来。

婴儿期的语言教育将决定孩子一生的语言发展。1～5 岁是学习语言的最佳期。"教育孩子学习语言的方法很简单，就是时刻让他在周围的事物中学习"，"向生活学习，向自然学习，在游戏中学习和成长"。

五、给孩子插上想象的翅膀

不会想象的人不懂得幸福，没有想象的生活是无趣的生活。一个人没有想象力，不但不能成为诗人、作家、艺术家，也不能成为数学家、法学家和成功的商人。想象不是胡思乱想，而是开发人类创造力的原动力。想象要从事实出发，以实际为标准，不能不顾现实。神话故事和传说是发展孩子想象力的有力手段。

凡是在孩提时代充分发展了想象力的人，当他遇到不幸时也会感到幸福，能利用想象力憧憬到未来。而不善于想象的人，只会在生存之中屡屡失败，永远不会取得非凡的业绩。

六、培养孩子做事的良好习惯

良好的习惯是取得成功的捷径，无论好习惯还是坏习惯，都不是天生就有的；在培养孩子养成好的习惯方面，父母应当给予耐心而细致的引导。

孩子的心是一块奇特的土地，播上思想的种子，就会获得行为的收获；播上行为的种子，就能获得习惯的收获，播上习惯的种子，就能获得品德的收获；播上品德的种子，就能获得命运的收获。

七、培养孩子的恒心和毅力

只要孩子天生健康，智力正常，只要得到正确的教育，都会成为天才一样的人。

斯特娜让孩子用多种方法去解决同一个问题，从而培养她敏捷的

思维能力和宽广的思维面。除了正常的功课外,鼓励女儿参加各种有益于身心健康的活动,特别支持女儿在艺术方面的发展。

有些父母常常催促孩子:快点,要出门了;赶快把功课做完,有客人要来,等等。这对孩子成长没有好处。

一个人的毅力和恒心往往是决定成败的重要因素,孩子要成才,父母要十分注意培养孩子的恒心和毅力。

八、教育孩子尊重每个人的权利

让孩子懂得,这个世界上并非只有他一个人,每个人都有自己的要求,要尊重每一个人的权利。要让孩子明白,等待是必不可少的,失望也是必不可少的。

九、正确处理亲子冲突

同自己的孩子讲话不必有太多的顾虑,说错了就大大方方地收回来。教育孩子必须有理有据,让孩子信服。当孩子顶嘴时,有的父母常常说"我这样说,你就得这样做!""是听你的,还是听我的?""你懂什么?没你说话的份儿。"等,这容易造成孩子的不服气甚至反抗。这时,父母如果错了,就要勇于承认错误,探索新的起点,这比固执、专横更让孩子喜欢。

十、让孩子学会感受幸福

虽然现在父母为孩子创造了很好的物质生活条件,但很多孩子却并不觉得幸福。做一个快乐幸福的人有许多条件,其中最重要的是一条就是懂得追求生活中的快乐,敢于追求生活中的幸福。在这个充满竞争和压力的社会中,很多人丧失了原本的追求生活快乐的能力,忘记了生活的原本意义,就像一架机器不停地运转、奔波,最后变得麻木,感觉不到任何激情和乐趣。当一个人失去生活中的快乐时,他的生命就变得脆弱、枯燥。

"一个被剥夺了天真烂漫性情的孩子,个性发展会受到约束。一个完全失去童趣的人,是一个乏味、抑郁的人,无论他在事业上取得多大的成就,都难以得到真正的幸福。"

应该让孩子在心态上有能力感知平和的快乐,引导孩子做一个快乐、幸福的求知者。

十一、培养孩子良好的心态

要教育孩子准备接受失望,迎接希望;允许孩子在错误中学习,把犯错误作为很好的学习机会,不当成一件坏事,不因犯了错误而沮丧、气馁,这样才能使孩子成为一个快乐的人。

斯特娜从不让女儿认为自己做过的事情是失败的,但让女儿从失败的事情中汲取教训。

十二、正确爱孩子

培养孩子最好的方式就是用真正的爱心去对待孩子,不要替孩子去做任何他自己可以做的事。替孩子做他能做的事,是对其积极性的最大打击,是剥夺了孩子发展自己能力的权利,会导致孩子丧失自信与勇气,使他感到压力、危机与不安全。

梅森:家庭诱导十分重要

夏洛特·梅森,20世纪初英国著名教育家,被誉为"家庭教育之母"。出生在一个普通家庭,毕生致力于探索能使父母有效教育孩子的家庭、学校和社会环境。其核心教育观点是:儿童是一个具备所有发展可能性和能力的"人",教育的目的是尽可能多地把儿童置于与自然生活和思想的活生生接触当中;要把孩子当成独立的人来教育,而不是一个只会衣来伸手、饭来张口的书呆子。

梅森的教育思想在美国和欧洲掀起了一股"梅森家庭教育运动"。

一、让教育遵循自然法则

教育孩子,不能采取强制的、人为的做法,要顺应自然法则。儿童无论何时都在接受教育,如同呼吸一样,自自然然的,有时候根本无须

留意。最好的教育方法是"没有方法"，让孩子自然地、自由地学习。教育方法应无条件服从人的天性，必须站在天性的旁边发挥作用。不要轻易改变孩子的个性和尊严，让孩子率真发展。

二、正确理解和使用惩罚

孩子犯了错误应受到惩罚，但不恰当的惩罚往往会对孩子的身心造成永久性的伤害，而且可能是严重的伤害。孩子们常常藐视惩罚。所以，简单的惩罚并不能改造孩子。如果简单的惩罚能起到对人的改造作用，那么世界将是一个非常美好的世界。事实并非如此。如果惩罚不到位，就不会达到我们教育的目的。我们的目的不是等着错误找上门来，而是去弥补由表面上的错误揭示出来的人格缺陷，并找出造成这种人格缺陷的原因，从而运用可行的方法，帮助孩子建立一套与错误思维习惯相反的正确思维习惯，从而不再犯错误。

三、重视孩子的户外活动

在儿童成长的时候，应给他们多些户外活动的机会，"让他们从泥土和天空之美中吸收他们应该获得的东西"。可以利用户外活动的机会教育孩子，训练孩子的观察力，并在孩子敞开的心灵上播种真理的种子。当孩子用自己的眼睛看到每一个平常的奇迹时，他正将自己变成另一个牛顿。在户外，父母要让孩子懂得敬畏生命。

"童年是人生最快乐最美好的时期，但同时也是最脆弱、最天真的时期。我们要小心谨慎不去削弱儿童的生活感受，而是按照他们的接受能力让他们适当地接触生活。"

四、鼓励孩子探索

每个孩子都会对周围的事物感兴趣，父母的任务就是鼓励孩子的这种探索精神，诱导他们进行发现和探索，从而培养他们自主学习和深入探究的能力。如果他们看到父母不关心自己感兴趣的东西，他们的内在的兴趣也会逐渐消失。孩子在阳光下进行的学习和获得的使命感，是一种非常好的智力训练机会，会培养注意力、辨别力和耐心，不会养成懒惰和暴躁的坏脾气。在孩子成长的最初几年里，父母应运用存储的知识加深孩子熟悉事物的印象。培养儿童早期的天才潜质，家庭诱导具有十分重要的作用。

五、大自然是孩子的良师益友

让孩子面对面地去接触事物,他们理解事物的速度会比成长快20倍。许多成人失去了观察的习惯,但非常小的孩子观察力相当惊人。"在大自然中玩耍,可以培养孩子们的审美情趣,孕育一颗纯洁的心灵。"

六、人格培养是教育的关键

一个人的性情、才智和天赋在很大程度上是天生的,但人格却需要努力去培养。一个民族的伟大之处,就在于民族性格的魅力。

人格特征决定于两方面的因素:一是遗传的影响,二是后天的教育和习惯。要养成平衡的人格,一是教育,二是与不同性格的家庭联姻。

培养优秀品格至少需要满足四个条件:鼓励、练习、改变和休息。

对于有特别嗜好的孩子,有必要转移其注意力。如果持续考虑同一件事情,无论焦虑还是喜悦,大脑相应区域就会疲惫不堪。必须提防孩子的怪癖。怪癖往往源于某种强烈的思维倾向,所受的教育越多,这种思维倾向就越厉害。

七、教育孩子正确对待考试

人的思想具有良好的抵抗能力,因而确保大多数人经历了考试磨炼仍然正常如初,考试的磨炼会危害到我们的个性。一场公共考试迫使所有参加的人必须按照相同的思维方法去学习。在考试指挥棒的引导下,学生对于学习的内容和学习的方法没有选择的余地,学生成了校长的奴隶,校长成了考试人的奴隶。

竞争的原理正如呼吸的原理一样,是自然的,也是很必要的。但必须认识到,孩子的生活是多姿多彩的,他并不是只有一根弦的竖琴,如果在他身上只拨弄那一根弦,很有可能把他捶向竞争的邪恶一面,他会因为父母不断地刺激这个欲望而牺牲其他欲望,最终导致性格失衡。

铃木镇一：天才来自于良好的早期教育

铃木镇一(1898—1998)，日本著名的小提琴家、音乐教育家，世界级的儿童教育专家，曾任日本才能教育研究会会长。他通过大量的教学实践，形成了一套开发个人才能，使资质平平的孩子成为一个品德高尚、演艺精湛的音乐家的教育方法体系，即"铃木教学法"。该教学法与柯达伊、奥尔夫、达尔克罗兹并列为世界四大著名音乐教学法体系。铃木镇一将他的教育方法称为"母语方法"，就是效仿孩子学习母语的方式，教儿童学习小提琴。铃木教学法主要以幼儿为对象，通过孩子们的直觉与听觉以及每天反复练习，形成习惯，在良好的家庭环境中进行教育训练。铃木教学法不仅提倡用音乐来开发智力，还主张从生活中最容易上手的具体活动开发才能，增强孩子的信心，培养孩子美好的心灵。铃木主张，才能是人们在后天通过教育环境所刺激培养而成的，不是与生俱来的。

铃木镇一取得了巨大成功。全世界每年约有 30 万以上儿童凭借铃木教学法的启蒙引导，正确而成功地开启了音乐之门。全美国进入各大音乐学院的学生，有 70％以上接受过铃木教育法。

一、天才儿童来自于良好的早期教育

人的能力绝不是也不可能是天生的。从生理学角度讲，每个人的大脑都差不多，脑细胞都是 140 亿个。人刚出生时，都是只会哭闹和吃奶，其他的一概不会，人人都一样。但长大以后会出现很大差别，出现了平庸和优秀的区别，这是后天接受教育的差异的结果。大多数无所作为的人仅仅是因为没有得到良好、科学的教育，与生俱来的潜力没有被有效地开发出来。"感觉也好，能力也好，都是后天的培养发展而成的，这是一条原则。""世界上根本没有所谓的笨人，只有许多没有充分训练而低能的人。"

遗传有着遗传的规律,遗传的作用的确会在人的生理上造成千差万别的不同,但它是影响身高、体质、性格和容貌,而人的能力是后天培养的结果。从诞生那天起,人在反复接受各种刺激的过程中,会有文化沉积在心底,慢慢影响着自己,形成内在能力。内在能力最大的特点是:借助人的潜能而获得的能力,越是接近零岁,这种潜能越充分,但随着年龄的增长,这种潜能急速流失。铃木在教某些技能时,十几岁的孩子无论如何也达不到要求,但那些才几岁的孩子却轻而易举地达到要求。

二、教育开始得越早越好

孩子适应环境的灵敏度随着年龄的增长而逐步减退。教育应该及早开始,应对孩子施加一定影响。"从不接受任何教育会损害孩子的大脑。"孩子年龄越小,接受能力越强,接受速度也越快。因此,对孩子的缺点要及时纠正,最好让其消失在萌芽状态,从而尽早掌握正确的习惯。

三、良好的家庭环境对孩子的成长非常重要

"如果爱因斯坦、歌德、贝多芬出生在荒蛮的石器时代,那么他们只会拥有石器时代人类所拥有的才能和教育。反之亦然,如果我收养了一个石器时代的婴儿,通过教育,不久他也完全可以像现在很多孩子那样演奏贝多芬的小提琴奏鸣曲。"孩子在任何学科上的迟钝和困难,都预示着周围环境、教育或其他方面存在某种缺陷。环境对儿童的健康成长和潜能的开发至关重要,家庭环境尤其重要。

四、让孩子愉快地树立学习目标

切忌急功近利的想法,坚决反对将孩子培养成神童的说法。"我们做父母的,最重要的一点是把孩子培养成一个具有美好心灵的人,这也就等于将他领上了一条幸福生活之路,这就足够了。"教育孩子不应首先确定是要把他培养成画家或音乐家,不能先入为主地确定既定教育目标。优秀而正确的指导方法是激发孩子自发的干劲与兴趣,以愉快的方式树立目标。人只有尽量全面地发展,保持体能的平衡,才能成为真正幸福的人。

五、智慧不是小聪明

小聪明不会使人产生应付一切的能力。有能力的人才算得上是大聪明、真聪明，这种有能力的大聪明就是人的智慧。爱子心切的父母们要下工夫培养孩子的注意力、运动能力、阅读能力和想象力，从而培养孩子的智慧，而不要一味看重他们的小聪明。培养孩子的智慧，可以着重从以下三个方面着手：

（一）注意力的养成

"孩子注意力集中了，一件事就得以彻底完成。只要彻底完成了一件事，就会自然产生自信。这种在幼儿时期培植的自信，对一个孩子一生都会产生影响。"培养注意力最有效的方法是用铅笔画线。另外，也可通过一件事情的反复练习来实现。

（二）运动能力的培养

一是从自由玩耍中培养，二是从赛跑游戏中培养。

（三）阅读能力的培养

孩子具有无限的学习欲，要从孩子一两岁时就教导他阅读。

六、性格和品德教育不可缺

性格是人最重要的一种能力，良好的性格会给人带来和谐的家庭和工作环境。孩子性格的形成在很大程度上受父母的影响。如孩子尝试自己动手吃饭，不小心把饭撒了，如果父母大声斥责："你真是个笨蛋！"责备的次数多了，就会使孩子形成自卑怯懦的性格。

七、教孩子学说话的心态是才能教育的秘诀

在孩子还很小的时候，父母对着孩子讲话，慢慢纠正孩子的发音，引导孩子一点点说出字和词。这种教孩子学说话的方法实在是了不起，孩子居然能够娴熟地掌握了母语。所以，教孩子学习母语的方法就是人世间最好的学习方法，所有孩子在学习本国语方面表现出来的优越能力，充分证明了每个孩子在其他方面也具备发展优越能力的可能。

在不间断的本国语教育过程中，人们毫不费力地引导孩子学习，从来不担心孩子学不会，也不会为孩子说不好话而骂他，更没有一个孩子因为厌烦说话而中途退学。

在教育中，只有一种能力确实被培养完善了，才可以向下一个阶段前进。能力培养就像酵母发酵的过程，一定是缓慢的，不可能一蹴而就。不管父母怎么着急也要耐心等待，虽然孩子的表现不明显，但其内部都在不断发生变化。教育孩子只有按照循序渐进的规律，才能使能力达到最为理想的境界。

可以利用孩子喜欢模仿别人的特性激发他的学习兴趣。

八、夸奖比责骂更有效

夸奖教育法是实行早期教育的重要手段。"父母面对孩子时要有极大的耐心和信心，要强忍着不呵斥孩子，多鼓励孩子。只有这样，才能使孩子的能力像初生的嫩芽在阳光雨露的滋润下茁壮成长。"父母无意识说出的否定性言语，对孩子具有很大的杀伤力。孩子处于摸索着学习成长的阶段，需要提升自信心和自尊心。父母应经常鼓励孩子："孩子，你真棒！""你是个了不起的孩子！"

九、明确音乐教育的目的

学习音乐，要培养孩子的内心感觉——一种精神上的和谐能力，要让孩子懂得音乐的实质，从中获得终身享用不尽的精神财富。内在的音乐感觉能激发孩子的美好感情，抚平孩子的心灵创伤，安抚灵魂，从音乐中悟出生命的意义。

音乐教育不是简单教给孩子几首曲目，更要注重对孩子精神世界的培养，培养他们的音乐感悟力。要学好音乐，必须从训练听力开始。

井深大："环境"是智慧的真正塑造者

井深大（1908—1997），日本著名企业 SONY 公司的创始人，声誉卓著的儿童早期教育权威，曾任 SONY 公司高级总

经理、名誉会长，日本发明协会会长，才能教育研究会理事长。他在推动日本国民教育特别是儿童教育方面作出了突出贡献。

井深大主张，人的潜能是无限的，儿童的教育应当尽可能从最接近于零的状态开始。

一、早期教育与幼儿潜能开发

（一）必要的妈妈意识革命

母亲教育对于培养孩子的心灵具有决定性影响。"在'幼儿开发'之前，'母亲开发'是更为重要的"。

（二）教育和环境优先于遗传

"环境"才是人类智慧的塑造者。婴儿尚在母腹中时，就已经受到子宫周围环境的影响。"对于一个人的成长来讲，他刚出生甚至尚未出生以前的环境极为重要，有些能力若在这个阶段没养成，日后再努力也是枉然。"人的大部分能力、素质和性格绝不是遗传和偶然的因素在不知不觉中决定的，而是由包括怀孕期在内的环境所决定的。"大概小孩都没有善恶之分，从小学到了什么，长大便会成为什么样的人。最先进入孩子心中的东西一旦定性，以后无论是遇到好事还是坏事都很难动摇孩子的意志。因此，我们应该让孩子从小接近好人，给孩子指引一条好的道路。"

（三）母亲就是胎儿的"环境"

母亲血液中分泌的化学物质会通过脐带对婴儿产生巨大影响，婴儿的情感来源于母亲，和母亲同悲同喜。从某种意义上讲，母亲就是胎儿的"环境"。一个刚出生的婴儿之所以会有个性，与母亲的妊娠环境、胎内环境和行为方式有关，如母亲活泼、爱大声说话等。

二、婴幼儿教育从 0 岁开始

早期教育最佳期在 3 岁以前，这个时期儿童具有强大的"学习"吸收能力，是儿童众多心智发展的关键期。"儿童的思维、创造、模仿忘记能力超出成人 50 倍,早期教育影响着人的一生。"

儿童在听、说等方面的能力开始时都是以潜在的方式存在的,这些潜在的能力只有接受刺激,才能成为真正的、现实的能力。如果儿童不接受锻炼,这方面的能力就会被淹没,并有可能永久消失。一个孩子小时候形成的性格和思维定式,在他长大后很难改变。

胎儿具有记忆力,6 个月以后的胎儿能听到周围的声音。

3 岁以前的时期为"模式时期",婴儿对接受的信息不经分析,一股脑儿全记住。"此期间最重要的是为婴儿选择最好的信息,刺激大脑神经的发育,同时要尽量避免那些不良信息印入婴儿的大脑网络。"

三、0～3 岁儿童早期教育的主要内容

大致包括两方面的内容:一是反复灌输语言、音乐、文字和图形等奠定智力的大脑活动基础的模式;二是输入人生的基本准则和态度。

◆父母对幼儿所能做的最大贡献,是教育孩子学会做人,并且只要注意言传身教,就不难做到。

◆心灵的培养也有临界期,小时候缺乏爱的孩子,长大后多数有问题。

◆错过临界期的教育时机,婴儿的性格和人品就难以改变。"知识性的问题可以通过以后的努力去弥补,但是,心灵的问题却不能弥补,它会因为时机的错失而永远错失。"

◆能力的培养要从掌握语言之前的心灵教育开始,如对婴儿的爱抚、母子之间的视线交流等。育儿应该考虑婴儿的意图和欲求,不应只考虑大人的主观愿望。

四、0～3 岁儿童早期教育方法不可忽视的三个要点

(一)进行教育时,给婴儿的材料要多次重复

婴儿对被重复的"材料"具有非凡的"记忆能力",这一点是成人所望尘莫及的,而且婴儿对记忆的事物没有难易之分。

(二)不用对教育内容进行解释和说明

婴儿的"学习"和"记忆"没有道理可言。"理解性教育"只有孩子进

入小学以后才显示出它的效果来。

（三）不要急于谋求教育的效果

0 岁教育不可能一有"输人"就能看到"输出"。

五、重视父母的榜样作用

（一）母亲的作用

取得 0 岁教育实践的成功,钥匙掌握在母亲手中。在婴儿未出生之前,他的父母是如何想的,对他又说了些什么,这些情况的差异,使婴儿从出生前开始就各不相同。最能了解婴儿,并能根据婴儿情况进行模式教育的,除了婴儿的母亲之外没有别人。

（二）父亲的作用

在孩子个性的形成和行为塑造方面起着非常重要的作用。

（三）父母的言行是子女最好的教材

家庭是孩子耳濡目染父母言行成长的环境,对孩子具有深刻的影响。

如果父母在孩子 0 岁时就开始给孩子一种环境并让他们不断接触这种环境,那么,孩子长大后就自然会有家教。这样一来,家教的问题就变得简单了。如在教给孩子一些规矩、规则的时候,父母没有必要说明为什么,只需要从孩子呱呱坠地时起,父母就以身作则,不失时机地把做人的原则灌输给孩子,等孩子长大以后,自然就了解父母教导的意义,甚至可以说孩子完全吸纳这些做人的原则,并形成一种习惯,慢慢地就会"习惯成自然",这些做人的标准就成为孩子自然而然的行为意识。

与孩子进行面对面说教时的父母,他们所摆出的架势根本就是教育意识很浓的"教育者""权力者"的姿态,而不是"为人"的姿态。相反父母的"背影"(行为)所代表的则是一种"没有教育色彩"的自然形象,更容易影响和教育孩子。

苏霍姆林斯基:培养全面和谐发展的人

苏霍姆林斯基(1918—1970),当代世界上最有名望的教育家之一。出生于乌克兰,一直担任农村完全中学——帕夫雷什中学的校长,获两枚列宁勋章。

苏霍姆林斯基的教育思想全面而系统,被称为"苏联教育思想的集大成者"。在他那里,教育像是一种生活,一种人生,变得生动美丽神奇,充满人性的风采。他提倡用"心灵塑造心灵"。

一、家庭教育对孩子发展非常重要

如果儿童是一块大理石,那么把这块大理石塑造成一座雕像需要六位雕塑家:家庭、学校、儿童所在的集体、儿童本人、书籍、偶然出现的因素。"家庭和学校教育的失误,是造成儿童流浪街头、违法犯罪的主要原因。""家庭教育是树木的根须,供养着学校教育这棵大树的树干和树叶。"

(一)最重要的是从小培养孩子的为人父母的责任感

我们的家庭和学校没有教给孩子最主要的东西——学会生活。比如,怎样准备未来的生活,怎样做妻子和丈夫,怎样做自己孩子的父母,怎样与人相处等。

童年和少年时代幸福和快乐来得越容易,成年以后真正的幸福就越来越少,这是教育的一个规律。"教育就是对人的理性和心灵做细致的工作"。"无论您在生产岗位上的责任多么重大,无论您的工作多么复杂、多么富于创造性,您都要记住:在您家里,还有更重要、更复杂、更细致的工作在等着您,这就是教育孩子。"

(二)树立并用好父母的权威

首先,要让孩子养成听话的习惯,然后这种习惯反映在他的意识

里,他才慢慢体会出听话的道理来。

其次,必须树立家长权威,并且把讲道理与培养服从听话的习惯紧密结合起来。父母的权威,主要体现在鼓励、指导和培养孩子的良好行为上,而不是经常制止和纠正。

第三,家长权力的运用也不能超越权限范围。父母在行使权力时,应充分了解孩子的内心世界,不要贸然侵犯孩子的隐私,也不要粗暴干涉孩子与同伴之间的友谊。

运用父母权威,并不是让父母去伤害孩子,教育者真正的本事,是让孩子珍惜自己的人格和尊严。用皮鞭抽打孩子,对孩子的伤害非常大。皮鞭不仅降低了孩子的尊严,还把他心中最黑暗、最卑鄙的魔鬼——畏缩、怯弱、虚伪和仇恨都唤醒了,使他们走向心灵的堕落。父母要控制自己的情绪,保护孩子心灵的纯洁。要触动儿童的心灵,这需要高超的教育艺术。在孩子小的时候,就要让他们清楚一个事实:自己生活在很多人中间,别人也有自己的愿望和需求,也希望得到满足,自己做事的时候要考虑到别人的感受。

(三)宽容的理智、关注和爱护对孩子最重要

"如果用几句话来表达家庭教育学的全部精华,那就是要使我们的孩子成为坚定的人,能严格要求自己。""有时候,儿童没有感到成年人对他们的尊重,却又不善于证实自己具有好的道德品质,于是他们就设法找点什么事让人注意他们,结果人们注意到的往往是他们的不良行为。"真正的关注和爱护是去培养并巩固儿童的优良道德品质。

二、爱是一切教育的核心

教育孩子需要付出特殊的力量,这就是精神力量。我们用爱——父母之爱和亲子之爱,用对人的尊严和人性美的执著信念去塑造人。

孩子来到这个世界上,他们最初是从母亲温柔的微笑、甜蜜的摇篮曲、慈爱的目光和温暖的双手来认识这个世界的。孩子最先是从父亲对母亲真诚的爱当中受到教育的。在一个有教养的家庭里,环境对孩子产生耳濡目染的影响。没有爱就没有教育,爱是一股巨大的教育力量,父母在用爱教育孩子的同时也在教育着自己。家庭生活是教育孩子的最好场所。家庭中爱的情感经常不断地调拨孩子的心弦,使他们

对话语、善意、爱抚和真诚的感受越来越敏锐。"必须使儿童经常努力给母亲、父亲、祖父、祖母等带来快乐；否则，儿童就会长成一个铁石心肠的人，在他们的心里，既没有做儿子的孝心，也没有做父亲的慈爱，更没有为人民做事的伟大理想。如果一个人在亿万个同胞里连一个最亲的人都没有，他是不可能爱人民的；如果一个人的心里没有对最亲爱的人忠诚，他是不可能忠于崇高的理想的。"

三、让孩子变得有教养

（一）了解孩子、热爱孩子、尊重孩子

养育孩子是一种把理智、情感、智慧和能力融合在一起的复杂劳动，"没有什么比父母教育孩子更加需要智慧的了，我一生都在努力探求这种智慧"。

（二）亲子共同阅读更重要

无论什么都不能取代书籍的作用。读书不是为了应付，而是出于内心的需要和对知识的渴求。"一些优秀教师的教育技巧的提高，正是由于他们持之以恒的读书，不断补充他们的知识的大海。"

对小学里的儿童，要教会他们这样阅读：在阅读的同时能够思考，在思考的同时能够阅读。必须达到用视觉和意识来感知所读材料的能力，大大超过"出声读"的能力。千万不要让孩子死记硬背。

由读书引起的精神振奋的状态，是一个强大的杠杆，借助它能把大块的知识高举起来。在这种状态下，脑力劳动的强大源泉——不随意记忆和无意识记忆，就会被打开。只有当知识成为精神生活的因素，占据人的思想，激发人的兴趣时，才能称之为知识。不要让孩子学习知识成为最终目的，而要让它成为手段。

四、明智的父母之爱

明智的父母之爱在于：父母要善于让孩子看到和感受到，他们幸福生活的真正源泉在哪里。在孩子亲身体验到长辈的劳动和汗水是其欢乐生活的最重要源泉之前，他们会一直认为父母只是为了他们而活着。如果孩子在实际生活中确认，他们的任性要求都能满足，他们的不听话

并未招致任何不愉快的后果,那么就渐渐习惯于顽皮、任性、捣乱,之后就慢慢认为这是理所当然的。

父母没有理智的爱只会伤害孩子。畸形的父母之爱主要有三种:娇宠放纵的爱、独断专横的爱、赎买式的爱。

五、家长的教育素养论

无论学前教育机构多么出色,父母仍然是培养幼儿智慧和思想的最主要的行家,家庭生活是儿童思维的基础。

(一)利用家长集体的力量

(二)让孩子学会思考

一些年轻父母对待新生命不负责。没有时间教育孩子,就意味着没有时间做人。要记住,孩子的健康和智力发展取决于父母,还在很大程度上决定于环境。儿童是在人的相互关系中认识世界、认识自我的。"让墙壁也会说话",给孩子创造美与和谐的环境。

(三)信任、尊重每一个孩子

父母和教师的崇高使命就在于:要使我们的每一个孩子选择这样一条生活道路和这样一种专业,它不仅供给他一块够吃的面包,而且能够给予他生活的快乐,给予他们一种自尊感和自信心。要是我们在心里也像儿童对待我们那样,将无限的信任同样地给予他们就好了!那将是一种富有人情的相互尊重的美妙的和谐。

要看到孩子身上的闪光点,关注他们独特的内心世界,宽容他们的弱势发展区域,保护他们自我教育的内在力量,帮助他们找到自己发展的方向。

(四)没有惩罚的教育

如果孩子因为惩罚而常常受到恐惧、痛苦和羞辱的折磨,他们内在的、天赋的自我教育力量就会渐渐衰弱。惩罚越多、越残酷,自我教育的力量就越小。

惩罚,尤其是它的公正性受到怀疑的时候,人心会变得粗野、凶狠、残忍。在儿童和少年时代经常受惩罚的人，不会害怕警察局，也不害怕法庭和教养院。

在任何时候，都不要急于给孩子打不及格的分数。对儿童来说，成功的欢乐是一种巨大的情绪力量，它可以促进儿童好好学习的愿望。缺少这种情绪力量，教育上的任何巧妙措施都无济于事。

多湖辉：一句话改变一个人的命运

多湖辉，1926 年出生，毕业于日本东京大学文学部心理学专业，是日本最受推崇的教育心理学专家和畅销书作家，曾任小学、大学校长。

多湖辉是一个杰出的教育实践者，他的理论贴近现实，深入浅出，实用性强。提出了"反抗是孩子精神成熟的重要标志""早期教育不等于认字、背诗""学习去"这句话是扼杀孩子积极性的"隐形杀手"等观念，提倡以一种实践的态度来对待教育。

一、父母应该成为教育实践者

人们正常使用的智能和才华，仅为人脑资源的百分之零点一。"孩子都能成为栋梁之材"。

教育者要尊重儿童的未成熟状态。教育孩子应首先尊重孩子，把孩子当作独立的个体对待，不能完全按照自己的意愿来教育塑造孩子，不能用成人的标准要求孩子。

二、天才是儿童的正常状态

在每个孩子的身上都蕴藏着巨大的、不可估量的潜力，每个孩子都是天才，宇宙的潜能隐藏在每个孩子的心中。

胎儿的灵性与母体息息相通，母亲的生活习惯、饮食、健康、情绪对胎儿的健康成长有着直接的影响，母亲切不可掉以轻心。遗传对人的智力影响很大，但后天的环境和教育对人的影响更大。即使先天不足，

只要教育及时得当,加上不懈努力,同样也可以取得重大成就。当孩子遇到困难时,切勿代替孩子做出"结论"。对孩子来说,遇到困难正是发展其思考力、训练大脑的绝佳机会。

使孩子聪明的心理战术:

◆某种东西短缺,促使孩子思考代用品。

◆和孩子谈话时,不要提出用"是"或"不"便能回答的问题。

◆孩子提出问题,可予以反问,促使孩子更明确地认识问题的实质,自己找到答案。如孩子问:"为什么晚上必须睡觉?"大人可反问:"如果不睡觉,你想会怎样?"

◆对孩子的提问,父母的意见越不一样越好。

◆告诉孩子,若要打架,先要吵架压倒对方,采用"法国式孩子吵架术"。在法国,孩子开始吵架,父母便饶有兴趣地出面鼓励"吵架",让双方尽量争吵,以此训练孩子的思考能力和辩论能力。

三、重视赞美的力量

表扬孩子要抓住要点,具体形象。例如,表扬孩子画画画得好的正确方法是说"这次进步很大,这个脸画得很像你爸爸"等,而不能抽象地说"你画得比毕加索的画还好"等空洞虚伪的语言。

四、重视暗示的作用

教育最困难的事,不是告诉学生该学什么、该做什么,而是让孩子发自内心地自动学习。因此,在说话时应多以"正面"说法,让孩子能得到明确指引,少说"不该……",多说"最好做……"。一个人被暗示后,心理会产生一股力量,这股力量能发挥意外的"能力"。

10

外国家庭
教育采风

犹太人认为，书像蜂蜜一样甜美，智慧比财富更重要。只有知识却没有才能的人是"背着很多书本的驴子"。

在犹太家庭里碰到放学的孩子，大人总要问："你今天又提问了吗?"

犹太人教育孩子尊敬老师，善待他人，不鄙视任何人。

美国人鼓励自立与竞争，让孩子在实践中探索。

德国、日本、瑞士、俄罗斯等国家对孩子进行责任教育、礼仪教育、磨难教育、创新教育、和谐教育、善良教育、诚信教育、公德教育、劳动教育、艺术教育、节俭教育和理财教育。

法国人、澳大利亚人常带孩子走进博物馆，走进大自然，接受大自然的熏陶。

由于地理环境、民族文化、思想观念、传统习惯等的不同，世界各国、各民族的家庭教育异彩纷呈，各具特色，其中，许多经验值得我们学习借鉴。

犹太人的家庭教育

有着5000多年历史的犹太民族是世界上最古老的民族之一。与世界上其他古老的民族相比，犹太民族是一个弱小的民族，在历史上曾被奴役过，还曾经被迫流亡。但在流散的情况下，犹太人能够顽强地生存和发展，并且为世界贡献了像马克思、爱因斯坦、列宁、弗洛伊德、毕加索、比尔·盖茨等许多杰出的政治家、经济学家、科学家和艺术家。在世界政治、科学、思想等领域中，每10个领导性人物就有1个是犹太人或具有犹太血统的人。从1901～2001年的100年间，占世界总人口0.2%的犹太人和具有犹太血统的人，就有138人获得诺贝尔奖，占其总数的20%还多。这个比例是其他民族的100多倍。在美国的百万富翁中，20%是犹太人。这些数字的背后，蕴藏着犹太人对家庭教育的极端重视。可以说，犹太人的家庭教育是世界上最成功的家庭教育。

一、犹太人的家庭教育理念

（一）复合型家庭教育

犹太民族杰出的创造力，来源于他们具有开放式的社会文化形态。他们流散于世界各地，不仅顽强地保持着自己的文化，而且吸收所在国的文化精髓。许多犹太家庭经常主动地与其他民族接触，从中汲取文化养料。

（二）知识是第一位的

几乎所有的民族都将官员、贵族和富商的地位放在学者之上，只有犹太人相反，他们认为，知识是抢不走而又可以随身带走的聚宝盆，有知识才是最重要的，学者比国王更伟大。有一条犹太格言说："即使变

卖一切家当,使女儿嫁给学者也值得;为娶学者的女儿为妻,纵然付出所有财产也在所不惜。"在《犹太法典》中,有这样一句话:"生活困苦时,不得不变卖物品以度日,你应该先卖金子、房子和土地,到了最后一刻,仍然不可出售任何书本。"在犹太家庭中有一个世代相传的传统,书橱必须放在床头,不能放在床尾,因为他们是不允许对书本不敬的。

(三)重视思维能力和才能培养

犹太人把只有知识却没有才能的人喻为"背着很多书本的驴子"。在犹太家庭里碰到放学的孩子,大人总要问:"你今天又提问题了吗?"长亲把与孩子的思想交流看得非常重要,允许孩子同成人谈话和讨论问题。理性的思维方式和鼓励孩子提问,是犹太人的教育比其他民族略胜一筹的地方。

(四)早期教育决定孩子的一生

犹太民族的幼儿从 2 岁开始接受教育,主要是对语言表达能力、身体运动能力、对周围环境的认知能力进行培养。5 岁的儿童,可享受义务教育性质的幼儿园的待遇。

(五)书是生命中最重要的东西

犹太人把书看成生命中最重要的东西,即使身无分文,也从不卖书。1998 年,联合国教科文组织进行了一次调查,在以犹太人为主的以色列,14 岁以上的人平均每月读一本书,全国有约 1/5 的人办有图书证。

每一个犹太孩子都要回答这样一个问题:"如果有一天家里的房子失火啦,或者家里的所有的财产都被劫,那么,你在逃命时会带走什么东西呢?"如果孩子回答的是钱、钻石或者其他东西,父母就会非常耐心地启发孩子:"孩子,有这样一种宝贝,它无色无味,也没有任何形状,你能想起来它是什么吗?"如果这时孩子还回答不上来,父母就会严肃地告诉孩子:"记住,你要带走的既不是金钱,也不是珍珠、钻石和其他任何东西,而是智慧。智慧就像一个人的健康,一旦拥有了它,不管谁都无法将它从你身上抢走,只有你自己才是它的真正拥有者。一个人只要活着,那么智慧将会永远与他结伴而行。"

（六）教育孩子是母亲的天职

与其他民族不同,犹太民族中妇女在家庭中的地位较高,其主要任务是相夫教子。虽然犹太妇女的文化程度很高,但就业率却比其他任何一个民族都要低,她们留在家里照看孩子,保证孩子健康成长,好好学习。犹太人一生有三大义务,第一义务就是教育子女。

犹太人认为,一个称职的母亲至少应具备以下素质:

◆科学的养育知识。丰富、均衡的饮食是保证孩子身体健康的必要条件。不让孩子挑食,在喂孩子时,从不问孩子哪些饭菜好吃,哪些不爱吃,而是谈论一些有趣的话题,分散孩子对饭菜的注意力。食物的营养和价格不一定成正比,要根据身体发育的需要而定。

◆优秀的品格。很多品格不是教给孩子的,需要在潜移默化中传给孩子。母亲的性格对孩子更具有影响力。母亲的各种兴趣爱好,对孩子有着直接或间接的影响,有些是眼前的,有些影响要通过很长时间才会表露出来。因此,每个母亲都要加强自己道德品质的修养,养成良好的性格和习惯。

◆理性的教育方法。一个母亲的文化程度高与低,对孩子的影响并不大,关键在于她会不会教孩子,懂不懂教育方法。

◆创造良好的发展环境。在这方面,母亲有更多更大的决定权。

（七）鼓励能将“白痴”变成“天才”

在《犹太法典》里有这么一句话:“儿子在学者面前是傻瓜,但在父亲面前却是个天才。”

在犹太民族,人们反复讲述爱因斯坦和他父亲的故事,以此启发大人,鼓励孩子。爱因斯坦小时候并不是一个天资聪颖的孩子,相反,4岁时还不会说话,人们都怀疑他是个“低能儿”。他上小学的时候,仍然十分平庸,甚至老师曾向他父亲说:“你儿子将来是不会有什么成就的。”大家的嘲笑和讥讽让爱因斯坦十分灰心失望,他甚至害怕见到老师和同学,不愿去学校。但是,担任电机工程师的父亲却没有对儿子失去信心,想方设法发展爱因斯坦的智力。他为儿子买来积木,教儿子搭房子。儿子每搭一层,父亲便表扬和鼓励一次。在这种激励下,爱因斯坦一直搭建了14层。在父亲的鼓励声中,爱因斯坦一步步成长为世界

上最伟大的科学家。

犹太人鼓励孩子时掌握两条：一是不要讽刺他们，以防孩子受到更深的打击；二是不要过分赞扬孩子，以免孩子产生骄傲情绪。

总之，犹太民族像是一个企图揭示自然和人类秘密的哲学家式的民族。犹太人家庭教育的核心是，喜欢思考宏观的、深层次的问题，喜欢抽象，喜欢逻辑思维。

二、创意式教育

创意式教育是一种培养世界性人才的先进教育理念和完备的教育体系，核心内容有六个方面。

（一）分阶段教育

孩子成长过程存在关键期。犹太人很注重对孩子不同年龄学习潜力的挖掘。在他们看来，各个时期的孩子是不一样的，因此，相应的教育方法必须有所改变。

（二）书如蜂蜜一样甜美

犹太人教育孩子学习是有趣的，要把学校当成比什么地方都开心的地方。孩子进入小学的第一天，教师用蜂蜜写字，孩子们会将蜂蜜舔吃掉，以此认识"学习的甜美"。

（三）授之以渔

犹太人不是将教给孩子学问作为目的，而是坚信教育是将学到的学问变成自己的学问。也就是说，教育子女不应留给他"鱼"，而是捕鱼的方法——"渔"。

（四）对话

犹太人不是把孩子当成要教的对象，而是视作在人格地位上与大人一样，和孩子一起讨论，对孩子进行对话式教育，这是犹太人教育法的核心。如孩子在柜台前嚷着要买玩具时，犹太父母会不惜花上几个小时给孩子说明为什么不能买。在以色列，不难听到母亲和孩子在争论。在学校，老师讲课时学生静静地听讲是不正常的，往往是不等老师讲完,学生就不断地提问和对话。

(五)游戏即是学习

犹太人认为,游戏是社会的缩小版。孩子在游戏中可学到遵守规则,承认胜败,寻找解决方案等。因此,以色列的孩子无论到哪里,都有四五人参加,以便于玩游戏。

犹太父母常采用的方法是让孩子玩圆豆,就是将黄豆、红豆、绿豆等颜色不同的农产品混合在一起放在一个盘子里,再取几个不同颜色的杯子,让孩子用大拇指和食指抓住豆子,分别放进不同的杯子里。孩子两岁时,教他们玩黏土,用苹果、香蕉等孩子常见的水果做样品,让孩子仔细观察后,按照它们的形状去做。这样,既能锻炼孩子的观察能力,又能训练手的灵活性,训练右脑。犹太父母还常和孩子一起玩合作游戏和乐观游戏等。

(六)给孩子讲故事

犹太父母常常用温柔的声音为躺在床上的孩子讲故事,直到孩子入睡。他们认为,在床边讲故事对语言训练有帮助。

三、犹太人的品德教育

(一)孝敬父母

一个人,只有孝敬父母,才能尊重老师和领导,才能真正对待朋友、帮助别人。犹太人非常注重孝道。在孩子很小的时候,就为孩子讲有关的故事,让他知道孝心是一种传统美德;他们积极建立长幼之间既平等又有别的家庭关系;为孩子创造机会,通过实践培养孝心,遇到为难事情,讲给孩子听,让孩子一起出主意;如果长辈身体不舒服,告诉孩子应该做哪些事情,让孩子学着做;父母在家中以身作则,孝敬长辈,做孩子的楷模。

孝心是一个充满爱心的伦理行为,应重视并以情育情。

(二)尊敬老师

在犹太民族中,教师有着极高的地位。父母总是告诉自己的孩子,

教师是一种神圣的职业,要像尊敬上帝那样尊重老师。父母经常这样问孩子:"假如我和老师双双入狱,你只能救出其中一人,你会救谁?"每个犹太孩子都会这样回答:"救老师,因为老师教给了我们智慧,是民族利益的守护者,他们的事业关系到整个民族的未来。"

(三)不要鄙视任何人

犹太民族中流传着这样两句话:"不要轻视穷人,他们的衬衫里面埋藏着智慧的珍珠。""不要看不起穷人,因为有很多穷人是非常有学问的。"在犹太人看来,富人和穷人尽管有时候的差距是十分巨大的,但是,富人并不一定快乐,穷人也并不一定绝望,没有一个犹太人鄙视穷人。犹太人会给孩子讲这样一个故事:

一只蚊子把正在休息的大象吵醒了,大象非常生气:"你这只小蚊子,找死呀! 信不信我一下就把你打死。"听到大象嚣张的话,蚊子说:"你不要太小看我了,说不定我会把你咬死呢。"大象听到更加生气,用长鼻子狠狠打向蚊子。蚊子机敏地躲过大象的鼻子,飞到大象的耳朵里。大象使尽全身力气也赶不出蚊子,最后被蚊子咬死。

(四)善待他人

犹太人常常教育自己的孩子要拥有一颗善良的心,善待他人。

一个犹太孩子十分任性,脾气暴躁,常常言行粗鲁,伤害别人。他父亲想了一个办法:"孩子,当你要发脾气时,就在咱家门前的木栅栏上钉一个钉子。"孩子照着做了。天长日久,孩子学会了控制情绪,钉的钉子越来越少,最后,他告诉父亲:"我知道该怎样调整自己,不再钉钉子了。"父亲说:"很好。以后每当你化解了与别人的矛盾,就从木栅栏上拔掉一个钉子。"孩子又照着做了。慢慢地,木栅栏上的钉子被拔完了。孩子高兴地向父亲汇报,父亲却平静地带着孩子来到木栅栏旁,指着上面密密麻麻的钉子眼说:"孩子,每当你脾气暴躁伤害了别人,留在人们心上的伤疤就像这些钉子眼,是很难消除的。伤害一个人很容易,恢复美好的情感却相当困难。"从此,孩子学会了善待他人。

四、犹太人的智慧教育

(一)智慧比财富更重要

犹太人告诉孩子,只有掌握足够的知识,才能使人变得更有智慧,只有拥有了智慧,才会拥有更多财富。粗俗者成不了大商人。有智慧的人知道金钱的价值,而富人却不懂得智慧的重要,所以,智慧比金钱更重要。知识是别人抢不走的聚宝盆,因此要善于学习,要成为一个有智慧的人,就要谦虚。一个人如果认为自己是幸福的,那他一定是幸福的,但一个人如果认为自己是聪明的,那他一定是个愚蠢的人。葡萄长得愈丰硕,就愈会低下头。

(二)活用智慧

智慧表现在如何正确运用所掌握的知识。人仅有知识是远远不够的,有了知识,还应该明白如何正确地将所掌握的知识在实践中应用。

一个病入膏肓的犹太富翁临死前只有奴仆在身边,他口述给他儿子尤第雅的遗书:"我将我全部的财产都留给将此遗书送给你的忠实的奴仆,而你可以从我的所有财产中任意选择一件。"富翁死后,奴仆得到了所有财产,兴冲冲地拿着遗书同拉比一起去见尤第雅。拉比说:"你父亲已经把所有的财产都送给了这个忠实的奴仆,而你只能从你父亲所有的财产中挑选一件,你选择吧。"尤第雅想了想:"我就要这个奴仆。"尤第雅既拥有了奴仆,又拥有了所有财产。富翁怕奴仆侵吞财产,想出了这样一条妙计。

(三)发掘潜能

通常情况下,犹太父母在发掘孩子的潜能时,首先考虑的是孩子的兴趣,兴趣是孩子最佳的意志促进剂。在发掘孩子潜能方面的具体做法是:

◆仔细观察。注意孩子的举止行为和爱好,分析孩子的特点,如喜欢唱歌还是绘画、喜欢动还是静等。

◆制造机会。在了解孩子的特长与性格取向后,给孩子创造更多机会,让孩子进行练习,如在生日聚会上让孩子表演节目等。

◆耐心等待。潜能的充分发挥需要时间。不能嫌孩子做得不完美而不让孩子做。一次做不好，两次，两次做不好，三次，直到做好为止。

◆给予鼓励。当孩子自己动手做一些感兴趣的事情时，长亲及时给予一些肯定的赞美和鼓励的掌声，从而增强孩子的信心。

此外，犹太人在智慧教育中，还教育孩子要充分利用一切资源，善于借势发展，做事要多思考，要给孩子发展的空间。

五、犹太人的自立教育

(一)勤勉

犹太民族的勤勉精神在世界上其他民族中是很少见的，他们能在恶劣的环境中，长期忍辱负重地工作而没有任何怨言，他们顽强坚韧，勇于挑战风险，永不气馁，这使他们在充满竞争的世界上出类拔萃、卓尔不群。

弗洛伊德6岁时，他的父亲就告诉他：1000多年来，犹太人一直处于被压迫、剥削、驱赶、屠杀的悲惨境遇下，但为什么还能长期生存下来呢？为什么我们的智力平均高于全世界的51倍呢？为什么我们操纵着社区的、国家的甚至全世界的银行和商业呢？就是因为我们勤勉和拼搏。在奋发图强的犹太式家庭教育的引导和教育下，弗洛伊德产生了强烈的荣誉感："我的父亲和母亲都是犹太人，我也很高兴自己是一个犹太人。"正是在奋发图强的荣誉感的激励下，弗洛伊德最终为人类创立了"精神分析学"和"性心理学"。

(二)自强自立

犹太父母非常重视孩子自强自立性格的培养，他们认为，学会自立，就会使自己走向希望，走向成功。

美国石油大亨洛克菲勒家族是美国著名的家族，1974年资产总额就达到3305亿美元。其家族历经几个世纪而依然繁盛如初，没有出现败家子，这得益于世代相传的家庭教育方式。

洛克菲勒7岁时，就开始帮助奶奶卖火鸡赚钱，平时要靠给父亲做"雇工"挣零花钱。他有一个专门记录做"雇工"的小本子，并将自己的工作按每小时0.37美元记录入账，最后与父亲结算。这种方法世代相传。洛克菲勒的父母这样做,并非因为家中贫穷,也不是虐待孩子,而是为了培养孩子艰苦自立的品格和勤劳节俭的美德。小账本上记载的不仅仅是孩子打工的流水账,更是孩子接受考验和磨难的经历。

另外,犹太父母还教育孩子勇于承担责任,保持积极向上的乐观精神,自己的事自己做,热爱劳动,学会生存,学会学习等,以培养孩子的自立性格和行为。

六、犹太人的财富教育

(一)诚信

在犹太社会中,商人很讲诚信。他们认为,做事之前先学会做人,做人首先要讲诚信。在犹太民族中,商人做生意从来都是分厘必赚、丝毫不让,但对签订的契约,总是宁愿自己吃亏也要履行,这是一件非常自然的事。犹太人经商数千年,很少有坑蒙拐骗的事例,也不做短斤少两的事,因而,犹太人能够在商业世界立于不败之地。诚信经商与他们受到的家庭教育有关。犹太人在孩子很小的时候就对他们讲,"诚"和"信"是不自欺欺人,是人们内心和外部行为合一,是良好道德修养的一种境界。

(二)从小到大

犹太人在教育孩子时,常常会说,做生意不是一天就能够成功的,富翁也是一步一步从无到有、从小到大逐渐成功的,不要放过最小的事情,要利用一切可以利用的条件。

(三)双赢才算赢

犹太商人的经商法则是:一笔生意,双方赢利。双赢才能长赢。犹太人在教育孩子时说,懂得在和别人合作的时候,即使撤销合同,也要确保双赢的经商原则。

(四)赚钱的观念

犹太父母教育孩子,金钱能为人们提供各种机会,能带给好人好东西,带给坏人坏东西。赚钱的方法是多样的,只要遵守规矩、不犯法,什

么钱都可以赚。

信息是有价的,要随时捕捉有用的信息,不仅对自己经营的范围进行搜集,还要搜集广阔范围内所有有用的情报。

犹太父母还教育孩子做生意要精打细算。

犹太金融大王莱曼说,既会花钱又会赚钱的人才是最幸福的人,因为他们享受了两种快乐。

美国的家庭教育

一、美国家庭教育的十二条基本法则

◆归属法则　保证孩子在健康的家庭环境中成长。

◆希望法则　永远让孩子看到希望。

◆力量法则　永远不要与孩子斗强。

◆管理法则　在孩子未成年之前,管束是父母的责任。

◆声音法则　尽管孩子在家里没有决定权,但是一定要倾听他们的声音。

◆榜样法则　言传身教对孩子的影响是巨大的。

◆求同存异法则　尊重孩子对世界的看法,尽量理解他们。

◆惩罚法则　适当惩罚,慎用惩罚。

◆后果法则　让孩子了解其行为在现实世界上可以产生的后果。

◆结构法则　教孩子从小了解道德和法律的界限。

◆"二十码"法则　培养孩子的独立意识,父母与其至少保持20码的距离。

◆"四何"法则　任何时候都要了解孩子跟何人在一起,在何地方,在干何事,何时回家。

二、鼓励自立与竞争

美国前总统尼克松在他的著作《领袖们》一书中指出,中国的教育制度可以为民众提供较好的知识性教育,但失去了中国的达尔文和爱因斯坦。因为中国教育制度过分强调每个人要样样都好,事事统一,不允许孩子有独立的见解,更不允许有爱因斯坦式的"离经叛道",这样只能培养出守业型人才。

而美国人承认人与人之间的差异,长亲一般尊重孩子的想法和隐私权,鼓励孩子独立思考,使孩子充满自信,敢于想象和创造。

美国人对竞争情有独钟。在学校,也有功课方面的竞争,没有一定的好成绩不会被名牌大学录取。但是,美国大学挑人不完全看成绩,而是综合考查学生的素质,包括创造发明能力、体育音乐特长、组织活动能力和参与社会的积极性等。学校鼓励孩子从小就自己动脑子,发挥想象力,甚至可以异想天开。对老师的提问,孩子的回答从来都是五花八门,学校鼓励学生动手做实验,搞发明,孩子如果能获全国科学竞赛大奖,就会获得几万美元的奖学金,被名牌大学录取。

三、愉快幽默

美国人信奉愉快哲学,以追求快乐为生活的最基本情趣。为教育孩子学会快乐做人,他们喜欢周末租面包车拉着全家人到风景区游玩,到海滩游泳,感受大自然气息。

美国人崇尚幽默,不仅把幽默看做一种可爱的性格,更视为一种可贵的品质。许多父母在孩子出生6周后就开始进行早期幽默训练。1周岁后,当孩子学步摔倒,父母往往冲着孩子做个鬼脸以示安抚。到2周岁,利用身体或物品的不和谐训练孩子的幽默感,如把袜子穿在手上。孩子上小学后,学校常常举办"幽默故事"写作和讲述比赛。

四、平等

美国家庭中,父母尊重孩子的意愿,理解孩子的想法。对子女讲话都用礼貌语言,让子女帮助做事时都用商量的口气,如"你可以帮我吗",做完事后,父母从不忘记说"谢谢"。在尊重中长大的孩子,形成了尊重别人的观念。

五、在实践中探索

美国国家科学教育研究委员会提出了一条国家科学教育的准则,要求把带有实践活动的、以探索为基础的科学教育变为全体美国人从

幼儿园开始的核心科目。

密歇根州阿伯尔市社区中学自己设计了一套教育模式:以真实的科研课题为基础带动地球科学、生物学、物理学和化学等学科的教学。学生应用这些学科的基本原理去解决那些真实而长期存在的科研课题,特别是涉及居民切身利益的科研课题如让学生调查河流的生态环境与水质变化的关系,这种专题调研活动给学生的教育是多方面的。到大自然去认识自然的奥秘,激发学生的学习兴趣,浓厚的学习兴趣又提高了学生吃苦耐劳的能力,同时还锻炼了他们群体合作的能力。

六、劳动

美国家庭教育以培养孩子富有开拓精神,使之成为一个自食其力的人为出发点。孩子小的时候就让他们认识劳动的价值,并让他们自己动手劳动,即使是富家子弟,也要求自谋生路。农民家庭的孩子分担家里的割草、粉刷房屋、简单木工修理等活计,还要外出打工,如夏天替人推割草机,秋天帮人扫落叶,冬天帮人铲雪等。

在美国,多数孩子积极参加义务劳动。12岁以上的青少年中,有60％以上的人做过医院的义工。许多学校规定,学生在高中毕业之前必须完成规定时间的社区服务,否则不能毕业。许多学生利用寒假时间完成义务服务工作。

七、责任教育

美国人非常重视对孩子的责任教育,从小开始,从小事做起。在孩子还是婴儿的时候,母亲就鼓励孩子做一些力所能及的事情。如换尿布时,妈妈说:"来,大卫,帮妈妈拿好你的小袜子。"孩子稍大一点,就让他们自己吃饭、洗手等,并及时给予赞许。如果孩子走路跌倒或不小心碰到身体的某个部位,一般情况下,长亲一笑了之。这比中国父母迁怒于碰到孩子的物体要好得多,更能培养孩子的责任感。

在美国,孩子的高中毕业典礼非常隆重,每个学生大约有十几个包括父母在内的亲友前去参加毕业典礼。典礼之后,组织家庭聚会庆贺孩子高中毕业和长大成人,并送有纪念意义的成人礼物,让孩子明白,他已成人,今后要对自己完全负责。

八、理财教育

美国对少儿理财教育的目标要求是：

◆从 3 岁起,学习辨认硬币和纸币。

◆ 5 岁,知道钱是怎样来的。

◆ 7 岁,能看价格标签。

◆ 8 岁,知道可以通过做工赚钱,并把钱存在账户里。

◆ 10 岁,懂得每周节约一点钱,以备大笔开销使用。

◆ 12 岁,能制定并执行两周以上的开销计划,懂得正确使用银行业务中的术语。

日本的家庭教育

一、礼仪教育

日本家庭非常重视对子女的礼仪教育。母亲做好了饭没告诉孩子吃,孩子不能自己先吃。孩子在吃饭前,必先说一声"那就不客气了"。孩子每次出门都要和长亲说一声"我走了",每次回家进门都要说一声"我回来了"。

二、自立教育

日本家庭从小就培养孩子自立意识。大部分家庭要求孩子做家务劳动,以培养孩子的生活自理能力、自制能力、动手能力和尊重他人劳动成果的品质。日本幼儿园保育大纲上明确规定:"从 3 岁开始,就要训练孩子怎样端碗拿筷自己吃饭,怎样自己排解大小便,怎样在保育员的指导下学会穿衣脱裤系鞋带。到了 6 岁,就必须养成独立着装、饮食、刷牙、洗脸的习惯。"

三、磨难教育

日本小孩走路时摔倒,大人不是主动扶起来,而是鼓励孩子自己爬

起来。小学和中学，设立了"磨难课"，几乎每年都要定期举办"田间学校""海岛学校"或"森林学校"，组织学生到田间、海岛或森林去"留学"。不仅让孩子了解农村生活，更重要的是让孩子经风雨，见世面，培养吃苦耐劳精神和克服困难的能力。

四、创新教育

鼓励孩子有独立的想法，对孩子提出的各种问题，父母尽量解答。父母经常带孩子到科技馆、图书馆参观、看书，鼓励孩子玩创造性游戏，发展孩子的想象力；给孩子买组装玩具，鼓励孩子从不同角度组装各种各样的模型，培养孩子的动手能力和创新能力。

德国的家庭教育

一、做好计划

在德国，人人都有自己的记事本，甚至连家庭主妇和中小学生也不例外，他们把近期和远期要做的大大小小的事情预先记录其中。

德国人很早就会锻炼孩子过一种有计划的生活，教育孩子学习分配零花钱、支配时间、完成学习任务和发挥兴趣爱好，形成一种井井有条的秩序感。

二、和谐教育

德国学校一直考虑学生的课业负担过重会影响身心发展，因而没有定期的月考、期中考试和期末考试，多是安排临时考试。孩子们会有很愉快的闲暇时间去从事自己爱好的活动。

教师除了给孩子学业上的指导外，对于班级的教育活动如演出话剧、外出参观等，也会协助计划和组织。在高度的责任心与巧妙的教育方式的基础上，教师和孩子建立起一种朋友般的相互信赖、相互友爱的和谐关系。

三、个性化教育

对智力较低、缺乏学习动机或者行动有偏差的孩子,德国没有设立特殊教育学校,而是放在普通班级中进行个性化教育。学校根据孩子的具体情况,特意为他们设立了辅导小组,进行个性化辅导,以照顾到每一个孩子的特性,也便于教师与学生之间的交流。对于理解慢的学生,教师想尽办法进行启发鼓励。在老师那里,没有"差生"的概念。

四、善良教育

爱护小动物是许多德国儿童接受"善良教育"的第一课。在孩子刚刚学会走路时,一些德国家庭就特意为孩子喂养了小狗、小猫、小兔、小金鱼等,让孩子在照料小动物的过程中学会体贴入微地照顾弱小的生命。长亲要求孩子注意观察小动物的成长、发育和游戏,有条件的还要写"饲养记录"。幼儿园也饲养了各种小动物,由孩子轮流负责喂养。

学校里普遍开展"善待生命"的讨论或作文比赛。对虐待小动物的孩子进行批评,重的要进行心理治疗。在德国人看来,虐待小动物是比学习成绩滑坡更为严重的"品德问题",小时候以虐待动物为乐的孩子,长大后往往更具有暴力倾向。

同情、帮助弱小者是德国人对孩子进行"善良教育"的另一项重要内容。在成人的倡导、鼓励下,孩子帮助盲人、老人过马路蔚然成风。在法兰克福,有一个孩子粗暴地将上门乞食的流浪者驱赶出门,为此,全家人特意召开了家庭会议,严肃耐心地启发孩子:流浪者虽然穿着不好,但同样享有人的尊严。孩子知错就改,提出邀请受辱的流浪者来家做客。

对影视节目中的暴力镜头,长亲和教师都十分注意引导孩子用批判的眼光来审视,包括一些联邦议员在内的许多德国人不支持孩子与玩具枪炮为伴。

五、诚信教育

德国人有"严谨、诚实、守信"的性格特点。德国家庭非常注重为孩子营造一个真诚的氛围。他们普遍遵守这样一个原则:教育孩子诚实守信,父母必须做出榜样。在德国城镇的十字路口随处可见牌子上写

着这样的话:"为了孩子,请不要闯红灯。"由此起到了很好的教育效果。

六、礼仪教育

礼仪教育在德国引起全民重视,许多人报名参加专门礼仪培训班,长亲则从细微之处培养孩子的礼仪。每个德国孩子在餐桌上都会受到严格教育,如盛入自己盘中的食物一定要吃光。在德国,无论是成年人还是孩子,都把维护公共纪律、爱护公共环境、在公共场所讲究文明和秩序作为无可置疑的事情,常可以看到人们耐心排队等候,全社会形成一种高度自觉、井然有序的文明风尚。

七、环境保护

在德国,一年级的新生刚到学校报到,就会领到一本环保记事本,封面印有森林、草原、田野,每一页的左上角都印有精美的风光照片。孩子们在这上面记录环保事情。下面是一个德国小学生的环保记录:

周一,为濒临灭绝的灰鹤捐了一马克零花钱。

周二,夜里睡觉忘了关灯,浪费了大量的电,真不应该。

周三,上图画课时连撕了 3 张白纸。老师说,造纸要消耗木材和大量的水,我感到惭愧。

周四,发现妈妈只为洗我的两件内衣就开动洗衣机,浪费水、电,妈妈接受我的建议,以后等衣服积多些时再洗。

周五,哥哥得知开赛车会排放污染环境的有毒废气,就想出了弥补的办法——每人每年额外种 20 棵树。

周六,爸爸去超市购物准备开车去,后来听了我的话改乘公交车,既节约了汽油,又减少了汽车废气的排放。

周日,我丢垃圾时发现没有分类,于是不顾臭味将垃圾分类后才丢入垃圾箱。

德国的教室很大,右前方有洗手池和杂物橱,洗手池边的地上放着四个不同颜色的垃圾桶,分别丢弃金属、废纸、塑料和食物。杂物橱里放着孩子们喝茶进餐用的杯碗,所有容器的材料都是玻璃、金属或瓷器,而没有塑料和纸,因为前者可重复使用,对水、电等资源能源的消耗较少。德国小学生也轮流值日,但内容是负责能源节约,控制灯光和供暖。

瑞士的家庭教育

一、尊重天赋

在瑞士人的家中,可发现各式各样的玩具和儿童读物都放在孩子能拿到的地方,墙上、门上贴满了孩子的"美术作品"。孩子可以在墙上乱画,用嘴咬玩具,拿剪刀在书本、衣服等物品上乱剪乱画。瑞士人这样解释:"孩子会画、会剪,说明他学会了某种技能。我们千万不要痛惜某件东西被孩子损坏了,而要耐心地告诉他们一些操作上的技巧和知识。"

二、鼓励创新

瑞士父母重视鼓励孩子尝试创新。例如,让孩子做一件自己从来没有想要做的事情;超前自学一些课程;做一件大多数人不容易做到的事;鼓励孩子为自己崇拜的足球明星或歌星写一篇传记;提出一个解决学校附近交通问题的方案;鼓励孩子通过市场或者其他方式把自己不用的书和玩具拿去换取他所需要的东西。

三、尊重知识

瑞士人尊重知识,尊重人才,尊重科学,但不重视官位,他们把权力看成是暂时的,如白驹过隙。有些大学科研人员除了知道自己项目的主管教授外,连系主任和院长都不知道。

四、公德教育

几乎所有瑞士人都不指望子女将来成就什么大事业,只希望他们能遵纪守法,善良正直。瑞士人的公德意识很强,但这种意识不是靠严格的法律制度来体现,而是通过家庭教育和学校教育来培养。

在瑞士国家公务员中,有一个官职叫"价格先生",专门负责监督餐饮、医药、旅游等行业的定价。但自设立这一官职以来,很少发生商贩

被处罚的事件。瑞士服务业都实行事后付账的方式，将账单寄到家中，在规定的日期内支付，其前提就是整个社会的诚信。《瑞士民法典》就将诚信作为基本原则确定下来。

五、劳动教育

在瑞士，父母为了不让孩子成为无能之辈，从小就着力培养孩子自食其力的意识。如十六七岁的女孩子，初中一毕业就去一家有教养的人家当一年左右的女佣人，上午劳动，下午上学。瑞士有讲德语的地区，也有讲法语的地区，一个语言区的女孩通常到另一个语言区的人家当佣人。这样，既锻炼了劳动能力，又利于学习语言。在掌握了几门外语后，女孩就去银行、商店等服务行业就业。

六、不尚浮华

瑞士是世界上五大富国之一，人均年收入高达 3 万美元，但人们行事稳健，不爱张扬。

瑞士人不管是在星级饭店还是在街头餐馆就餐，都注意节俭，把饭菜吃得干干净净，从不讲排场，一般只上一道主菜。

妇女很少涂口红。年轻人多租住公寓，房间一般不大，私有住房只占 30％。出行主要靠公共交通工具，一般不开私家车，就连公司老板和国会议员也乘坐电车和公交车。

瑞士人十分清楚生存质量的衡量标准不是社会财富的多少，而是是否在清新的环境中生活。在他们看来，一个人用最好的电器、穿高档衣服、住最好的房间，却呼吸混浊的空气、吃被污染的食品，是一种糟糕的生活。

瑞士被誉为"手表王国"，生产许多驰名世界的高级手表，瑞士人却人人都使用普通手表。瑞士人的婚礼非常简单。他们十分注意节电节水，从煮鸡蛋、利用屋檐流下的雨水等点滴做起，用屋檐水冲洗厕所、洗涤衣物等。

瑞士人富而不奢，堪称节俭楷模，值得我们国家许多富即奢、不富也奢的人好好学习。

七、环境保护

像德国人一样,瑞士人的环保意识非常强,他们的主要做法也是对垃圾进行分类且非常自觉。

八、随时家教

瑞士人很善于掌握家庭教育的最佳时机,如孩子过生日、就餐、旅游、家务劳动、做出成绩或有过错时,都不会放过。

九、推崇半权威式家庭教育

半权威式家庭教育的关键是在孩子做法不当的时候,说一个“不”字,勇于拒绝孩子不合理的要求。

英国的家庭教育

一、热情

英国人喜欢微笑,在公众场合,不论相识不相识,不论肤色、国籍,只要迎面相遇,目光相对,送来的必然是微笑。在商店、医院、邮局和公园,营业员、医护人员、管理人员对顾客、病人和游客都是笑脸相迎。英国人这样教育孩子:微笑是人际交往的润滑剂,是拨动人们心弦的最好语言,是向对方传递友善、亲和的信息,是对自己充满自信的表现。

二、重视创造力

在思维方面,英国人强调“直率、创造性和思路开阔”。在英国伯明翰艺术中心曾举办过一个名为“展览的艺术在您脑子里”的特别画展。展厅墙上没有画,只有小纸片,上面提示观众如何完成画家要做的画。有张纸上写着“我的画是个声明:这里没有句号。”观众虽然看不见画,但读了提示后,墙上仿佛有了作品。

三、谦让

在英国，人们常挂在嘴边儿、使用频率最高的是"Sorry"（对不起），两个人走路相擦而过都会互相说声"Sorry"。有时，需要别人让路，也十分客气地先说一句"Sorry"或"Excuse me"，然后再提出自己的请求。走在路上问路，问时间或打听事，开头语也必然是"Sorry"。有时，英国人主动说："对不起，我的错!"甚至相互坚持是自己的"错误"，不惜为此而争个面红耳赤。

四、学做大人

英国的孩子在学校有一门"如何当父母"的课程，课程内容包括如何应付婚姻冲突以及如何适当地惩罚孩子。上课时，孩子要扮演母亲或父亲，考虑孩子的花费以及各种生活技能，使孩子体会父母的责任、辛苦，增进对父母的理解。

法国的家庭教育

一、自立决定未来

法国人很看重孩子的自立意识，尊重孩子的自主权。如孩子上大学选择什么专业，完全由他们自己决定，让孩子在决定的过程中自己教育自己。

二、生活不能没有书

在法国，不少人认为，彩电、冰箱都可以没有，但不能没有书，没有书就不能生活。如果房间里没有书，就像一个人没有灵魂。从作家、教授到政府官员再到普通百姓，几乎都有爱书的习惯，几乎家家都有一个图书室。人们赠送礼品，以送花卉最为普遍，其次就是送书和笔。

三、走进博物馆

法国的基础教育重视哲学、历史、基础文化。每周三下午,小学和初中都不开课,而体育场、博物馆成了学生专场。在法国,所有国立博物馆都免费为教师和 18 岁以下的人开放。在巴黎的"科学与工业城"专门为 12 岁以下儿童开设了 4000 平方米的"儿童馆",用儿童的思维方式引导他们去观看、触摸和体验植物界、动物界和宇宙空间,在孩子幼小的心中激发求知欲望。中小学校常组织整个班到"科学城"上课1～2星期,引导学生完成科学小实验。

四、理财教育

孩子 10 岁左右时,就给他们设立个人银行账户并划入一笔钱,目的是让孩子从小就学会明智科学地理财。父母与孩子商量账户必须保留的金额底线,一起制定短期的储蓄和消费目标。在整个过程中,父母对账户进行合理适度的"监控"十分重要。

俄罗斯的家庭教育

一、艺术教育

俄罗斯家庭普遍重视对儿童的艺术兴趣的培养,让儿童从小就接受艺术熏陶。周末或节假日,俄罗斯人最喜欢去的地方是剧院和音乐厅。孩子听音乐时聚精会神,一般在演出结束后,他们还陶醉在优美的艺术境界中,许多孩子手捧鲜花走上舞台,为自己喜欢的演员献花。

俄罗斯整个社会为少年儿童的全面发展和特长的发挥形成了综合教育网。业余音乐、美术、体育学校和少年宫不计其数,它们为孩子选择自己喜欢的活动和发挥自己的特长提供了广阔天地。全国第一流的乐队给少儿进行专场演出,博物馆对学生免费开放,一些高素质的艺术人才直接对少年儿童进行辅导。

二、尊敬父母

"一屋不扫,何以扫天下？父母不爱,何以爱他人？"俄罗斯人把尊敬父母摆在家庭教育的重要位置。

瓦利亚7岁时开始承担打扫房间、遛狗、洗碗等力所能及的家务劳动,在祖父母的寿宴上,父母指导瓦利亚给客人斟酒、换盘子,并向祖父、祖母祝词:"感谢祖父母的爱戴,我保证勤奋学习,认真劳动,用行动减轻长辈的劳累,以爱心解除祖父母的忧愁,祝祖父母永远快乐,永远美丽……"而在瓦利亚生日那天,家人举杯向他的妈妈敬酒,感谢她对瓦利亚的精心养育,以此教育瓦利亚热爱妈妈,尊敬长辈。

三、节俭教育

俄罗斯的学校教材一般5年不变,教科书用硬皮纸做封面,便于多次使用。学校在书的最后一页贴上一表格,印有书名、借阅人、时间。学生既可以到书店买新书,又可以在学校借阅旧书。许多父母为了培养孩子的节俭意识和爱惜公物的习惯,让孩子借书用。

瑞典的家庭教育

一、推崇社会平等

瑞典人十分重视平等,在人才培养方面,"不要天才要平等"成为瑞典社会的共识。许多政治家都把提高国民整体的受教育水平作为施政宗旨。青少年在接受教育期间,几乎没有入学考试,各学校全部免除学费,适龄青少年高中入学率高达98%,孩子的学习基本上不受家庭收入水平的影响。

在瑞典人看来,弱肉强食的社会太残酷了,他们非常重视不让社会出现落伍者。他们崇尚自然、光明,渴望透明、平等,营造浪漫、温馨。团结合作的重要性一直被广泛强调。瑞典有基础学校、高中和大学。诺贝尔奖是瑞典人设立的,但瑞典的教育却以提高整个社会的水平为宗旨。

二、劳动教育

在瑞典,5岁左右的孩子要学习做饼干、小点心。孩子可以在众多品种中选择自己喜爱的食品,在父母和幼儿园老师的指导下,认真操作,做好后与父母一起分享,得意极了。

三、性教育

在瑞典,父母对孩子的性教育是开放式的。例如,当孩子问"我是从哪里来的"之类的问题时,父母一般能耐心地从生理解剖知识讲起,解释男女之间的差异,撩开两性"神秘"的面纱,使孩子明白自己的性别角色。又如,女孩子发育成熟后,父母便郑重其事地让她了解避孕用具,并告诉她:你已经成人了,已有生育能力了,但你正处在学习知识阶段,还不是生育的时候,因此必须处理好性的问题。如果你有性欲望,无法克制,必须做好安全避孕。学校的性教育基本上也是开放的。因此,瑞典未婚先孕现象极少,青少年的身心健康得到了较好保护,青少年性犯罪率非常低。瑞典人很自豪地说他们国家的性教育很成功。

四、环保教育

在瑞典,幼儿园小班两岁多的孩子,最初学的单词除了"你好,谢谢"以外,都是森林里的植物及野果的名称。夏天每星期有两天,教师带孩子到森林里玩耍或做小试验,如在地上挖几个坑,分别将塑料袋、纸、玻璃、香蕉皮埋入,过几个星期后再挖出来看看发生了什么变化,告诉孩子哪些垃圾可以被土壤吸收,玻璃等不仅不被吸收,还会伤害人和动物的脚,所以不可乱扔。瑞典的环境保护做得非常好,与从小就对孩子进行这方面的教育是分不开的。

澳大利亚的家庭教育

一、愉快活泼的学校教育

澳大利亚的小学,就像中国的幼儿园一样,教师在中间,学生围坐

在小桌子旁。上课时，学生可以随意问老师问题，可以自由自在地说话，有的学生还走来走去。学校上午 9 点半上课，下午 3 点放学。每节课 40 分钟，课间休息 20 分钟。学校没有教学大纲，没有家庭作业，没有各种考试，连期末考试都没有。教师从来不要求学生死记硬背。学生在学校里欢蹦乱跳，无忧无虑。

教师经常带孩子们到海滩、野生植物园、动物园、图书馆和博物馆等。在这些地方，学生们拿着纸和笔，不时蹲下观察作记录，向老师提问。这里的教师说：有两个东西比死记硬背更重要，一个是知道到哪里去寻找所需要的比他记忆的多得多的知识，第二个是能够综合使用这些知识开发新的创造能力。

二、吃苦教育

澳大利亚是发达国家，人民生活较为富裕。但富裕的澳大利亚人却信奉"再富也要'穷'孩子！"他们的理由是娇惯的孩子缺乏自制力和独立生活能力，长大后难免要吃大亏。

父母很少让孩子穿棉衣和防寒服，总是让孩子比大人少穿一件衣服。无论是炎夏还是寒冬，父母常带孩子去海滩。小孩子光着脚丫自由玩沙、玩水，稍大一点就跟着父母下海冲浪。

在吃的方面，澳大利亚人也故意"穷"孩子，所以仅从吃上，是很难判断其家境贫寒还是富裕。

三、假期生活

假期里，有些学校会组织学生到社区进行专题社会实践，到郊区、农庄去享受田园生活，更多的小学生和幼儿园的孩子则在长亲的陪同下参观博物馆、艺术馆和主题公园等。在这些地方，有志愿服务人员为孩子进行免费讲解。

澳大利亚的教育与旅游结合得非常好，政府非常注意保存历史遗迹，注重挖掘和提升城市的文化内涵，建设青少年的教育基地。可以说，澳大利亚处处皆教育，教育靠社会。

四、澳大利亚的家规

◆尊重和热爱父母　每天早晨离家上学时，必须与父母相吻，说再见;放学回家,向父母问好,再与父母相吻。

◆学会待人接物 家里来客人时,孩子必须上前打招呼,招待客人喝茶或咖啡。客人走后,孩子收拾并清洗杯子。

◆培养生活能力和责任感 早上孩子听闹钟起床,自己做早餐。除身体不适等特殊情况外,父母不接送孩子上学。

◆保持室内清洁 孩子起床后将床铺整理好,如果发现没这么做,放学后要跑步一小时。

◆学会理财和珍惜衣物 孩子对零用钱有计划地使用,每笔开支都要有票据,周末交父母审查。

部分国家家庭教育简介

一、希腊

尚武的习俗使希腊将体育放在全部教育的首位。希腊的体育教育从少年时代就开始。7岁以前的儿童,由其父亲根据孩子的特点安排相应的教育。7岁以后,要到国家设立的体操学校等公共场所接受全面的教育和训练。年龄小的主要是训练跑步、跳跃、跳舞、游泳、标枪、铁饼和球类比赛等,成年人增加了赛马等运动项目。

希腊的教育兼顾了个性与公民性的双重要求,使受教育者身心都得到发展。体育教育是身体的教育,而心智的教育除宗教、道德和审美外,还包括文化教育,即智育。

希腊人十分注重审美情趣和道德修养。希腊人对儿童进行教育的内容包括礼貌行为、歌曲、英雄故事和乐器演奏等。总之,希腊人在教育中重视孩子的德、智、体、美的全面发展。

二、匈牙利

匈牙利的大学生在学习中表现出很强的自信心,如在课堂上,当教师提出一个问题时,学生就会积极、大胆地谈各自的想法或看法;在做作业时,尝试不同的解题方法;即使在新生第一堂课,学生也会问老师

好多问题,发表自己对老师的一些看法。

匈牙利是一个热情的国度。如果到了幼儿园,孩子们就会唱歌或跳舞表示欢迎,还会赠送他们自己制作的礼物给客人。

匈牙利人处处体现"人与自然的结合"。在很多教育活动中,教师和孩子一起念关于自然的儿歌,唱关于自然的歌曲,画自然界的各种事物,让孩子深刻体会大自然和人的关系。

三、挪威

挪威的幼儿园在世界上独具特色,是什么都不教的幼儿园。孩子们来到幼儿园后,把小书包和外衣放在自己的专柜里,就和小朋友玩去了。他们随便爬山爬树,在草皮上打滚,教师在旁边指导、保护。

幼儿园的方针是尽量让孩子出去玩,享受阳光和大自然,在自然的环境中玩耍。幼儿园从不给孩子上文化知识课,也不要求所有的孩子做同一件事。

挪威全国森林覆盖率为27%,挪威人喜欢以步代车,到森林里散步。林中深处设有咖啡馆,让走累了的人们吃点东西,歇歇脚。森林里还有垃圾箱。没有垃圾箱的地方,经过的人会自觉地把垃圾带回去。挪威人十分崇尚自然,假日里,人们纷纷离开城市到海滨或森林里的别墅去度假。在别墅里,没有电,用煤油灯照明,用煤气做饭,从井里打水吃。一家人到林中采摘野果,自制果酱,采蘑菇或钓鱼,充分享受大自然带来的乐趣。

四、比利时

在比利时上小学,每天轻轻松松,像是在童话国里玩。没有家庭作业。一半的课程是让学生动手制作模具。学校常常举办舞会,孩子们跳舞、表演,活泼自在。

一般情况下,孩子从八九岁起就懂得如何在生活中精打细算,常听孩子说"我还没攒够钱,不能买自己喜欢的东西""我的钱要等到商品降价时才能用"。孩子要想买自己喜欢的东西,必须一点一滴地慢慢积攒。如果孩子攒的钱还不够而又确实想尽快买自己想要的东西时,可以先向长亲借,然后再用以后的零花钱偿还。这种办法不仅让孩子体验到满足消费欲后所需要付出的代价,还能帮助孩子从小避免任性消费,从而节制消费欲。

比利时85％的未成年人都可以从父母那里得到固定的零花钱。大部分孩子拿到钱后先存入银行,或者放进存钱罐里。从12岁开始,孩子可以拥有自己的银行卡,父母教他们如何理财。

在比利时,从小学起就开设专门课程,教孩子了解成年人的各种职业、如何区别各种商品及其价格的确定等,引导孩子理解媒体、广告和消费者之间的关系。与学校教育相配合,长亲在花钱之前,都会先制定一个消费计划,告诉孩子哪些该花、怎么花。中小学还会举办一些集市,鼓励学生将自己制作的手工艺品拿去出售,让他们理解劳动创造价值的理论。学生也可以在集市上买自己喜欢的东西,但每人消费额不能超过2欧元。

年满14岁的孩子可以外出打工挣钱,如洗车、修剪草坪、扫雪、照看年幼的孩子等。

五、荷兰

在荷兰,有一项被称为"大学生发展"的活动,即到一个贫穷国家过一段艰苦生活,加深对社会、对人生的了解。每年都有一大批大学生万里迢迢到秘鲁接受锻炼。活动的一切费用由自己出,是名副其实的"掏钱买苦吃"。

荷兰还有一种"忆苦思甜"旅游。一家旅行社推出了"巴黎流浪四日游",旅行团成员不携带现金、信用卡和手机,在行程中像流浪汉一样在街上捡一些有用的东西或靠卖艺维持生活。到了晚上,旅行社发给他们硬纸板和报纸供睡觉用。

六、西班牙

西班牙4000万人,个个都是体育迷。运动是他们的生活方式,就像吃饭一样。

西班牙的孩子喜欢体育运动,重在参与。运动使孩子有机会学习团队精神、建立友情、强壮体魄、磨炼意志。父母不但鼓励孩子参加,而且还积极参与孩子喜欢的运动项目,与孩子分享运动的快乐。

西班牙人认为,网球是一种文化,孩子打网球的过程也是学着做人的过程。丰富多彩的体育运动尽管形式不相同,但其基本精神是相同

的,那就是愉快的生活态度,较强的适应能力,个人行为的规范化和责任感,与同伴的合作精神,公正地看待问题。孩子在运动时,总是伴随着强烈的情绪体验和明显的意志努力。运动有助于培养孩子勇敢、顽强、团结、机智、沉着、果断、谦虚、谨慎等意志品质,使他们保持积极、健康、向上的良好心态,成为一个心理健康的人。

对孩子的不良行为,西班牙人是坚决反对,处罚而不打骂。如果孩子在不适当的时候过马路,大人会抓紧他不让他动;孩子赖在公园不想离开,就抓住他的胳膊把他拖走。在教育孩子时,西班牙人的做法是:说明孩子行为会造成的后果,耐心讲明道理;明确规定什么是允许的,什么是被禁止的;在禁止做某事时态度坚决;不随意对孩子进行奖励;当孩子发脾气时,不予理睬。没人理睬,孩子只好作罢。

七、冰岛

冰岛是文化气息很浓的国家,在那里,新制作的木质书箱是女儿嫁妆中必不可少的,里面装满女儿喜欢的各种读物、女婿喜欢的新闻类书和收藏的世界名著等,甚至还有未来小孩子的启蒙画报。

八、芬兰

中产阶级家庭的别墅里,大都设有一个不小的工具房,里面的工具琳琅满目,俨然一个工厂的维修部。许多别墅的主人都亲自维修自己的院落或修理自己的汽车。

芬兰人似乎忘记了现代化社会应有的分工协作,而对自给自足的经济形式情有独钟。一些有孩子的家庭,孩子的玩具很多是用本地出产的木材自己制作的,其做工之精细反映出制作者有智慧的头脑和灵巧的双手。

11

名人家庭
教育撷英

孔子：己所不欲，勿施于人。

毛泽东：让儿女经风雨，见世面，在实践中接受锻炼。

孟母：三迁住址，剪布教子。

祖冲之祖父：发现孩子的兴趣所在，寻找"笨孩子"的突破口。

鲁迅：好奇好问是孩子探索世界奥秘的钥匙，是极可贵的心理品质。对孩子进行"童心启迪式"教育。

列宁父母：塑造心灵，培育习惯，启动良知，鼓励创造。

南希：让孩子自己上台阶。

毕加索父亲：善于赏识自己的孩子。

居里夫人：发掘孩子的天赋。

歌德父母：在游戏中灌输知识。

安徒生父亲：与孩子共享同一种兴趣。

一个人的成长，尤其是一个杰出人物和优秀人才的成长，离不开良好的家庭教育。有成功的子女，必有伟大的父母。家庭教育在整个教育和人的一生中，具有其他教育所不能替代的特殊地位和关键作用。本章介绍一部分名人家庭教育的片断，希望能对每一位长亲起到启迪作用。

礼、仁

——孔子教育思想

孔子出生在山东济宁的曲阜市，是我国春秋时期伟大的思想家、教育家，儒家学派的创始人，是世界级的大教育家。孔子创立的儒家思想是中国文化的主体，在哲学、政治、伦理、文化、经济、道德和教育诸领域影响了中国长达 2000 多年，成为中国传统文化中最深刻、最完整、最普及、最具感染力和凝聚力的思想体系。不仅如此，儒家思想和儒家文化还漂洋过海，跨越时代和国界，对日本、朝鲜、越南、新加坡等国家的政治、经济、伦理、教育等产生了深刻影响，成为整个东方文化的重要标志。儒家思想还通过丝绸之路传入欧洲。儒家思想对中国乃至整个世界产生了广泛影响。在第一届诺贝尔奖大会上，诺贝尔物理学奖获得者汉内斯·阿尔文博士说："人类要生存下去，就必须回到 25 个世纪以前，去吸取孔子的智慧。"联合国教科文卫组织于 2005 年 9 月 30 日在法国巴黎召开执行局会议，决定设立国际"孔子教育奖"。

孔子教育思想是儒家思想的重要组成部分。其精华主要表现在以下几个方面。

（一）教育的重要性

孔子说："少成若天性，习惯如自然。"他在《三字经》中开门见山地说："人之初，性本善。性相近，习相远。苟不教，性乃迁。教之道，贵以专……养不教，父之过。教不严，师之惰。"在《大学》里又说："其家不可教，而能教人者，无之。故君子不出家而成教于国。"孔子指出了教育特

别是家庭教育的重要性。

（二）"礼"

在孔子看来，"礼"是从天子到庶人，人人必须遵守的行为规范，它包含内在精神和外在形式两个方面。讲"礼"，重要的不在于形式，而在于贯彻内在精神。"礼"在精神上与"仁""德"互相渗透贯通，"克己复礼为仁。一日克己复礼，天下归仁焉。"

（三）"仁"

这是孔子思想的核心。孔子明确提出，"仁"即"爱人"，"夫仁者，己欲立而立人，己欲达而达人"。为"仁"应做到"己所不欲，勿施于人"。孔子特别强调"仁"的价值和作用，认为"仁"既是每个人必备的修养，又是治国平天下必须遵循的原则。孔子的"己所不欲，勿施于人"被《世界人类责任宣言》确定为全球治理的"黄金规则"。

（四）中庸

孔子提出了"和为贵"的观点，强调不同等级之间关系的协调与和谐。

（五）"教"与"学"

孔子提倡"知之为知之，不知为不知，是知也"，称："三人行，必有我师焉。择其善者而从之，其不善者而改之。"孔子创办私学，提出"有教无类"，开平民也能接受教育的先河。对于学习目的，他提出"学而优则仕"，支持平民出身的学生从政施展才能。他强调学与见闻结合，学与思考结合，指出："学而不思则罔，思而不学则殆。"就是说，要把思考分析建立在学习探求基础上，要把学到、听到和见到的东西加以分析研究，变成自己的知识。孔子还强调学与行结合，说："君子欲讷于言而敏于行。"

让儿女经风雨,见世面,不搞特殊化

——毛泽东家庭教育思想

毛泽东,字润之(1893—1976),伟大的思想家、政治家、军事家、经济学家、书法家、诗人,中华人民共和国的主要缔造者,曾任中华人民共和国中央人民政府主席、中国共产党中央委员会主席、中央军事委员会主席。他在领导中国人民进行革命和建设中形成了伟大的毛泽东思想。毛泽东家庭教育思想是毛泽东思想的组成部分。

(一)让儿女经风雨,见世面,在实践中接受锻炼,是毛泽东重要家庭教育思想

古人云:"庭院里遛不出千里马,花盆里栽不出万年松。"毛泽东在其哲学著作中特别强调实践的重要性,鼓励人们投身实践。他在家庭教育中也实践了自己的哲学思想。他对长子毛岸英的教育过程,集中体现了他的这种家庭教育观。

毛岸英,1922年生,幼年因母亲杨开慧牺牲,流落街头,受尽艰辛,卖过报纸,捡过破烂,直到1936年,共产党组织才找到他。但毛泽东没有把他带在身边,而送他到苏联学习。在苏联,毛岸英不仅学到了知识,也经历了风雨,增长了才干。他参加过苏联的卫国战争,由于作战勇敢,受到了苏联领导人斯大林的接见。1946年,毛岸英以优异成绩从莫斯科大学毕业后回国。毛泽东没有把他留在身边工作,而是派他上"农业大学""劳动大学"(即到农村参加劳动)。抗美援朝战争爆发后,毛泽东又派毛岸英赴朝鲜作战,履行国际主义义务。毛岸英没有辜负毛泽东的期望,锻炼成一个文武全才的人,最终为朝鲜人民的幸福安宁献出了自己的生命。

(二)不搞特殊化,是毛泽东家庭教育思想的显著特色

毛泽东时常教育子女正确处理客观上形成的优越感,对子女的日常生活作了许多规定。他的次女李讷上学时,晚上放学后要走很长一

段黑路,毛泽东从来不让警卫人员用车接送。20世纪60年代三年困难时期,子女们与同学们一道在学校吃大食堂,饿得饥肠辘辘,毛泽东也没有因此而格外给予照顾。当年,毛岸英要求结婚,因为他对象的年龄没有达到18周年的法定年龄,毛泽东坚决不同意。毛泽东为此还发了脾气:"谁叫你是毛泽东的儿子?我们的纪律你不遵守谁遵守?"即使是毛岸英后来战死沙场,毛泽东也没因此搞特殊化。当时有人提出将毛岸英的遗体运回北京安葬,毛泽东却摇摇头说:"青山处处埋忠骨,何必马革裹尸还?不是还有千千万万个志愿军烈士安葬在朝鲜吗?"毛泽东不搞特殊化的家庭教育思想,使其子孙受益匪浅。

(三)重品质轻钱财,是毛泽东家庭教育思想的闪光点

毛泽东稿费很多,但最终给每个子女仅几千元钱。毛岸英和刘思齐结婚,毛泽东只送一件大衣作为礼物。他对子女的"才"却非常重视,关心子女的学习。20世纪30年代末,他一次就给远在苏联的岸英、岸青捎去政治、经济、历史、文化等方面的书60本。

在子女的择偶问题上,毛泽东的要求是"重品质"。岸英初到延安,通过江青牵线,认识了从北平来的女学生傅某某,并为她的漂亮所倾倒,愿意成婚。毛泽东对此事很不以为然,对岸英说:"除了漂亮你还了解她什么?理想、品德、性格等等,你了解吗?她刚从北平来,我们都不了解。婚姻对你来说,既是终身大事,也关系着我们的革命事业……"毛泽东的话果然应验,傅某某根本看不上前程未卜的毛泽东一家,也受不了延安生活的艰苦,跑回了北平,并在国民党报纸上写文章攻击共产党。后来,岸英找了品貌俱佳的刘思齐为妻。

(四)鼓励,是毛泽东教育子女的主要手段

毛泽东爱护子女,关心子女的成长,对子女提出严格要求,充满希望。他在繁忙的工作之余,常常给子女写信,对他们取得的成绩给予表扬和鼓励,并且提出殷切希望。1941年1月31日,他给岸英、岸青兄弟二人写信:"唯有一事向你们建议,趁着年纪尚轻,多向自然科学学习……总之,注意科学,只有科学是真学问,将来用处无穷……"1945年,他又给在苏联学习的岸青写信:"希望你在那里继续学习,将来学成回国,好为人民服务。"

在这里要指出的是，毛泽东道德人格的形成受其母亲很大影响。毛泽东的母亲是不识字的农村妇女，但她为人善良，乐善好施，每逢饥荒之年，她都瞒着丈夫，把平时家里节省下来的粮食悄悄送给饥饿的乡亲们。母亲性格很好，从不打骂孩子，对孩子们的教育总是循循善诱。而毛泽东的父亲毛顺生则非常吝啬，不赞成对穷人施舍，为此家里常常发生争吵。几十年后，毛泽东在回忆这些往事时，曾幽默风趣地说："那时我们家分成两党，一党是我父亲，是执政党，反对党是我、母亲和弟弟组成，有时雇工也包括在内。"毛泽东母亲去世后，毛泽东含泪向同窗好友邹蕴真说：世界上共有三种人，损人利己的人；利己不损人的人；可以损己而利人的人。我母亲属于第三种人。毛泽东在思想道德和领袖风格方面受母亲的影响很大。

给孩子一个好环境
——孟母对孟子的教育

孟子是战国时期著名的思想家、政治家和教育家，著有《孟子》一书，在中国封建社会正统思想体系中的地位仅次于孔子，被称为"亚圣"。他的成功，多得力于他的母亲。

孟子早年丧父，其母克勤克俭，含辛茹苦地抚育儿子，日子过得很艰苦，但孟母对孟子几十年如一日，丝丝入扣，毫不放松地教育，既成就了孟子，也为后世留下了"孟母三迁"的佳话和一套完整的教子方案。

孟母深知"近朱者赤，近墨者黑。"孟家原在马鞍山下的一个小村里住，屋后小山包上有很多坟墓，会经常看到丧葬的情形。孟母担心这样的环境对孩子成长不利，就搬到了5公里外的一个名叫庙户营的小村。这里是一个小型交易集市，每隔5天一个集，场景非常喧嚣热闹。孟母还是放心不下孟子，思前想后，决定再搬一次家。他们母子又搬到了离邹城学宫不远的地方，虽然房子破旧一些，但周围环境很利于孩子成长，于是，他们安心定居下来。在这里，孟子接触很多学者，耳濡目染，逐渐学习了礼、乐、射、御、书等，为以后成为著名学者打下了坚实基础。

孟母不但重视外界环境对孩子的影响，而且深知"父母是孩子最好的老师"，非常注重自身对孩子品行、人格的教育。她以自己的言传身

教告诉孟子，做一个言而有信的人。孟家还在马鞍山居住时，孟子看到邻居杀猪，不解地问："邻家的猪好好的，为什么要杀掉它？"孟母正忙，随口回答："给你吃。"孟子十分高兴，一下午都在等着吃肉。孟母为了不失信于儿子，从仅存的一点生活费中拿出部分钱从邻家买了一块肉，让孟子吃了个痛快。

还有一次，孟子放学回家，看见母亲正在织布，便扔下书包，准备出去玩。孟母问道："学习怎么样了？"孟子漫不经心地回答："和过去一样。"孟母见他无所谓的样子，便拿起剪刀，一下子把织好的布剪断了。并告诫孟子说："你荒废学业，就像我织布一样，现在布没织完而从中间剪断，就永远不会织成一匹完整的布。求学的道理也如此，必须将纱线一条一条织上去，经过持续不断的努力，最后才能织成一匹完整有用的布；读书也一样，要努力用功，并持之以恒，经过长时间积累，才能有成就。否则，就像织布半途而废一样，前功尽弃。"听完母亲这番教导，孟子受益很深，从此，勤学不止，后又拜名师，终于成为天下闻名的大儒家。

寻找"笨孩子"的突破口

——祖冲之爷爷对他的"突破式"诱导教育

祖冲之（429—500），我国南北朝时期的科学家。他推算的圆周率比欧洲人早 1000 多年。

然而，小时候的祖冲之却经常挨打，被父亲斥责为"笨蛋""蠢牛"。在祖冲之五六岁时，父亲就逼他念经书。2 个月过去了，祖冲之只能背诵 10 多行，气得父亲把书摔在地上，并怒气冲冲地骂道："你真是一个大笨蛋啊！"父亲越教越生气，祖冲之则越读越厌烦。一直到 9 岁，祖冲之对经书还是没兴趣，父亲怎么打都不起作用。

爷爷祖昌是主管建筑工程的最高级官员，认为孩子不见得只有读经书才有出息，要让孩子在实践中开阔眼界，增长知识。他把祖冲之带到工地上，祖冲之处处感到新鲜，不住地问这问那。有一次问爷爷："为什么每月十五的月亮一定会圆呢？"爷爷解释："月亮运行有它的规律，有缺有圆。"爷爷发现祖冲之对天文感兴趣,就鼓励祖冲之钻研天文,且有时还祖孙二人一起研究天文知识。祖冲之对天文历法的兴趣越来越浓。

一天,爷爷带祖冲之去见在天文方面很有成就的官员何承天。何承天问祖冲之:"小孩子,天文研究起来很费劲,研究它不能发财,更不会升官,你为什么要钻研它?"祖冲之答道:"我不求升官发财,只想弄清天地的秘密。"

就这样,祖昌因材施教,因势利导,发现了孩子的兴趣所在,找到了"突破口",使祖冲之从小走上了科学道路,终于成为著名的科学家,最早推算出圆周率在 3.1415926 到 3.1415927 之间。

严慈兼用
——胡适母亲对胡适的教育

胡适是"五四"新文化运动的领头人之一,陈独秀称胡适是"首举义旗之急先锋"。

胡适的母亲冯顺第很喜欢读书,她信奉儒学之道,待人温和善良,是一位很贤惠的女性。

胡适 4 岁的时候,他父亲去世,母亲便担负起教育子女的重任。每天晚上临睡前,她都要坐在床沿边,让胡适站着思考:今日有没有做错什么事,说错什么话,布置的功课是否完成。

胡适小时候既聪明又调皮,有时候也免不了犯错误。每逢胡适做错了什么事,胡母从不在公共场合责备胡适,而只用严厉的眼光一瞅,胡适就被吓住了。到了没有人的时候,母亲才关起门来教育儿子。

一个深秋的晚上,凉风习习,胡适身上只穿着单薄的衣裳,站在院子里仰望繁星点点的星空。母亲关切地说:"天凉了,快进屋把夹衣换上。"胡适看星星正在兴头上,竟与母亲顶嘴:"不要管我,我顾不上。"想不到这句话大大刺伤了母亲的心,她什么话也没说,扭头回到屋里。后来,胡适意识到自己犯了错误,跪在母亲面前直哭,请求原谅,还不住地用手臂擦自己的眼睛。

不知什么细菌带进了眼里,胡适患了一年多的眼病,寻了许多郎中

也医不好。后来听一位邻居说用舌头舔可以治好，胡母便用舌头舔胡适的眼，一个多月后眼病果然好了。

胡适长大成人后，每逢谈及此事，总称赞母亲"慈母兼严父，一身二任焉。"对母亲十分崇敬。

"自己的事自己干"

——郑板桥给孩子的箴言

郑板桥是清代著名的书画家、诗人。50多岁时考中进士，在山东潍县等地做了12年知县。他为官清廉，勤于政事，政绩显著。

郑板桥52岁时才有儿子。老来得子，自是十分喜欢。为了让儿子小宝成才，他非常注意教育方法。在任潍县知县时，把小宝留在家里，让妻子和弟弟郑墨负责照看。

中国有句古话"惯子如杀子"，这是很多人用血泪换取的教训。郑板桥深知此道理。一次，郑板桥听说小宝在家里常常对孩子们夸耀："我爹在外面做大官！"有时还欺侮别人家的孩子。郑板桥觉得问题很严重，立即给弟弟写信："我五十二岁得一子，岂有不爱之理！然爱之必以其道。必定要有爱子的办法。'以其道'是真爱，'不以其道'是溺爱，溺爱不是真正的爱。"他要求郑墨和妻子对小宝严加管教，不能放纵一点，注意"长其中厚之情，驱其残忍之性。"

郑墨和郑板桥的妻子按照郑板桥的意愿对小宝进行教育，很有效。郑墨就给兄长写信，讲了孩子的长进，并说，照这样下去，小宝长大之后定是个有出息的人，没准儿像你一样，也当个官儿。

郑板桥马上给弟弟回信："我们这些人一捧书本便想中举、中进士、做官，如何攫取金钱、造房屋、置田产。一开始便走错了路，总没个好结果。""读书中举、中进士、做官，此是小事，第一要明理做好人。"

小宝6岁那年，郑板桥把他接到身边亲自教育。他教儿子读书，背诗文，参加力所能及的家务劳动，给儿子讲做普通老百姓的艰难。小宝12岁时，郑板桥让他每天用小桶挑水，不能间断。

郑板桥非常看重对子女进行自立教育。他临终前，还让儿子亲手做几个馒头。当儿子把做好的馒头端到他床前时，他放心地点了点头，合上眼睛,与世长辞。临终前,他给儿子留下的遗言是:流自己的汗,吃自己的饭,自己的事自己干,靠天靠地靠祖宗,不算是好汉。

不"捧杀"不"棒杀"

——鲁迅对孩子的"童心启迪式"教育

鲁迅不仅是伟大的文学家,而且是了不起的教育家。他关于儿童教育的论述就有十几万字。

1919 年 10 月,鲁迅在《我们现在怎样做父亲》一文中指出:"论到解放子女,本是极平常的事,当然不必有什么讨论。但中国的老人,中了旧习惯旧思想的毒太深了,决定悟不过来……没有法,便只能先从觉醒的人着手,各自解放了自己的孩子。自己背着因袭的重担,肩扛住了黑暗的闸门,放他们到宽阔光明的地方去;此后幸福地度日,合理地做人。"

当时,鲁迅最强烈的呼声就是"救救孩子"。他认为,好奇好问是孩子探索世界奥秘的钥匙,是极可贵的心理品质。做父母的,必须认真对待。不会就承认不会,问了别人,查了资料,再回答孩子。

鲁迅认为,孩子是一个独立的个体,需要理解,需要尊重。"孩子是可以敬服的,他常常想到星月以上的境界,想到地面以下的情形,想到花卉的用处,想到昆虫的语言;他想飞上天空,他想潜入蚁穴……"

鲁迅注重培养孩子的求知欲和想象力。他常常给儿子海婴讲故事,如狗熊如何生活,蚂蚁如何运粮等。海婴稍大,经常用一连串的问题去问鲁迅,尽管这些问题幼稚,甚至荒唐,但鲁迅总是含笑倾听着,耐心地解释。一天晚上,海婴问鲁迅:"爸爸,你是谁养出来的?"鲁迅回答:"是我爸爸妈妈养出来的。""你的爸爸妈妈是谁养出来的?""是爸爸妈妈的爸爸妈妈养出来的。""爸爸妈妈的爸爸妈妈,一直到从前,最早的时候,人是从哪里出来的?""这要追寻到物种起源的问题。"鲁迅告诉海婴人是从单细胞来的。海婴又问:"没有单细胞的时候,所有的东西是从什么地方来的呢?""这个问题不是几句话可以回答的,等你长大了,读书,教你的老师会告诉你的。"

对于孩子的性教育，鲁迅认为是"极平凡的"。鲁迅的夫人许广平回忆说："赤裸的身体，在洗浴的时候并不禁止海婴的走进走出。"实际的观察，实物的研究，遇有疑问，随时解释，见惯了双亲，也就对于一切人体都了解了，再也没有什么惊奇的了。

根据兴趣发展

——老舍的教子方略

著名作家老舍有一套与众不同的教子"章程"：一是不必一定考100分；二是不必非上大学不可；三是让孩子不失儿童的天真烂漫；四是要健壮的体魄。

老舍在一篇《艺术与木匠》的文章中说："我有三个小孩，除非他们自己愿意，而且极肯努力，做文艺写家，我绝不鼓励他们，因为我看他们做木匠、瓦匠或做写家，是同样有意义的，没有高低贵贱之别。"在给妻子的信中，老舍说："他们不必非入大学不可。我愿自己的儿女能以血汗挣饭吃，一个诚实的车夫或工人一定强于一个贪官污吏，你说是不是？"

老舍特别提倡孩子要天真、纯朴，他认为这是天下最可贵的，千万不要扼杀儿童的天真。他主张儿童"多玩耍、多创造"，最害怕在儿童身上出现"小大人""小老头"的情况。

老舍主张让儿童写大字，认为这是一种开发智力的游戏："倒画逆推，信意创作，兴之所至，加减笔画，前无古人，自成一家，至指黑眉重，墨点满身，亦且淋漓之致。"

老舍还提倡对待儿童必须平等自由，尊重儿童，和儿童交往就像和好朋友交往一样。

对孩子进行全面教育

——傅雷的家庭教育

傅雷是我国著名的文学艺术翻译家，他以其独特的、严谨的家庭教育方式使子女走上成功之路。他的家庭教育,主要表现在教育内容的全面性和教育方法的巧妙性。

(一)注重德育

傅雷始终教育子女要报效祖国。1954 年 3 月,他写信给孩子傅聪:"少年得志,更要想到'盛名之下,其实难副'。"1957 年,他又给傅聪写信:"个人的荣辱得失事小,国家的荣辱得失事大。"傅雷教育子女多看理论书籍,以理论来指导自己的思想。

(二)加强个人修养

傅雷始终强调,要学会做人。1957 年 3 月,他在信中说:"修养是整个的、全面的,不仅在于音乐,特别是在于做人——不是狭义的做人,而是包括对世界、对政局的看法和态度。"傅雷教育子女抛开个人得失,经常清理自己的思想,检讨自己的缺陷,多做自我批评。他指出:"人需要不时跳出自我的牢笼,才有新的感觉、新的看法,也才能有更正确的自我批评。"

(三)情感教育

傅雷强调身和心的健康同等重要,应保持心理健康,心地平和,精神镇静。"一定要把身心的健康保护得非常好,才能有充沛的精力出场竞赛。俗话说'养兵千日','养'这个字极有道理。"

傅雷还对孩子进行爱情观教育,与孩子畅谈这方面的内容。在谈到恋爱与婚姻的关系与区别时,他说:"夫妇相敬如宾,只有平等、含蓄、温和的感情方能持久……夫妇到后来完全是一种知己朋友的关系,也即我们所谓的终身伴侣。"

做事先做人

——王选父亲的"负责"教育

王选是北京大学教授,因在计算机研究方面的突出成就,分别获得1985 年国家科技成果奖,1999 年"首都楷模"荣誉,2002 年国家最高科

学技术奖。

王选的父亲毕业于南洋大学（上海交通大学的前身），是个做事极其认真的人。他与人通信，会把写好的信用复印纸留一份底稿。由于工作认真，在任高级会计师期间从没出过差错。王选从小就受父亲这种严谨作风的影响。

父亲小时候数理化学得不太好，他见王选小学数学成绩不突出，就特别抓，要求王选一定学好数理化。但王选对文学很感兴趣，父亲也不干涉他。当王选回忆这段往事时曾说："文学知识对我后来的科研与教学大有好处，所以我提倡理工科学生要多学人文科学知识，而文科学生也应多学一些自然科学基础知识。"

王选的父母一致认为，做事要先做人。一个人连人都做不好，还奢谈什么成就呢？他们为人正直诚实，为人宽厚温良，从来不追名逐利，日子过得很俭朴，而对周围贫困的人，常常伸出援助之手。

王选回忆说，父亲的伟大之处在于没有一味地让他读书，而是强调人品和多方面的教育，这不仅强健了他的体质，那种少年时代的集体活动还培养了他与人友好相处、和谐合作的精神，使他成为学生们信任的学生干部，而这种身份又使他养成了虚心接受别人批评、以身作则的工作作风。

培养自立能力
——陈嘉庚对孩子的教育

谈到家庭教育，爱国华侨陈嘉庚的儿子陈国庆回忆道：

父亲非常疼爱我们。平时他对我们的要求不是很严格。他操劳一生，积攒了大量的钱财，但都捐给了集美学校和厦门大学。

我大学毕业后，就进了父亲的工厂上班，他对我说："从现在开始，你应当自己养活自己了，不要依靠我，我有钱也好，没钱也好，都不会留给你们。"

那个时候，在工厂要从早晨7点一直干到晚上10点才下班，每天吃饭都在工厂里排队吃食堂。

一次，工厂里组织为支援抗战募捐，每人捐3块钱。那时我的工资才十几块钱,还得买一些我喜欢的书刊,自己觉得实在困难,硬着头皮向父亲要钱,但父亲说:"不可以!几块钱对我来说是一个小事情,但我就是要从这些小事上来培养你们自立自强的能力。一个普通工人可以做到的事,难道你就做不到?"我当时认为父亲的做法有些严厉,可今天,当我也儿孙满堂时,才完全理解父亲的苦心。如果没有那时的艰苦磨炼,就不会有我后来事业上的成就。

他的道路他自己选择

——马克思父母的"自主式"教育

卡尔·马克思出生于一个犹太家庭。父亲是非常出名的律师。母亲出生在一个荷兰家庭,是典型的贤妻良母,她支持丈夫的事业,关心孩子的成长,对丈夫和孩子倾注了全部的爱。

父亲十分关心马克思的成长和前途,希望儿子和自己一样做一名出色的法学家。马克思中学毕业以后,父亲安排儿子考入了波恩大学法律系,后转到柏林大学。

在大学学习期间,马克思没有按照父亲的意愿专心致志地攻读法律,而是热衷于诗歌的写作和哲学的研究。为了说服父亲,讲明自己的志向,马克思向父亲详细说明了自己的学习情况和研究方向。马克思说:"我在哲学中找到了自己的发展方向和未来,我的确深深地被哲学迷住了。"

父亲问:"卡尔,我想问你,你学习哲学的理由是什么呢?"

马克思不假思索地回答道:"爸爸,哲学的前景是非常广阔的,它可以供人们有较大的回旋余地。更重要的一点是,通过研究哲学,可以研究人生,研究社会,研究世界的过去和未来。爸爸,您应该支持和尊重我的选择,请您相信我的选择。"

听完马克思的这番话,父亲十分高兴地说:"孩子,我相信你,就照你选择的路走下去吧!不过,我要给你提一点建议,你要清醒而实际地看待生活,要有真才实学,充分发挥自己由大自然母亲慷慨赐予你的才能,祝你成功。"

得到父亲理解和支持后的马克思更加勤奋努力研究哲学,最终成为一位伟大的哲学家。

塑造心灵,培育习惯

——列宁父母的教育艺术

列宁与爱因斯坦被称为 20 世纪的两大巨人。列宁成功地领导了俄国十月革命,建立了世界上第一个无产阶级政权。列宁的成功,与其受到的良好的家庭教育有着直接的关系。列宁父母主要通过解释、亲身示范、引导孩子经常实践、及时提醒和耐心培养习惯等方法对孩子进行言传身教。

(一)塑造心灵

这是列宁父母教育艺术的首要特色,其中心是培养孩子的"公民精神"。在列宁的个人相册里,珍藏着他所热爱的马克思、车尔尼雪夫斯基的照片。少年列宁就和父母讨论车尔尼雪夫斯基的小说《怎么办?》,后来,列宁说这部书把他的思想重新梳理了一遍,并且他所著的论述党的建设的小册子就取名为《怎么办?》,以此可见少年时代的读物的重大影响。

公民精神在列宁少年时代的生活中体现为几个崇高的榜样。一个榜样是他的大哥亚历山大。列宁从小性情急躁,而大哥的性格则非常深沉,很有涵养。列宁处处模仿大哥,同自己的缺点作斗争。在列宁 17 岁时,参加秘密活动的大哥被沙皇处死。这件事促使列宁进行深入冷静的思考,也促使他克服早年急躁的缺点。另一个榜样是母亲玛·乌里扬诺娃。长子的牺牲给她带来的不幸是极其巨大的,但她没有被压倒。列宁把对母亲的崇敬化为责任,在大大小小的事情上尽力帮助母亲,教育弟弟妹妹并承担各种家务。还有一个榜样就是伯父,他为了一家而牺牲了个人生活的幸福,列宁的父母非常尊敬他。这些也感染了列宁。

列宁父母特别重视品德教育。在列宁很小的时候,就教育他注意讲话的语调,不要高声喧哗;同学发音不对,应用委婉客气的语气帮助他纠正,而不要讥笑;如果佣人情绪不佳,应安慰她;睡觉前不要忘记向大家问晚安,等等。经过父母的殷切教育,列宁姊妹从不粗野无礼对待别人,从不欺负别人,除了那些不足挂齿的小人外,从不轻视别人,即使是非常贫穷的人也不例外。一次,一个贫苦农民赶的大车陷入了沟里,列宁看到后,毫不犹豫地上前帮农民拉车。车拉出来后,列宁还替农民捡起掉在地上的破手套。不但如此,列宁还充满善心,行为谦恭有礼,走路时一定让同伴先走,常常给老人和妇女让座,自己有了过失,总是请求别人原谅。列宁热情又不失礼貌、大方得体的态度,使他从未脱离人民大众。

(二)培育兴趣

主要是采用直观教育的方法。列宁的父亲伊·乌里扬诺夫是一个物理教师,常常在孩子们面前表演木工和车工手艺,用黄杨木镟象棋。在父母的引导下,女孩子缝制布娃娃,男孩子用厚纸板剪出玩具兵,糊假面具。列宁自制木体操器械,大哥装备过化学实验室,用熔化的玻璃小珠制作了显微镜,并由此走上了生物学研究的道路。父亲多次带孩子乘轮船沿伏尔加河游览,特别注意让孩子们观察当时很新鲜的蒸汽机的工作情况。父母精心设计了房间的摆饰,把它们当作直观的教具。墙上挂满了地图,各个房间都有晴雨表、温度计,附有插图说明的自然和动物资料图表,这些培养了孩子们的自然科学兴趣,打下了扎实的科学根基。

破字谜、猜谜语也是培养动脑筋兴趣的好方法。父母自制了很多谜语,让孩子们猜。父亲很早就教孩子下象棋,以此培养孩子灵活性、逻辑性和创造性,且自己非常投入,从不在孩子面前悔棋、让棋。下象棋开始父亲领先,后来却败给了大女儿和两个儿子。

(三)养成良好习惯

孩子们5岁就开始阅读。在他们初步掌握了俄语时,通晓德语和法语的母亲就教他们外语,规定每周有几天孩子们见到了母亲只许讲德语或法语。父母极力提倡孩子们背诵诗歌,且他们带头背。为了帮助孩子养成自学的习惯,从童年起就要求他们勤查字典。

习惯的养成要靠制度来保证。全家制定了几条不可动摇的规矩：每天晚间有一段"安静的时辰"，在这段时间内，父母、孩子同时学习或工作，绝不许破坏；任何人不得在桌上乱放书刊杂志和学习用品，用毕必须归置在合适的地方，以保证条理整齐和保持卫生；不行就是不行，不得做任何让步，如小妹妹不想按时睡觉，哭闹着不睡，这是不允许的，即使睁着眼睛也必须躺着。

要巩固好习惯必须加强责任感教育。为了保证课堂学习质量，保证从低年级阶段起养成不马虎、准确、清楚地完成全部功课的习惯，父母给孩子规定了一个独特的、自报成绩的办法：每天放学回来后首先向父母报告今天的得分，父母不管多忙，也要认真听讲。

母亲着力培养孩子爱整洁的习惯，并认为这是学习的一个重要有机因素，其核心是组织性。列宁的作业本字写得很工整，文稿字体秀丽；精装的书都用报纸包好封皮；每做完一门功课就把课本和作业本收拾放进书包，其他书本放进抽屉或书柜的隔板。这些都是从母亲那里学来的。有一次，列宁外衣的纽扣钉歪了，他拆下来重钉。还有一次，列宁不小心在作业本上滴了一大滴墨水，他小心翼翼地撕下这张纸，另外订上一页，重抄了作业。

（四）鼓励创造精神

列宁母亲认为，在游戏中才能体现孩子的首创精神和发明能力。列宁的姐姐后来回忆说："妈妈真心实意地参加我们的游戏，为了使我们快乐，她玩时专心致志，她善于使儿女们的童年变成真正金色的快乐幸福时光。"为了使孩子们玩得有水平，多才多艺的母亲特别注意从小就教孩子各种技艺。七八岁起，孩子们就能游过小河，而且学会一动不动躺在水面上；从四五岁起，就教孩子们弹钢琴，使之陶醉于音乐。孩子们还在游戏中提高创造能力。列宁创造了一种叫"妖怪"的游戏，大家一直喜欢玩。大哥亚历山大倡议自己动手在家里出版手抄周刊《星期六》。孩子们还推出了一种叫"环球旅行"的节目。所有这些，都得到了母亲的热心支持和积极投入。

（五）启动良知

其中最典型的事例是"花瓶事件"。列宁8岁时，母亲带他到姑妈家中做客。活泼好动的小列宁一不小心把姑妈的一只花瓶打碎了,当姑妈问"谁把花瓶打破了"时,孩子都说"不是我",列宁也跟着说"不是我"。但列宁的表情没有逃过母亲的眼睛,母亲断定花瓶是小列宁打碎的。但母亲没有采取直接揭穿和简单处罚的办法,而是进行良心教育。她装出相信儿子的样子,在很长时间一直没有提起这件事,但她却利用给列宁讲故事的机会,专讲各种各样的诚实守信的故事。从此,列宁不如以前活泼了。3个月后的一天,母亲像经常一样,一边抚摸着小列宁的头,一边讲故事。突然,列宁哽噎地哭起来,伤心地告诉母亲:"我撒了谎,并且欺骗了阿尼亚姑妈。姑妈家的花瓶是我打碎的。"母亲耐心地劝慰列宁说:"好孩子,你是好样的,这没什么,勇于悔过就是好孩子,赶快给阿尼亚姑妈写封信,向她承认错误,姑妈一定会原谅你的。"列宁给姑妈写了一封信,承认了自己的错误。姑妈不但原谅了列宁,而且称赞列宁是个诚实懂事的孩子。

良知的启动有时需要严肃批评。一次母亲削苹果,小列宁着急想吃,就不让母亲削皮了,说削了皮的苹果吃了要"胃疼"。母亲没削完苹果时,因事走开了。等她回来想接着削皮时,发现列宁早已在花园里拿着苹果大口大口地啃着。母亲严肃批评列宁缺乏自制力,说假话,列宁惭愧地哭起来,表示坚决改错。

列宁父母教育子女的艺术,常常被犹太父母当作自己教育孩子的榜样。

发掘天赋

——居里夫人的家庭教育艺术

居里夫人的家庭可称得上才俊满门、人才辈出。居里夫人先后获得诺贝尔物理学奖和诺贝尔化学奖,其丈夫也获得了诺贝尔奖,长女伊蕾娜与其丈夫一起获得诺贝尔化学奖,次女是著名音乐家,次女的丈夫获诺贝尔和平奖。居里夫人一生科研工作十分繁忙,然而她很善于把握时机和安排时间教育孩子。

（一）智力体操

在女儿不足 1 岁时，就让她们开始"幼儿智力体操"训练，让她们广泛接触生人，到动物园看动物，到公园看绿草、蓝天、白云和各种植物，到水中拍水，使她们感受大自然的美景。孩子大点后，居里夫人又开始了一种带艺术色彩的"智力体操"，教孩子唱儿歌、讲童话。再大些，就进行智力训练和手工制作，如数的训练，字画的识别，弹琴，作画，泥塑，在庭院种植植物、栽花和种菜等。在散步时给孩子讲动物和植物的趣事，如种子是怎样在花里长成的、小老鼠怎样打洞、哪里能找到兔子窝等，还教孩子骑车、烹调等。她的教育都力求从实物开始。全方位的幼儿早期"智力体操"训练，不仅使孩子增长了智力，而且培养了孩子的各种能力，增强了孩子的自信心，锤炼了性格。

（二）品德教育

居里夫人从自己科学生涯和人生道路上体会出一个道理：人之智力成就，在很大程度上依赖于品格之高尚。因此，她把自己一生追求事业的精神和高尚品德，影响和延伸到孩子和学生身上，利用各种机会培养孩子形成良好的道德品质，主要包括以下四个方面的内容：

◆节俭朴实、轻财。她对女儿的爱，表现为一种有节制的爱，有理智的爱，要求女儿"俭以养志"。

◆不空想，重实际。

◆勇敢、坚强、乐观。她常与女儿共勉道："我们必须有恒心，尤其要有自信心。"

◆热爱祖国。

（三）体魄训练

居里夫人在自家花园设了一个横架，上面挂一根吊杆、一副吊环、一条滑绳，让两个女儿伊蕾娜和艾芙进行体育锻炼。每天功课一结束，她就带孩子到外面去，不论天气如何，都让两个女儿走很长的路。居里夫人无论如何疲倦，都要陪女儿骑自行车出游。

居里夫人意识到，体魄是人的意志、坚韧及力量的体现，一个人没有强健的体魄，在事业上无法成功。她激励女儿：达尔文能随"贝格文"

舰在大西洋的风暴中颠簸 5 年,能在安第斯山脉翻山越岭,能够每天伏案工作 10 几个小时,一干就是 21 年,完成了《物种起源》这本科学巨著,没有强健体魄是不行的。

(四)发掘天赋

在两个女儿呀呀学语时,居里夫人就开始细细地观察女儿的天赋,在笔记本上写着"伊蕾娜在数学上聪颖,艾芙在音乐上早熟"。女儿刚上学时,居里夫人让女儿每天进行 1 小时的智力工作。当她们上中学时,每天放学后再给她们上一节"特殊教育课",请著名学者分别教她们数学、历史、绘画、物理等。经过"特殊教育课"的尝试、观察和比较,居里夫人发现大女儿伊蕾娜具备科学家的素质,小女儿艾芙的天赋领域是文艺。据此,对两个女儿因材施教,使她们都获得成功,大女儿于 1939 年获诺贝尔化学奖,小女儿成为杰出的音乐教育家和传记作家。

鼓励孩子
——爱迪生母亲对孩子的教育

爱迪生是举世闻名的电学家和发明家,他除了在留声机、电灯、电话、电报和电影等方面的发明和贡献以外,在矿业、建筑业、化工等领域也有不少著名的创造和真知灼见,一生共有约两千项创造发明。

爱迪生出生在美国,父亲是荷兰人的后裔,母亲南希是苏格兰人的后裔,曾当过小学教师。

爱迪生小时候喜欢观察周围的事物,具有强烈的求知欲望,凡事都要问一个为什么。南希懂得儿童的心理,对小爱迪生提出的千奇百怪的问题,总是耐心细致地回答。

一次,爱迪生问父亲:"为什么刮风?"父亲回答:"我不知道。"爱迪生又问:"你为什么不知道?"父亲说:"问你母亲吧。"爱迪生便去问母亲。后来南希对丈夫说:你不能总对孩子说不知道,这会无形中制约孩子的求知欲。

爱迪生不但好奇爱问,而且什么事都想亲自试一试。有一次,到了吃饭时间,母亲不见爱迪生回来,很着急,便到处寻找,直到傍晚才在场

院边的草棚里发现了爱迪生,只见他一动不动地趴在放了一些鸡蛋的草堆里。母亲问:"你这是干什么?"爱迪生不慌不忙地回答:"我在孵小鸡呀!"

原来,爱迪生看到母鸡会孵小鸡,觉得好奇,就想自己试试。母亲一听大笑起来,告诉他,人孵不出小鸡来。爱迪生便问:"为什么母鸡能孵小鸡,我就不能呢?"母亲便讲明原因,爱迪生很佩服母亲的学问。

爱迪生7岁时上学。在课堂上,经常向老师问这问那,问得老师答不出来。老师们都不喜欢他,骂他是"傻瓜",让他母亲把他领回家。南希当过教师,决定自己教育爱迪生。南希非常重视孩子兴趣的发现和培养,经常给爱迪生讲英国的演变,教儿子读世界名著。11岁时,又让他读自然科学书籍和牛顿等科学家的著作。爱迪生最喜欢化学,经常在家中的地窖里做实验。南希发现孩子的这个兴趣后,满腔热情地给予支持,经常与孩子一起做实验。

一次爱迪生在火车上做实验,不小心引起了火灾,几乎酿成一场大祸。结果被列车长打了两个耳光,赶下了车,这使爱迪生的听力受到严重损害。还有一次,爱迪生做飞天实验,让父亲的一个佣工吃爱迪生配制的化学制品,佣工不但没飞起来,而且昏过去。面对一连串的实验事故,南希教育孩子不要蛮干,对孩子进行耐心指导。

南希是伟大的母亲,她发现了爱迪生的天赋,引导爱迪生向未知领域挑战,特别是在爱迪生遭遇别人白眼和打击的时候,她给了爱迪生勇气和力量。没有南希这位伟大的母亲,就不可能有爱迪生的发明创造。

培养孩子的好奇感

——达尔文父母的"解谜式"教育

达尔文(1809—1882),出生于英国,进化论的奠基人,闻名世界的生物学家。他曾乘船做了历时5年的环球航行,对动植物和地质结构等进行了深入考证和研究,并在此基础上完成了《物种起源》这一举世闻名的著作,带来了生物科学上的一次新革命。

达尔文从小就是一个充满幻想的孩子,尤其热爱大自然,喜欢探险、采集各种标本。他的父母对他的好奇心和想象力很重视，总是想方设法满足他的兴趣和爱好。

有一次，小达尔文和母亲一起到花园里种树。母亲对达尔文说："泥土是个宝，小树只有在泥土中才能长成参天大树。别小看这泥土，它能长出青草，青草又喂肥了牛羊，我们才有奶喝，才有肉吃；是泥土长出了小麦和棉花，我们才有饭填饱肚子，才有衣服可以御寒。泥土太宝贵了。"这些话，让达尔文想到了一个问题："妈妈，那泥土里能不能长出小狗来呢？"

母亲笑着说："当然不能呀。小狗不是泥土里长出来的，是从狗妈妈的肚子里生出来的。"

达尔文又问："我是妈妈生的，对吗？"

母亲回答："对呀。所有的人都是妈妈生的。"

达尔文接着问："那最早的妈妈又是谁生的？"

母亲说："是上帝！"

达尔文穷追不舍："那上帝是谁生的呢？"

母亲答不上来，就对达尔文说："儿子，世界上有好多事情对我们来说是个谜，你快快长大吧，这些谜需要你去解释呢！"

在学校里，达尔文经常对身边的东西发表各种稀奇古怪的看法，如捡到一块奇形怪状的石头，就对同学煞有介事地说："这肯定是一枚宝石，可能价值连城。"久而久之，同学们认为他老是"撒谎"，老师也这么认为，并把他的问题告诉他父亲。父亲认为达尔文不是撒谎，而是在想象。

有一次，达尔文在外面捡到了一枚硬币，郑重其事地对姐姐说："这肯定是古罗马硬币。"姐姐接过来一看，分明是一枚十分普通的旧币，只是由于受潮生锈，显得有些古旧罢了。姐姐也认为达尔文说谎，就告诉了父亲，希望父亲好好教训达尔文一下。没想到父亲却说："这不能算作说谎，这正说明了达尔文有丰富的想象力。说不定这种想象力会用到他的事业上。"

父亲还在花园里为达尔文搭了一间小棚子，让他自由地做化学实验，以便更好地开发他的智力。

如果达尔文没有好奇心和想象力，"进化论"也许到今天还不存在。同样，如果父母不呵护支持达尔文的好奇心和想象力，"进化论"也不会存在。所以，当孩子第一次提问题时，虽然这些问题是幼稚的，但一定

要认真对待,这正是孩子走上成才之路的开始。

让孩子自己上台阶

——南希对林肯的教育

一位年轻的妈妈牵着一个刚刚蹒跚走路的小男孩,在公园的广场前要上有十几个阶梯的台阶。小男孩努力挣脱妈妈的手,要自己上台阶。他用胖乎乎的小手支撑着向上爬。当他爬上两个台阶时,就很吃力了。回头瞅一眼妈妈,似乎向妈妈求助,妈妈并没有去扶他,但眼里却充满了慈爱和鼓励。于是,小男孩又手脚并用地努力向上爬。他越爬越吃力,浑身上下都是土,但最终爬上去了。见儿子爬上去了,年轻的妈妈才走上去拍拍儿子身上的土,在他通红的小脸蛋上亲了一口。这个小男孩就是后来的美国第16任总统林肯。这位年轻的妈妈便是南希·汉克斯。

林肯的家境十分贫穷,父亲是个农民,母亲南希去世时林肯只有9岁。生在贫寒之家,没有条件念书,林肯断断续续接受正规教育的时间,加起来也不够1年。但林肯从小养成了热爱知识、追求真理、善良正直和不畏艰难的积极性格。没钱买纸和笔,就用木炭在木板上写字,用小木棍在地上写。他省吃俭用,把节省下来的钱都用来买书看,并抓紧一切时间看书学习,练习演讲。

林肯失过业,做过工人,当过律师。从29岁起,开始竞选议员和总统,前后尝试过11次,失败过9次。51岁时,他终于问鼎白宫,并取得了辉煌政绩,成为美国历史上最伟大的总统之一,被马克思称为"全世界的一位英雄"。林肯的成功,南希起了不可估量的作用,她用坚强而伟大的母爱抚养了林肯,使林肯勇敢而坚定地走向未来。

潜移默化

——诺贝尔所受的家庭教育

诺贝尔是瑞典化学家,1833年出生。他一生主要从事炸药的研究和制造工作,有许多发明,共获得355项专利。为奖励对人类和平与进步事业有卓越贡献的人,诺贝尔临终前立下遗嘱,用自己的全部财产设立奖项,名为诺贝尔奖。

诺贝尔的父亲是建筑工程师和机械师,母亲是农民。因为家里很穷,诺贝尔8岁时,母亲从舅父那里借了钱,才把诺贝尔送到学校读书。但由于健康原因,诺贝尔不能正常到校,许多时间在家里度过。母亲教他读书、绘画、写作文,还让他参加一些力所能及的劳动如浇花、锄草、清除垃圾等。同时,母亲还鼓励诺贝尔和哥哥们一起到市郊采集各种奇花异草,使他们对丰富多彩的大自然产生浓厚兴趣。

父亲经常做炸药实验,诺贝尔则常常饶有兴趣地在一旁观看,并不时问这问那。

有一次,父亲做实验时发生了爆炸,不但自家全部家当化为灰烬,还祸及街坊邻居。他们一家呆不下去了,正好俄国人邀请诺贝尔的父亲去研究炸药,他们一家便来到俄国。

在俄国,诺贝尔一直跟着家庭教师学习。随着年龄的增长,诺贝尔表现出科学研究方面的天赋,同时又对文学产生了浓厚兴趣。究竟让诺贝尔走哪条路好呢? 父亲一直替儿子盘算,他最终决定让儿子走科学研究的道路。他意识到:要想让孩子有献身科学的坚定志向,就必须使他深刻体会科学研究对社会的作用。让孩子一直待在家里接受教育是错误的,必须让他走出去闯荡,去接触世界各国的先进科学,从而自愿做出选择。于是,父亲为儿子设计了一个宏伟、大胆的教育计划——到世界各地学习游历,以增长见识。

诺贝尔17岁时,父亲对他说:"你的身体比以前结实多了,且你又掌握了几门外语,还是到国外去走走吧。"诺贝尔一听十分高兴,爽快答应了。他以工程师的名义首先来到美国,然后又到德国、意大利、法国和英国考察。历时4年的考察,使他坚定了从事化学研究和改进炸药的志向。

回到俄国后,诺贝尔很快从事了研究工作。在经过50多次反复试验后,成功地研制出硝化甘油炸药,获得瑞典、丹麦、英国等多个国家的专利证书。以后,诺贝尔又发明了雷管炸药、安全炸药、无烟炸药等,为人类作出了巨大贡献。

诺贝尔父母引导子女树立远大理想,培养子女强烈的事业心,对子女实行开放式教育与规范式教育相结合的方法，取得了明显成效。

继母造就了我

——拿破仑·希尔继母的鼓励教育

美国成功学家拿破仑·希尔曾说："我的继母造就了我。"他这样写道：

当我还是一个小孩时，我被认为是一个永无出头之日的人。不管出了什么事，比如把母牛从牧场上放跑了、葡萄架被弄得一塌糊涂或一棵树不知什么时候被砍倒了，人人都会怀疑：这一定是拿破仑·希尔干的。

我母亲死了，我父亲和兄弟们都认为我是不可救药的，所以我便真正是坏孩子了。

一天，父亲突然宣布：他即将再婚。所有关心我的人都很担心我的新"母亲"是哪一种人。我本人断然认为，即将来我们家的新"母亲"是不会对我好一点的。

这位陌生的"母亲"进入我们家的第一天，父亲站在她后面，让她自行对付这个场面。她走遍每一个房间，很高兴地与每一个人打招呼，包括我在内。我站在那里，双手交叉着叠在胸前，凝视着她，我的眼中没有丝毫欢迎的表情。

父亲说："这是拿破仑，是众多兄弟中最坏的一个。"

我绝不会忘记我的继母是怎样对待他这句话的。她微笑着把她的双手放在我的两肩上，用和蔼的目光直盯着我的眼睛，我马上意识到我将会拥有一个疼我爱我的人。继母说："这是最坏的孩子吗？完全不像，他倒像是这些孩子中最聪明的一个，而我们所要做的一切，无非是把他所具有的伶俐品质发挥出来。"

从此以后，继母总是不断鼓励我依靠自己的力量，制定大胆的计划，坚毅地前进。后来证明继母的这种鼓励就是我事业的支柱。

可以说，是继母造就了我，因为她深厚的爱和不可动摇的信心，激励着我努力成为她相信我能成为的那种孩子。

赏识自己的孩子

——毕加索父亲的"赏识"教育

毕加索是世界上最具影响力的绘画艺术大师,他的作品对现代西方艺术流派产生了深远影响,被称为"人类艺术史上罕见的天才"。

美国教育家克劳蒂娅说:"一个儿童的艺术细胞,除去天赋外,最重要的就是要有人去'发现'。从某种意义上讲,发现是最重要的。生活中很多极有艺术天赋的儿童被埋没了,这的确是一种悲哀。但遗憾的是,许多做父母的,并没有意识到这一点,他们只是浅显地认为还是个孩子,他不会懂得太多,或者他现在还不到学的时候。"克劳蒂娅说明了"伯乐"的重要性。毕加索的父亲就是一位"伯乐",他在儿子很小的时候就发现了儿子的绘画天赋。

一天,刚刚学步的毕加索画了一个螺旋状的东西,家人都不知道他画的是什么,父亲却看出是热食摊上卖的油炸馅饼,这令他惊讶不已。他决定把儿子培养成画家。他专门为儿子腾出一间房子,墙壁周围贴满了儿童画,以此诱发毕加索的想象力和空间变形能力。父亲经常带儿子到房间看这些画,并告诉儿子这些画是怎样画成的。

毕加索4岁时,父亲就开始教他剪纸。毕加索完全被迷住了,他把一张张平展的纸剪成了无数的公鸡和小狗……在父亲的刻意培养下,毕加索迷上了绘画,被一些邻居称为"小天才"。

然而,毕加索在学校却不是好学生,上课对他来讲简直就是受折磨,听课时,他不是漫无边际地幻想,就是全神贯注地观赏窗外的景色。他无奈地对父亲说:"我只知道1加1等于2,2加1等于几,我根本就没去想。不是我不用功,我努力地集中自己的注意力,可我还是办不到。"为此,他成了小伙伴戏弄的对象:"毕加索,2加1等于几呀?"看着毕加索发呆的样子,他们哈哈大笑。

在老师眼里,毕加索也是一个智力低下、无可救药的孩子,他经常在毕加索父母面前有声有色地描绘毕加索的"痴呆"状,毕加索的母亲听后羞恼交加。左邻右舍也不再夸奖毕加索的绘画天赋,几乎所有的

人都认为毕加索是傻瓜。

面对各种议论和嘲笑，父亲仍坚定不移地相信：儿子虽然读书不行，但是在绘画方面极有天赋。他对毕加索说："不会算术并不代表你毫无能力，你是个绘画天才，你可以去绘画。"看着父亲坚毅的面孔，小毕加索找回了自信。他6岁时，就画出了《手握大棒的赫克勒斯》，展现出了他的绘画天赋。

行万里路
——泰戈尔父亲的旅游教育

罗宾德拉纳德·泰戈尔，印度著名作家、诗人、艺术家，1913年获得诺贝尔文学奖。他一生创作了12部中长篇小说、100多篇短篇小说、20多部剧本、1500多幅画和许多著名的歌曲。

泰戈尔的家族是印度一个古老的贵族世家，他的父亲对子女管教得法，泰戈尔的智慧和个性发展深受父亲的影响。泰戈尔在《回忆录》中写道："我们的饭菜同珍馐佳肴无法同日而语。今天的孩子将会讥笑我们的穿着。在不满10岁时，无论任何情况下都不许我们穿鞋袜。冬季在衬衫外最多加上一件棉背心。那时我们从来没想过，我们的吃穿是很差的……我们只要获得一点东西，就会感到心满意足。从果皮到果肉，我们从来舍不得扔掉一星半点。今天家境富裕的孩子所获得的食物，多半没有被消化而给糟蹋掉了。"

泰戈尔很庆幸自己的成长命运，不仅避开了因长亲的溺爱而变坏的危险，反而养成了良好的生活习惯和强健的体魄。他在《我的童年》中写道："我一点也不比那些乱吃硬塞的孩子瘦弱，而且可以说更有力气……我把衣服甚至鞋袜都浸湿，也不会伤风感冒。秋晚，我躺在露天的阳台上过夜。"泰戈尔建议那些想使自己孩子身体健壮的父母，都像自己的父亲一样，不用任何方式宠爱孩子。对此，他幽默地说："这样做不但给你节省了伙食费，还节省了请医生的钱。"

泰戈尔12岁那年，父亲为他主持了成人仪式。仪式结束后，父亲带着泰戈尔一起度过了4个月的野外旅游生活。他们先到了桑地尼克，在这里，父亲让泰戈尔掌握钱财，计划每天的生活开销，唤起孩子身上的自信和责任感。然后,到了阿默尔特萨尔,父亲定期带泰戈尔去庙里吟唱颂神曲,大大丰富和陶冶了泰戈尔的情操。后来,他们进入喜马拉雅山区,在这里,父子俩读书、游览、散步、唱颂神曲、学天文知识、洗冷水浴,度过了一段快乐且有价值的日子。每当忆及此事,泰戈尔总是十分感激父亲,是父亲使他认识了生命的真谛。

"读万卷书,行万里路。"泰戈尔的父亲正是这样培养他的儿子。

在游戏中灌输知识

——歌德所受的早期教育

歌德是德国伟大的诗人,还是一位多才多艺、学识渊博的艺术家和科学家,在文艺理论、哲学、历史、造型艺术及自然科学等领域,都有杰出的贡献,被人推崇为德国文学史上的泰斗,恩格斯则称其为文艺领域里"真正的奥林匹亚神山上的宙斯"。

歌德自幼聪明过人,8岁能阅读德文、法文、英文、意大利文、拉丁文和希腊文,14岁开始写作,22岁发表了风靡全球的小说《少年维特之烦恼》。歌德的成就,主要是父母对他早期教育和本人坚持努力的结果。

歌德是独生子,父亲对他寄予了厚望,从他出生起,就制定了教育计划和教育方式。

歌德还不会走路时,父亲就经常抱着他出去散步,还经常跑到风景优美的郊外呼吸新鲜空气,有意识地让他接触大自然,感受大自然,培养他热爱自然的性格。一路上,父亲会耐心地给小歌德讲述路边的各种鲜花、树木、野草以及各种事物,刻意培养他的观察能力和认知能力,使歌德小小年纪就获得了不少自然科学知识。

一有时间,父亲就为歌德朗诵歌谣。每次外出,歌德都能背上一两首。

歌德4岁时,父亲教他读书识字,而且请了好几位家庭教师教他多种语言。有时,歌德也和邻居家的孩子共同学习,他们每星期日聚会一次,把各自做好的诗拿给大家看,由大伙评判。

为了训练歌德的口才，父亲总是让小歌德站在椅子上，面对观众用稚嫩的童音进行演讲。刚开始，歌德很不习惯对着那么多人说话，有些害怕，总是结结巴巴，词不达意。但没多长时间，就变得口齿伶俐，声情并茂。

歌德稍大一些，父亲经常带他到各地旅游，每到一个地方，父亲总是为他讲解当地人文典故、历史风貌。如果旧地重游，就要求歌德把所知内容复述一遍，以加深记忆。

歌德的母亲是法兰克福市市长的女儿，知书达理，富有涵养，是典型的贤妻良母。她爱好文学，一有空就给歌德讲故事。为了培养歌德凡事多动脑、勤思考的习惯，每到关键处她故意停下来，让歌德自己设想下面发生的事，母亲不讲了，歌德兴趣正浓很着急，自然努力猜想后面的故事。有时，歌德说的不符合逻辑，母亲便让他重新猜想，直到有合理的答案为止。这种方法丰富了歌德的想象力和构思能力。

与孩子共享同一种兴趣

——安徒生父亲的教育方法

安徒生是世界闻名的童话作家，他创作的童话故事《海的女儿》《卖火柴的小女孩》等受到全世界儿童的喜爱。安徒生的父亲虽然是鞋匠，但深知早期教育的重要性。他常常利用休息时间领着安徒生沿着羊肠小道攀上高处，给孩子讲穷人的故事，讲自己小时候的经历。

有一天，父亲做活时剩下一块木头，顿时想到可以给孩子做一些小玩意儿，他决定给儿子做几个木偶。木偶做好后，他又对安徒生说："跟你妈妈要一些没有用的碎布，给这几个小'演员'缝制几件衣服。"安徒生高兴地跑到妈妈那儿去，在妈妈的帮助下，给小木偶缝好了衣服。

父子俩搬来一张桌子当作舞台，找来头巾当幕布，从书架上取一本书做剧本，兴高采烈地在堂屋演起戏来。他们练习台词，不时争执该用什么表情和动作。爸爸滑稽的动作和幽默的语言把安徒生逗得东倒西歪，妈妈也放下手里的活当起观众，邻居也被笑声吸引过来。类似游戏对安徒生后来的创作起到了很大帮助作用。

还有一个人对安徒生的创作有很大帮助，这就是一位在医院里专门给人收拾东西的老太婆。她和善且会讲很多故事，在她身边的每一块石头，每一棵树，她都能讲出故事来。每次讲完后，她都说："这一切都千真万确，不是瞎编的。"安徒生认真地听着这些故事，常常会流出眼泪或大笑起来。然后，他又把这些故事讲给小伙伴们听。逐渐地，安徒生迷上了故事，迷上了演戏。

奖惩分明
——马克·吐温对孩子的教育

马克·吐温是美国批判现实主义文学的奠基人，世界著名的短篇小说大师。

马克·吐温是一位慈父，对孩子的教育充满幽默与轻松，家庭中因为有了他的幽默而洋溢着温馨、幸福。他把三个女儿当做掌上明珠，从女儿懂事起，他每次写作累了，就叫女儿们过来，让她们坐在自己腿上，给她们讲故事。马克·吐温常常微笑着让女儿自由选择故事的题目，然后马克·吐温很轻松地编出一段生动的故事来。在这个温馨的家庭里，长亲与孩子之间始终保持着一种平等、民主、相互尊重的关系，父亲从不以长辈的身份训斥孩子。

但是，如果孩子犯了错误，马克·吐温也决不姑息，他让女儿记住教训，以后不再犯类似的错误。只是，他教育女儿的方式很特别。

一个阳光明媚的春天，马克·吐温夫妇想带着孩子乘坐堆满干草的大车到附近农庄做一次旅行，可在临行前，不知为什么，大女儿苏西动手把妹妹打哭了。事后，苏西主动向母亲承认错误，请求原谅，但按照马克·吐温制定的家规，苏西必须受到应有的惩罚。而且，采取什么惩罚方式还要女儿自己提出来，母亲同意后就可以实施了。

苏西犹豫了老半天，最后，终于下定决心对母亲说："今天我不坐干草车去旅行了，这能让我永远记住这次过失。"

后来，马克·吐温在回忆这件事时说："并不是我让苏西做这件事的，想起女儿失去了坐干草车的机会，在26年后的今天，仍让我感到痛苦。"但是，这件事却对苏西起到了很好的教育效果。

正确引导

——阿基米德所受的教育

阿基米德(公元前 287—公元前 212),古希腊伟大的数学家、物理学家、天文学家、发明家。他应用数学知识巧妙地提出了许多具有实际应用价值的物理定律,如浮力定律、杠杆原理等。阿基米德有一句豪言壮语流传至今,这就是:"给我一个支点,我将撬动地球。"

阿基米德的父亲费狄亚是当时希腊的天文学家兼数学家,他希望儿子成为一个有作为的人,就给儿子取了一个不平常的名字——阿基米德,意思是:杰出的思想家。

阿基米德小的时候,费狄亚就对儿子进行启蒙教育。在教儿子学习语言的同时,注意从生活中教儿子学习各种知识。一有时间,费狄亚就带儿子去植物园辨识各种植物,去动物园观察各种动物,以此激发阿基米德的好奇心,培养他对自然科学的兴趣。

阿基米德 11 岁那年的一天,费狄亚带着儿子来到海边,指着远方问:"孩子,你知道地中海对岸是什么地方吗?"

阿基米德极目望去,除了湛蓝的海水和翱翔的海鸥外,什么也看不见。但他不假思索地回答:"那里有一个名叫埃及的国家。"

费狄亚高兴地点点头:"对的。在埃及,有一个港口叫做亚历山大里亚。在那里,集中了很多著名的学者,还有藏书丰富的亚历山大里亚图书馆和博物馆。亲爱的孩子,你愿意到那里去学习吗?"

"要是能到那里去学习,我真是太高兴了,爸爸。"

"孩子,大海现在很安静,可是,有时候它会发怒的。你不怕航行中浪涛把你吞没吗?"

"不怕。"

"你将离开家很远很远,不想爸爸妈妈吗?"

"我当然会想您和妈妈。等我学习完了,就回来看望你们。"

"你不会感到孤单吗?"

"怎么会呢? 您不是说过,在那儿有许多学者和求学的年轻人,还有藏着许多许多书的图书馆吗？我可以在那儿认识新的老师和新的同学，我会有新的朋友，还可以看很多书，我不会感到孤单的，您放心吧！"

看到阿基米德的决心和勇气，费狄亚决定想办法把他送到亚历山大里亚去求学。

阿基米德11岁那年，乘上了驶往埃及的商船，来到了世界闻名的学术中心亚历山大里亚求学，终于成了名扬千秋的"想撬动地球的人"。

参考文献

[1] 陈建翔. 他们影响了一亿家庭[M]. 北京：北京出版社，2005

[2] 陈建翔. 他们影响了全世界家庭[M]. 北京：北京出版社，2005

[3] 贾黛翃. 世界上最伟大的教育法则[M]. 北京：海豚出版社，2005

[4] 徐进. 关键期——造就天才的最佳时机[M]. 北京：中国华侨出版社，2004

[5] 冯德全. 三岁缔造一生[M]. 北京：中国妇女出版社，2005

[6] 梁秋丽，革文军. 诺未门：犹太人的家教圣经[M]. 北京：中国妇女出版社，2006

[7] 衍健. 西方民间的教子智慧[M]. 北京：中国纺织出版社，2005

[8] 王峰. 父母应知的经典教子故事[M]. 北京：中国华侨出版社，2005

[9] 王泉根. 怎样和孩子谈敏感话题[M]. 天津：天津社会科学院出版社，2005

[10] 李向前，曾莺，杨佼佼. 中国家教批判[M]. 北京：中国时代经济出版社，2005

[11] 卢勤. 写给世纪父母[M]. 北京：中国妇女出版社，2001

后 记

一种强烈的责任感,对孩子、对家庭、对社会、对民族、对人类的强烈责任感,催生一种激情,促使笔者提起笔,经过四百多个日日夜夜,写就了这本《家庭教育金钥匙》。

本书着眼于全社会的每一个家庭,立足于实用性,全面系统地介绍了家庭教育的先进理念、科学内容和行之有效的方法,将国内外著名的家庭教育理论与笔者的实践有机结合起来,创造性地提出了"长亲的角色"、"孩子成长的心理要素"、"家庭教育三十九技"等内容,不但站在了理论前沿,而且易于普通家庭掌握和运用。

本书的最后几章,介绍了国内外家庭教育的理论精华和家庭教育的典型事例,刘华娟、范守忠和栾玉梅参与了编写。刘华娟主编了第十一章,参与了第九章和第十章的编写,范守忠主编了第十章,参与了第九章和第十一章的编写,栾玉梅参与了第九章和第十章的编写。

在本书的编著和出版过程中,笔者得到了李金山、金艳、金鹏、陈衡芝、程玉明、王筱磊、张慧萍、李红军、王永刚、张瑞凤、刘月甫、傅梅、张春艳、刘艳、曲正库、李德旭等的热情帮助和支持。李金山对本书的框架结构、部分内容等提出了很好的修改建议和意见,金艳设计了封面初稿。在此,对所有关心支持本书编著和出版工作的人士表示衷心感谢!

虽然本书注重目标上的实用性、结构上的条理性、内容上的可读性、方法上的可操作性,但离读者需要肯定还有一定差距,诚望广大读者提出宝贵意见。笔者的电子信箱是:ran1964@163.com。

编著本书,笔者有三个愿望:

一愿本书能够启发读者改善家庭教育理念和方法,使天下所有的孩子都能够得到良好的、科学的家庭教育,其潜能得到充分开发,从而健康快乐地成长。

二愿本书能够抛砖引玉,为编著一本通用的、普及性的家庭教育知

识读本在结构、内容等方面提供一些可资借鉴的东西。

　　三愿本书能够引起全社会特别是政府和孩子父母对家庭教育的高度重视，推动我国家庭教育事业的大力发展，并以此保证和促进民族振兴、社会文明、人类进步。

　　笔者深知，家庭教育是一项宏大的系统工程，要大力发展家庭教育事业，仅靠编著几本书是远远不够的，而必须有政府和全社会的广泛参与。因此，笔者建议：设立"中国家庭教育节"（可以将我国春秋时期伟大的思想家、教育家孔子出生月的第一天即9月1日确定是为"中国家庭教育节"的日期），努力营造重视家庭教育的浓厚氛围；制订家庭教育法，为家庭教育提供法律保障；开展普及家庭教育知识活动，使每一个家庭都掌握科学的育儿知识；全面改善包括家庭教育在内的教育体制，将幼儿园改为育校，以适应开发儿童潜能的需要。

　　最后，希望《家庭教育金钥匙》能帮助每一位读者开启孩子的成才之门！

杨皓然

2007 年 7 月于山东潍坊